離島は寶島

沖縄の離島の耕作放棄地研究

齋藤　正己

公人の友社

目　次

はじめに ……………………………………………………………… x

序　章　耕作放棄地問題への提起 ……………………………… 1

1　日本の耕作放棄地 ………………………………………… 2

2　農業制度の整備過程 ……………………………………… 4

3　沖縄で行われた農業制度の整備過程 ………………… 6

4　日本の離島の現状 ………………………………………… 9

5　離島地域の農業 …………………………………………… 14

6　耕作放棄地が減少している西表島 …………………… 16

第1章　日本の農業制度の整備過程 …………………………… 21

1.1.　戦後農地制度の創生 ………………………………… 22

1.2.　農地制度の方向性 …………………………………… 24

1.2.1. 農地改革の背景 ……………………………………… 24

1.2.2. 農地改革の実行 ……………………………………… 26

1.2.3. 農地改革の成果 ……………………………………… 28

1.3.　農地改革の評価 ……………………………………… 32

1.3.1. もたらされた効用 …………………………………… 32

1.3.2. 農地改革の否定的評価 ……………………………… 35

1.3.3. 農地法制についての評価 ………………………… 40

1.3.4. 考察 – 残された課題 ……………………………… 43

1.4.　農地流動化への新制度 ……………………………… 46

1.4.1. 空洞化する農地制度 ………………………………… 46

1.4.2. 農地流動化への転換と農地法改正 …………… 49

1.4.3. 農地法改正の内容 …………………………………… 52

iii

目　次

　　1.5.　対応に追われる耕作放棄地 ……………………………………… 58
　　　　1.5.1.「耕作放棄地」問題の発生 ………………………………… 58
　　　　1.5.2.「耕作放棄地」と「中山間地域」 ………………………… 61
　　　　1.5.3.「所有と利用の分離」とは何か ………………………… 68
　　1.6.　最適な担い手とは誰か ……………………………………… 76
　　　　1.6.1. 農業の企業化は可能なのか ………………………… 76
　　　　1.6.2. 法人化導入と効果 ……………………………………… 83
　　　　1.6.3. 考察 – 最適な担い手の構築 ……………………… 88

第2章　戦後沖縄の復興と農業制度の整備過程 ……………… 91

　　2.1.　沖縄現代史のはじまり ……………………………………… 92
　　　　2.1.1. 終戦後の混乱 ………………………………………… 92
　　　　2.1.2. 戦前の沖縄農村 ……………………………………… 94
　　2.2.　土地制度改革への着手 ……………………………………… 99
　　　　2.2.1. 混乱の中で始まった土地政策 …………………… 99
　　　　2.2.2. 法制度の整備に向けた準備 ……………………… 109
　　2.3.　農地改革を求める沖縄 ……………………………………… 115
　　　　2.3.1. 沖縄人による農地改革の訴え …………………… 115
　　　　2.3.2. 農地改革への提言 – 農業経済調査団の報告 …… 119
　　　　2.3.3. 移住を提言した資源局調査団 …………………… 125
　　2.4.　開拓政策の展望 ……………………………………………… 129
　　　　2.4.1. 八重山への移住政策 ………………………………… 129
　　　　2.4.2. 考察 –「沖縄の農地改革」 ……………………… 136
　　2.5.　沖縄の本土復帰 ……………………………………………… 138
　　　　2.5.1. 本土復帰前後の離島地域 ………………………… 138
　　　　2.5.2. 離島農村の社会問題 ………………………………… 143
　　2.6.　農地売買と土地投機 ………………………………………… 146
　　　　2.6.1. 規制制度のない沖縄県での土地投機 …………… 146
　　　　2.6.2. 土地投機の実態 ……………………………………… 147
　　　　2.6.3. 土地投機がもたらした問題点 …………………… 153

目　次

第3章　西表島とは　……………………………………… 157

3.1.　西表島の創成期　………………………… 158
　3.1.1. 薩摩藩による琉球征伐　………………… 159
　3.1.2. 人頭税の時代　…………………………… 160
　3.1.3. 笹森儀助が見た西表島 – 明治時代の調査「南嶋探検」 162

3.2.　終戦後の西表島 – 入植の経過と状況　……… 165

3.3.　統計から見る現代の西表島　………………… 170
　3.3.1. 竹富町の離島と面積　…………………… 170
　3.3.2. 沖縄県と八重山地域の人口変動　……… 172
　3.3.3. 竹富町の人口変動　……………………… 174
　3.3.4. 離島の困難性を物語る気象条件　……… 177
　3.3.5. 竹富町の産業別就業者数　……………… 181

3.4.　離島の生活事情　……………………………… 184
　3.4.1. 離島の暮らし – 物価指数　……………… 184
　3.4.2. 離島住民の生活を支える流通制度　…… 189
　3.4.3. 離島地域の所得　………………………… 193
　3.4.4. 小括 – 現代西表島の課題　……………… 195

第4章　西表島の農業活動と地域経済　……………… 199

4.1.　西表島調査の目的と背景　…………………… 200
　4.1.1. 西表島の各地区の現状 – 人口動態　…… 201
　4.1.2. 西表島の耕地と耕作放棄地の分布　…… 203

4.2.　特異な歴史を持つ耕作放棄地　……………… 207

4.3.　豊原・大原・大富地区の農業活動　………… 216
　4.3.1. 農業集落の特徴　………………………… 216
　4.3.2. 耕作放棄地が減少した豊原・大原・大富地区　220
　4.3.3. 地区で計画されたリゾート開発　……… 223
　4.3.4. リゾート予定地を農地に復元した地元農家　226

4.4.　農業法人と企業所有地に見る問題と現状　… 229

v

目 次

　　4.4.1. 高那地区での農業生産法人の破綻 ……………… 229
　　4.4.2. 伊武田で企業が所有する山林 ……………… 232
　　4.4.3. 小括 – 地区の展望 – 豊原・大原・大富 ……………… 236
　4.5. 中野・住吉地区の農業活動 ……………… 239
　　4.5.1. 耕作放棄地と農村集落の特徴 ……………… 239
　　4.5.2. リゾート施設の痕跡 ……………… 242
　4.6. 開拓者と農業起業者が変革する中野・住吉地区 ……………… 247
　　4.6.1. 収益改善に成功した開拓者 ……………… 247
　　4.6.2. 西表島で農業起業を果たした本土出身者 ……………… 252
　　4.6.3. 小括 – 地区の展望 – 中野・住吉 ……………… 258
　4.7. 祖納・干立地区の農業活動 ……………… 260
　　4.7.1. 耕作放棄地と農村集落の特徴 ……………… 260
　　4.7.2. 伝統地区での取り組み ……………… 269
　　4.7.3. 「米店」を開設した米作農家の取り組み ……………… 270
　　4.7.4. 祖納地区で行われるボランティアの導入 ……………… 273
　　4.7.5. 伝統集落での移住者の雇用 ……………… 276
　　4.7.6. 小括 – 地区の展望 – 祖納・干立 ……………… 279

終 章　離島の農業の展望 ……………… 281

　1　離島の耕作放棄地発生の構造 ……………… 282
　2　耕作放棄地解消への取り組み ……………… 285
　3　行政が取り組むべき課題 ……………… 289
　4　農業の担い手の構築 ……………… 292
　5　地域資源としての農地の保全への提言 ……………… 296
　6　離島の農業の展望 ……………… 300

　添付資料　ドロシー C. グッドウィン調査団報告書 ……………… 302
　添付資料　琉球政府立法第百十号 ……………… 309
　参考文献一覧 ……………… 312

おわりに ……………… 318

目　次

図　目　次

図序 -1　離島地域の人口推移 ……………………………………………　11
図 4-1　西表島耕作地・耕作放棄地分布地図 ……………………………　204

表　目　次

表序 -1　日本の離島地域の概要 (1) …………………………………………　12
表序 -2　日本の離島地域の概要 (2) …………………………………………　13
表 1-1　1950（昭和 25）年世界農林業センサスより耕地面積規模別農家数　30
表 1-2　総農家戸数に対する専業と兼業の割合 …………………………　38
表 1-3　1940（昭和 15）年〜 1965（昭和 40）年農家戸数と増減数（率）　39
表 1-4　農地法制の移り変わり ……………………………………………　51
表 1-5　全国地区別耕作放棄地面積及び耕作放棄地面積率 ……………　59
表 1-6　耕作放棄地面積の形態別農家の推移（全国）…………………　59
表 1-7　集落の状態区分 ……………………………………………………　63
表 1-8　総農家による借入耕地と貸付耕地の実数と
　　　　　　　　　面積及び農家数と耕地面積に対する割合 (1) ……　72
表 1-9　総農家による借入耕地と貸付耕地の実数と
　　　　　　　　　面積及び農家数と耕地面積に対する割合 (2) ……　73
表 1-10　種類別法人組織数の推移………………………………………　84
表 1-11　農事組合法人と株式会社法人の比較………………………………　86
表 2-1　沖縄県と日本本土の土地（農地）制度の
　　　　　　　　　整備に関する動き（1945 年〜 1962 年）…… 100
表 2-2　農地改革に対する見解 …………………………………………　126
表 2-3　西表島移住計画 1951（昭和 26）年〜 1954（昭和 29）年 ………　133
表 2-4　八重山地区移住計画 ……………………………………………　135
表 2-5　復帰前農外資本による竹富町土地買い占め件数と面積 ………　149
表 2-6　農地の復帰前の売買契約として登記された件数と面積 ………　149
表 2-7　西表島での大規模土地買い占め案件 ………………………………　151
表 2-8　本土と沖縄の終戦から耕作放棄地の発生まで …………………… 154

vii

目　次

表 2-9	沖縄と本土の戦後農業制度 ……………………………………	154
表 3-1	竹富町離島面積 …………………………………………………	171
表 3-2	沖縄県及び八重山郡の人口動態数 …………………………	173
表 3-3	竹富町島別人口の移り変わり及び人口増減率 ………………	175
表 3-4	地域別年間累計気象平均値・	
	1971（昭和 46）年～ 2000（平成 12）年 ……………	178
表 3-5	台風の発生と接近数の累計値・	
	1951（昭和 26）年～ 2008（平成 20）年 …………	178
表 3-6	西表島の最高気温・最低気温・平均気温（℃）……………………	178
表 3-7	竹富町島別産業別就業者数 …………………………………	182
表 3-8	沖縄県離島地域主要物価・物価指数 (1)………………………	185
表 3-9	沖縄県離島地域主要物価・物価指数 (2)………………………	186
表 3-10	沖縄県離島市町村 1 人当たり所得推移 ……………………………	194
表 4-1	西表島地区別人口動態、	
	2010（平成 22）年～ 2015（平成 27）年の増減数 …	202
表 4-2	高那地区荒廃農地の荒廃解消に関する調査結果 …………………	212
表 4-3	伊武田地区荒廃農地の荒廃解消に関する調査結果 (1)…………	213
表 4-4	伊武田地区荒廃農地の荒廃解消に関する調査結果 (2)…………	214
表 4-5	伊武田地区荒廃農地の荒廃解消に関する調査結果 (3)…………	215
表 4-6	農業集落別の専・兼業農家数 ………………………………	217
表 4-7	経営耕地面積規模別農家数 …………………………………	217
表 4-8	2015（平成 27）年農業センサス西表島農家の平均年齢 ………	218
表 4-9	2015（平成 27）年農業センサス農産物販売金額規模別農家数 …	218
表 4-10	西表島東部地区荒廃農地の解消に関する調査結果 ………………	221
表 4-11	農業生産法人有限会社 W 農園に関する履歴事項………………	230
表 4-12	企業所有地の所有権の移動 …………………………………	233
表 4-13	農業集落別の専・兼業農家数 ………………………………	240
表 4-14	経営耕地面積規模別農家数 …………………………………	240
表 4-15	宇奈利崎地区荒廃農地の荒廃解消に関する調査結果 …………	241
表 4-16	竹富町パインアップル・サトウキビ生産量 ………………………	249
表 4-17	新規就農にあたっての経営資源の調達 …………………………	254
表 4-18	沖縄県内モデル地区におけるパインアップルの経営分析 ………	255

目　次

表 4-19　果樹類宅配荷物取扱個数 ……………………………………… 256

表 4-20　農業集落別の専・兼業農家数 ………………………………… 263

表 4-21　経営耕地面積規模別農家数 …………………………………… 263

表 4-22　皆星地区荒廃農地の荒廃解消に関する調査結果 ………………… 264

表 4-23　干立地区荒廃農地の荒廃解消に関する調査結果 (1) ……………… 265

表 4-24　干立地区荒廃農地の荒廃解消に関する調査結果 (2) ……………… 266

表 4-25　干立地区荒廃農地の荒廃解消に関する調査結果 (3) ……………… 267

表 4-26　干立地区荒廃農地の荒廃解消に関する調査結果 (4) ……………… 268

はじめに

　日本の社会では、様々な問題が山積し暗い話題が日常的になっている。「少子化」あるいは「高齢化」といった言葉が浸透してしまった。

　すでに日本においては少子高齢化が全産業に影響を与えている。特に農業は他産業に先駆けて高齢化の影響を受けている。終戦後の農地改革の頃より兼業化が進み、農業の現場は中高年者が中心で、現在では農業経営者の主流は60代後半の者が占めるようになってきている。

　機械化が進んだとはいえ、高齢者が行うには厳しい労働環境にあるだろう。やがて農地の管理も行うことが難しくなり耕作放棄に至っていく。この問題は終戦後の農地改革以降から起き始めたものと認識すべきものである。日本の農業の弱点と言われているのが、経営の零細性が指摘され続けながら、一向に経営規模拡大へ向かわなかったことである。耕作放棄地の出現を決定付けるのはこのようなところであるかもしれない。本来、農業生産に邁進することによって専業の農業経営が可能であったのなら、農地の耕作を放棄することは起こらなかったのではないだろうか。戦後の改革以来、様々な施策が行われてきたが、新しいものを創造することやチャレンジなどとは無縁の世界であった。

　農業は国民の食糧を生産する第一次産業である。農業は広大な耕地を利用する必要があり、地域では土地を最も面として使用しながら営まれる産業である。その農業生産を担ってきた地域は、当然、都市部から離れた地方都市であった。日本の地理的特徴であるが、地方都市は山間地が多く、傾斜地を利用して農業を行っている棚田もこのような場所にあり、これが広く中山間地域と呼ばれる地域である。しかし、日本の人々が美しいと思う田園地帯は

中山間地域に多く、残念ながらこの風景を少しずつ蝕み始め、耕作放棄地となってしまった。

　地域を面として利用する農業が、一旦、機能不全に陥るとたちまち地域の景観を変えてしまうのである。変えてしまうのは景観だけではない。地方都市は、東京などをはじめとする大都市やその周辺を構成する地域と比較すると、経済的に非常に小さな地域であり日常の生活を支える雇用の場が少ない地域なのである。美しいと呼ばれた田園地帯に空洞が生まれ人々が去った後には地域の衰退が待っている。その連鎖は生活の糧となる雇用を奪うものである。

　農業が衰退するということは、地域全体が衰退することであり、地域から人々が去り最終的に消滅へ向かってしまうものなのである。

　もう一つ取り上げなければならないのが離島地域である。日本は 6,000 以上の有人・無人の島によって構成されている。日常生活の中ではつい忘れてしまうのが離島地域だろう。離島地域はそれぞれが特徴を持った地域であるが、普段は目にすることのない地域であるため、忘れ去られてきた地域であろう。また中山間地域以上に人口減少の著しい地域が離島地域である。こうした地理的な要因によって表舞台に登場する機会が少なかったのが離島地域なのである。

　戦後のスタート時点では、離島地域と呼ばれた地域には、約 130 万人の人口があったが、現在では約 60 万人である。およそ半数に減少したのが離島地域なのである。人口減少がさらに過疎を生む典型的な地域なのである。多くの離島地域で行われている産業は、第一次産業の農林水産業を中心としたものであり、これといって新しい経済的な改革が期待できるようなものではなかった。

　しかし離島地域でも主体的に地域の活性化に取り組む動きが始まっている。島根県の島嶼地域では、地域資源の利用によって地域の経済改革が行われ、都市から農林水産業を主体的に担うために若者たちの移住が始まった。

離島は海によって周囲から隔絶された地域であり、都市と比較して流通事情などは大きく遅れている。この不便さを意識的に変革しようとする移住者が生まれ始めているのである。

沖縄の事情はどうだろうか。沖縄は本島を中心とする都市部や本土に多くの人口が吸収されている。これによって沖縄県内に大きな過疎地域が生まれてきた。時代の変化とともに沖縄の離島には「癒し」を求める多くの人々が集まりだしている。日本の最南端の亜熱帯地域には他の地域では見ることのできない自然環境がある。美しい自然環境に触れようとする多くの国民や、外国からの来訪者が群れを成して離島を訪れている。それだけではない。農林水産業などから生み出される特産品が全国の市場に届けられようとしている。まさに時代が大きく変化しているのである。

これまで農業は経済的には劣位に置かれてきた産業であった。しかし、今日ではこれまでと異なって農業にも新しい挑戦者が現れようとしている。専業ではなくても週末には農業の現場に出て、小規模ではあるが、地域の直売所に自分の作った農産物を並べて販売する者が生まれている。離島では新規に就農を目指すために都市から移住者が現れだしている。これまでと違って確実に移住者の質的な変化が見られる状況が生まれている。離島地域では、インターネットや流通のイノベーションが生み出す新しい変化が、着実に農業を変えようとしている。変えなければならないのは依然として地域を覆っている耕作放棄地なのである。

主体的に農業を担う就農者に対して地域の農地の管理を委ねなければならないのがこれからの日本の農業の姿であろう。日本の農業にとって、最初に乗り越えて行かなければならないのは、入場（新規参入）と退場（離農）の制度を構築することである。この制度には耕作放棄地解消の未来が考えられるのではないだろうか。

東京などの大都市があり、その周辺地域と地方都市によって成り立っているのが日本の国家である。地方都市が衰退することがあってはならないので

ある。広大な地域で繰り広げられている農業などの人の営みが地域を作り、その先に日本全体の発展がある。耕作放棄地の解消は難問で解決は未だに道半ばである。こうした難問の解決に取り組むために本書の作成を決意した。終着点は遥か彼方であるが着実に問題解決へ進まなければならないだろう。

本書の構成

本書の構成であるが、序章において耕作放棄地の危険性について指摘した上で、耕作放棄地の発生が、なぜ日本にとって危険であるのか、問題発生の端緒から将来に対する展望について提起を行った。

第1章では、農業の既存研究から、終戦後に行われた農地改革から始まった戦後の農地制度がどのような過程を経て整備されてきたかを明らかにする。農地改革では小作農制から自作農制に転換することに成功して、農村地域では社会的な安定が作られた。しかし、農業経営の観点から見ると、小規模性が抱える経営上の問題として、高度経済成長時代より兼業化への移行が顕著になった。特に地方都市では地域経済の脆弱性によって、都市部へ労働力が吸収されるようになった。この間に発生した深刻な問題が農地の耕作放棄である。耕作条件の不利地域から始まったものであるが、地方都市の中山間地域の農村では、一早く農業経営者の高齢化が進み、農地の耕作放棄が始まっている。これを解決するための方策が検討されている。農地の所有と利用の分離から法人化まで、様々な担い手が期待されている。そこから見える日本の農業の将来について検証した。

第2章では、沖縄で行われた土地政策が、どのような矛盾を持つものであったかを明らかにする。沖縄は終戦後、米施政下にあり米軍基地の存在から逃れることができない状況の下で戦後改革が行われた。本土で行われた農地改革が沖縄で行われることはなく、沖縄では地図上での耕作地の割り当てが行われた。沖縄本島は地上戦が行われたため、終戦後は一面が焼け野原からのスタートであった。沖縄の農業経営は戦前より零細性が問題であったが、終戦後はさらに零細な耕地上で経営が行われた。所得を得るための行動として

離農へ向かい地域から撤退が行われている。農家が所有していた農地は耕作放棄された。沖縄の問題点は、規制法のない状況の中で法人などによる集中的な土地投機が行われた点である。沖縄の終戦後の農業制度の整備過程からの問題点を指摘した上で、なぜ離島地域で耕作放棄地が発生し、どのような状況にあったか明らかにする。

　第3章では、本書が課題とした「離島の耕作放棄地」のフィールドとして設定した西表島が、どのような地域であるかこれまでにない歴史や可能な限り詳細な統計から、地域の状況を明らかにした。西表島は終戦後に開拓移住者によって現在の島の主要部が作られている。江戸時代から始まる集落もあり新旧の入り交ざった歴史のある島である。一時、過疎化の進展で島の人口が二分の一に減少したが、緩やかな人口回復の過程にある。西表島の現在の生活の様子や、問題の所在を十分理解していただけるものと考えている

　第4章では、西表島の実態調査から現地の農業活動と農地がどのような状況に置かれているか、戦後の日本と沖縄の農業制度の整備過程から検証を行う。はじめに地区ごとの耕作放棄地の賦存量と状況を明らかにする。西表島には歴史的な過程を経て耕作放棄されたものや、企業による土地投機によって耕作放棄されたもの、また地域の高齢化や後継者不在の状況から耕作放棄されたものなどいくつかの要因が存在する。西表島では約30年の間に農業経営の質的な向上によって上層農家が形成されている。こうした影響によって地域での農業への取り組みが活性化してきた。耕作放棄地も量的に減少が顕著である。日本の農業では多様な担い手の創出が課題とされているが、西表島ではどのような取り組みが行われているか明らかにする。ボランティアの導入や新規就農者の登場など実に豊富な担い手の登場によって農業が担われている。全国的に農業人口の減少問題から法人化の導入について議論されているが、今後を占うものとして地域が自立するための方向性がどのようにあるべきか、西表島の状況から検討することができるものと考えている。

　終章では結論として、離島の農業の展望について、取り組むべき課題として制度設計の問題や行政が行うべき課題について明らかにした。耕作放棄地

はじめに

解消は、農業の再生なくして達成が不可能なものであり、そのためには担い手対策の構築が重要である。また日頃気づかない農地の景観について保全対策を提言した。何よりも農業は地域を面として再生発展させるためには不可欠の産業であることを取り上げ、日本の農業の展望について述べさせていただいた。

　西表島は沖縄の中でも最南端の「秘境」といわれる離島である。西表島のみならずすべての離島地域住民にとって資するために本書は存在する。日本の現代史の激動の中を生き抜いてきた島民たちと共に、これからの波乱に満ちた時代を歩み始めている。

　なお本書は法政大学大学院学位請求論文「沖縄の離島の耕作放棄地に関する研究」を修正加筆した上で出版したものである。

xvi

序章

耕作放棄地問題への提起

序章　耕作放棄地問題への提起

1　日本の耕作放棄地

　現在、日本の農業には、緊急に解決を要する課題として、農地の耕作放棄
の問題がある。耕作放棄は止まるところなく増加を続けていて、2015（平成
27）年現在では全国に 42.3 万 ha の耕作放棄地が確認され、この面積は滋
賀県全体を上回る広大な面積となっている。耕作放棄地とは農業統計上の用
語で、同様な農地の未利用の状況になっている不作付地を入れると、日本の
農業の現場では大量の未利用・未使用の農地が存在している[1]。現在の制度
が形づけられたのは終戦を契機とした一連の改革であるが、当時の農地制度
の改革で全く想像していなかったものが耕作放棄地の出現である。この状況
はまさに「制度の破綻」と呼ぶべきものではないだろうか。

　耕作放棄地が及ぼす問題は様々な点から述べられ、食料自給率の低下問題
や国際競争力などが指摘されている。根本的なことは、日本の農業生産が地
方都市を中心として行われていることにある。地方都市では農業が主力産業
である地域が多い。農業は、「広大な耕地」を使用し「地域を面」として利
用する産業という特徴を有している。耕作放棄地の発生によって、「地域が
衰退」してやがて「地域の維持」に困難が生じるのである。

　実際に耕作放棄地が発生している場所は、主として農業においては耕作条
件の不利な地域である中山間地域と言われる、山間の傾斜地に多く発生して
いる。そのため当初は、「中山間地域の耕作放棄地の問題」として語られて
きた。1994（平成 6）年に小田切徳美氏によって「日本農業の中山間地帯問

1　耕作放棄地や不作付地は、農林水産省の農業センサスで使用されているもので、属人統計として
　表されている。その他に農業統計では「荒廃農地」という呼び方も使用されている。これは担当
　者（主として市町村）が現地に赴いて調査した数値によって作られたもので属地統計として表さ
　れている。両者の数値は、重なり合っている部分が多く存在しているが、その間に絶えず誤差の
　問題を抱えている。本書においては荒廃した農地に関して「耕作放棄地」に統一して使用する。

2

題」として世に出され、それによって中山間地域の耕作放棄地問題が一挙に問われるようになった。

　中山間地域は主として地方都市に多く所在している。農業は、伝統的な集落において形成されてきたが、現在では高齢化が進むにつれ集落が崩壊し、農業（経営）自体の存続が非常に難しい状況に追い込まれている。地方都市における若年層の後継者不足が要因であるが、収入に結び付く農業、雇用の場が極めて脆弱なのである。

　中山間地域と同様に、もう一つの耕作条件の不利な地域がある。それは離島地域である。日本は島嶼によって成り立っている国家であるが、これまで離島は、農業問題に関して表舞台に登場することがなく、まして耕作放棄地の問題について語られることは極端に少なかった地域である。しかし現在では、全国民にとって離島の生活の非日常性について、「憧れ」や「心の癒し」を求めるような人々の注目を集める地域として見られる存在になってきている。

　農林水産省では 2006（平成 18）年から 3 ヵ年かけて、耕作放棄地の解消を目指すために、全国の耕作放棄地の面積について調査を行っている。この調査のあとには農地の法制度改革として農地法の改正が行われている。

　全国調査について、これまで関心を持たれることが少なかった離島地域に関して、沖縄県の南西部にある西表島の耕地面積や、それに対する耕作放棄地に関する資料に接する機会を得た。それによれば、西表島の総面積に占める耕地面積の割合は約 6% であるが、耕作放棄地の面積が耕地面積を上回るという現実に直面した。沖縄は同じ日本でありながら終戦後から 27 年間の米施政下を経験している地域である。その年月の間、本土との政策の相違によって農業制度も異なっていた。特に離島である西表島などでは、戦後の開拓の島として多くの移住者にとって希望の島であったが、当時から現実には大きな人口減少が起きていた。離農者の発生も多く、彼らが残した農地はそのまま耕作放棄された。耕作放棄の要因についてはいくつかの問題が存在している。法制度の違いによって企業による農地やその他の土地の買収が耕作放棄に結び付いているものも非常に多い。

離島地域の耕作放棄地の発生は、本土の中山間地域と共通の問題がある一方で、沖縄ならではの特殊な問題も存在している。初めに日本の農業問題として耕作放棄地の発生と、今後の対策の方向性について、戦後に行われてきた農業制度の整備の問題の検証が必要と考えている。その上で、離島が抱える問題として、農業制度の整備の過程について検討を行うものである。

西表島の現在の様子であるが、離島の多くが過疎化する中で、緩やかな人口の回復が見られる島である。これは移住者の増加が要因であるが、その中に主体的に農業を担う若者の存在がある。離島においては、移住者などの人的資源の活用が有意義と考えられるところである。農業においては耕作放棄地などの発生によって決して条件の良い地域ではないが、人的資源（担い手）とともに地域資源（農地）の活用がどのように行われるべきか、その点を明らかにすることを本書は目的としている。本書は「耕作放棄地の抑止と地域の活性化」を目指して、離島の耕作放棄地問題の解決に道筋を開くものである。

2　農業制度の整備過程

耕作放棄地の発生という大きな問題を抱える日本の農業であるが、戦後の農業制度の整備の過程とはどのようなものであったのだろうか。

終戦を契機として日本国内では様々な改革が行われている。その中で日本にとって最も大きな影響を与えた改革がある。それは農地改革である。戦前に日本で行われていた農業制度は、農地を所有する一部の地主に対して、実際に現場の農地を耕作する多数の小作農に分かれていた。戦後の農地改革では、多数であった小作農に農地を分け与えることによって自作農にして、自立させることに成功している。これによって終戦当時の荒廃とした社会に対して、農村が食料の安定供給と社会の安定や民主化に対する大きな役割を果たした。食糧生産の安定は、国民に希望を与え社会の安定に大きく貢献した

のみでなく、1955（昭和30）年からの高度経済成長を支えた原動力にもなっている。

　農地改革は様々な影響を日本の社会にもたらしている。農地改革を経て農地法の制定によって「農地耕作者主義」（自作農主義）を確定させて、農地に対する厳しい規制を作り上げた。農地改革の終了後には、農業基本法の下で経営規模の拡大の方向性が打ち出されているが、すでに規制の下で規模拡大へ向かうための農地流動化、農業経営の拡大を目指す農家にとって農地の集積（新規の取得）は難しい状況に置かれた。

　本土で行われた戦後の農地改革には、当時から言われていた問題として、農地改革が厚生的な部分、貧困な小作農を自作農へ転換させることが中心に置かれていたために、多くの限界を持つことが指摘されていた。農地改革後10年足らずで、農業の経営的側面では綻びを見せ始め限界点が露わになっている。

　時代の進展とともに新しい問題が持ち上がる。都市近郊では、高度経済成長下で土地の価格高騰による地価問題が大きな社会問題となった。それに連動する形で農地の価格も高騰して農家もその影響を受けた。地価の高騰は農地が住宅地と同様に「土地資産」として価格が連動しだすのである。また都市周辺での活発な企業活動は、雇用機会の拡大を可能にして多くの農家が兼業化への道をたどり始めた。その影響によって、兼業化と同時に離農や転廃業に伴う農地の未利用の問題が起こり、直接的には農地価格の高騰が、農業経営よりも土地資産としての農地保有への状況を作り出すものとなった。経営耕地を拡大することによって、高収益を目指す農業の方向性が要請されながら、農地は流動化することが無くなったのが高度経済成長下の都市地域での農家であった。

　地方都市ではどのような問題が発生したのだろうか。一部の地域では企業が誘致されて地元雇用が創出され、地元の若年層の流出が止まった地域もある。産業の分散によって、地方都市へ移転した企業への就職が可能となり、地元での就業が促進されるようになる。ただし、ごく少数のことであり、地

元雇用が脆弱な状況に変化を与えるものではなかった。時代の変革の中で、「地方と都市」、「過疎と過密」という言葉も生まれだして、構造的問題が生まれたのも日本の高度経済成長時代の出来事なのである。

　農地改革によって成立した制度は、高度経済成長を経て兼業化が一段階進むと、自作農体制にとって根本的な矛盾が発生する。現在まで続く日本の農業の根幹を揺さぶる耕作放棄地問題の発生である。兼業化によって若年層が都市部へ流出した結果、農村地域には高齢者が残された。高齢化の進んだ現在では、農業の主要な担い手の平均年齢は60代の後半である。高齢化と後継者の不在という、根本的な問題を抱える農村では、耕作放棄の発生が加速され、およそ半世紀近い年月の間に大量の未利用になった耕作放棄地が発生している。それは、農家における少子化・高齢化や後継者不在など様々な要因に端を発しているが、残念ながら日本の農業政策の破綻を物語るものと認識しなければならない。

　本書では農業制度の整備の過程に起こった問題が、なぜ現在まで問題を拡大させてきたのか、根本的な原因の追求と問題の解決の方向性を求めるため、戦後から現在まで続く農業制度の整備の過程を分析し、その問題点を明らかにするものである。

3　沖縄で行われた農業制度の整備過程

　同じ日本の国内でありながら沖縄は異なった。沖縄では地上戦が行われたため、本島の大部分が戦災によって、住居地域に限らず耕作地も使用できないところが大半の状況に置かれた。また米軍当局による強制的な土地の接収により、終戦と同時に米軍基地の建設が始められたため、本島では主要な耕地が米軍基地となった。本来なら最も状態の良い農地が使用できなくなってしまった。沖縄では、本土で行われた農地改革が行われず、戦前からの慣行

や小規模零細性の問題が戦後も引き継がれている。

　本土では終戦から5年をかけずに農地改革を完了させているが、同じ時期に沖縄で行われたのが戦災からの復興を目指すための「土地改革」であった。沖縄で行われた土地改革は図面上に引かれた土地の分配であった。基本的に面積が限られていた地域に、主要な部分が「米軍基地」という条件の下で、満足な改革を望むのは不可能と言うべきであろう。

　ここで困難を極めた沖縄の土地政策の概要を明らかにしておこう。

　沖縄で行われた戦後の処理は、荒廃した地域の再建である。本島では地上戦が行われた影響が大きく、わずかに残った戦災を免れた土地をさらに細かく分割した上で、とりあえず復興させるために、住宅地や農地として土地を住民に「均等」に分割した。やむを得ない措置であるが、その原因は、地上戦によって地元住民に数十万人もの犠牲者が生まれたことによって、所有者不明の土地が大量に生まれたことも原因と考えられている[2]。こうした背景のもとで行われた米施政下での復興は困難を極めた。それを乗り切るための施策として行われたのが、「均等」を建前としながら図面上を利用した土地の配分が、「割当土地制度」である。農地については「割当耕作制度」が行われた。

　終戦直後の沖縄本島は、本土や海外からの引揚者によって短期間の間に約20%以上の急激な人口増加が起こった。しかし本島は一面が焼け野原であり、食糧生産も行われていない状況であった。そこから脱出するために考えられた政策が、比較的戦災の被害が少なかった八重山地域への移住である。これによって戦後に膨れ上がった本島の人口を減らそうとしたのである。米軍当局が行ったのは移住のためのインフラ整備として、当時、八重山地域がマラリアの蔓延した地域であるため、米軍によってマラリア蚊の駆除が行われた。終戦とともに八重山地域に対する移住は、琉球政府による政策移民としての

2　1976（昭和51）年に沖縄県から発表された沖縄戦の死亡者数は200,656人で、沖縄県出身者が122,228人で他都道府県出身兵が65,908人であり、沖縄県出身者のうち一般人が94,000人といわれ、いかに民間人の犠牲者が多かったかと言うことである。「沖縄戦について」沖縄県平和資料館資料。

序章　耕作放棄地問題への提起

問題が提起され、また自由移民の形で新天地への移住を目指す動きが持ち上がり、開拓団が組織されて西表島に向かう一団が生まれている。

　終戦による混乱の中を同時にスタートした本土と沖縄であるが、戦後復興は全く異なった制度によるものである。この制度の違いが後に大きな問題を生じさせるのである。

　本土で行われた農地改革は、小作農を自立させることによって日本の戦後復興を担う共同の作業を行うことを可能にしている。小作農が自作農へ転換したことによって日本の農業生産の拡大に貢献できる存在となった。問題を抱えながら行われた農地改革であるが、日本の戦後のスタートにとって「画期的な出来事」なのである。農地改革の中核に据えられたものは、農地の所有に関して規制を設けて、農業を営む者だけが農地の所有者たる資格を持てるものである。これ自体、現在の耕作放棄地の蔓延を考えると正しいと言えるものではない。この問題を抱える制度であっても、その存在は決して無視できるものではない。米施政下の27年間に行われた農地の規制は、制度として規制が十分機能するものではなかった。その結果、高度経済成長時代には沖縄でも過剰流動性[3]から不動産取引が活発になり（バブルの発生）、農地などが本土資本によって大量に買い込まれる結果になった。

　沖縄では1965（昭和40）年以降、本土復帰を目指す動きの中で、日々刻々と変わる政治の時代を迎えている。この時代の離島地域の出来事に目を向けてみよう。

　離島地域では、高齢化や地域人口の減少に関して、本土の中山間地域を上回る状況が見受けられた。離島地域の雇用の脆弱性は、沖縄本島あるいは本土へ就職を目指す若者たちを生み出す要因となっていた。多くの離島地域は高齢者によって支えられるという事態である。沖縄で当時行われていた農業は、収穫できる作物がサトウキビや甘藷といった限定された作物のみという

3　これは「バブル」を指すものである。現金や預金などの流動性が正常な経済活動に必要な適正水準を上回った状態である。高度経済成長時代の末期には、これによって余剰資金が全国各地の土地の購入に向かい多くの資金が土地投機に投入されたものである。現代経済学事典 [2004] 岩波書店、p.635。

状態であった。パインアップルも缶詰の原料用であった。農業に対するインフラが未整備であったため起こったのは、台風や干ばつによる被害の多発であった。この時、離島地域で行われていた農業は、自然災害によって収入がすぐに途絶えてしまうものであった。1965（昭和40）年から1975（昭和50）年の10年間に八重山地域の全ての離島地域で人口が二分の一以下に減少している。この時代は、戦後の開拓によって開かれた離島地域において、農業経営の厳しさから、離農を余儀なくされた農家が地域から離脱した時代である。

　現実として、この時代に風光明媚な八重山の離島地域の農地が買い占められている。西表島の買い占められた土地（農地）と耕作放棄された農地の合計面積は、島全体の耕地面積を上回る「広大な耕作放棄地」になっている。なぜこのような状況が生まれてしまったのか、この原因の追求として、沖縄の農業制度の整備の過程とはどのようなものであったか明らかにするものである。

4　日本の離島の現状

　拡大を続けてきた日本の人口もついに減少の局面に入っている[4]。現在の日本社会の問題の出発点は、「人口減少社会」という言葉に代表されるように、社会全体が縮小の方向へ動き出していることにあるだろう。その状況を如実に表すものが「少子化・高齢化」であり、それによって起る問題として、放置された無人の住居などが著しい勢いで増加している。総務省の資料においても、「2013（平成25）年の空き家は820万戸で、総住宅数6,063万戸に

---

4 江戸時代後半の人口は3,000万人前後程度で安定していたが、明治に入ると急激な人口増加が始まった。増加はほぼ一貫して続き、1967（昭和42）年には1億人を突破し、2008（平成20）年には1億2,808万人とピークに達した。2015（平成27）年版厚生労働白書。

占める空き家率は13.5％で、空き家は1973（昭和48）年の5倍近くに増え総住宅数の増加率を上回り、空き家率は年々高くなっている」[5] ことについて危機感が伝えられている。

　しかし東京を代表とする大都市では、未だに地方から流入する人口によって都市は膨張を続けている。また海外から往来する多くの外国人など流動性のある人々の動きが活発である。都市部は現在でも人口に関しては高いポテンシャルのある地域なのだ。

　これを地方都市について見るとどうだろうか。地方では政令指定都市以外は、ほとんどの地域が人口減少に見舞われている。特に人口減少の著しい地域である山間地域などを抱える地方都市では、年々人口が減少する過疎化現象のただ中にある。人口減少は地域生活に対しても直接影響を及ぼすものが実に多く存在している。人口減少によって産業が縮小し、それに伴って雇用の減少が起こる。このようなマイナス要因によって地域から若年層が流出し、人口減少や高齢化へ進むと、地域の生活インフラの維持に支障をきたすような状況が生まれる。これが現在、全国の地方都市で起っている事態である。

　山間地域を抱える地方都市では、実際に集落の消滅が相次いでいる。これは高齢化が一段階進んだ地域において、65歳以上の人口が50％を超えたような地域から実際に起こり始めた現象であり、「限界集落」なる言葉まで登場している。

　本土の山間地域の集落では、人口減少が著しいため戦略的な撤退を含めて、現実に山間地域から住居を里へ集団移転する「積極的な撤退」という選択肢

---

5 都市部での空き家問題の深層については様々な観点から伝えられているが、この記事においても「倒壊の恐れや衛生上の問題のある空き家に対して、市町村が所有者に撤去を命令できる空き家対策特別措置法が26日から全面施行された」。この背景として、「羽田空港に近い東京都大田区西糀谷3丁目の住宅地に、コンクリートの基礎部分が残る空き地がある。昨年5月まで、木造2階建ての無人アパートがあった。床面積187平方メートルで築46年、トタン屋根がはがれ、隣家の敷地や道路に落ちていた。テレビやソファなど粗大ごみも散乱、区に2006（平成18）年ごろから「危ない」と住民から苦情が寄せられ、台風前には消防が屋根の一部を撤去した。区は所有者に撤去を呼びかけ、十数回にわたって説得した年もあったが応じなかった。13年4月、罰則はないが所有者に代わって危険な空き家を解体できる「空き家条例」を制定し、有識者委員会の審議を経て代執行で解体した」。こうした事態はすでに一部地域の問題ではなく、大田区では161件に及ぶということである。朝日新聞2015（平成27）年5月25日。

4　日本の離島の現状

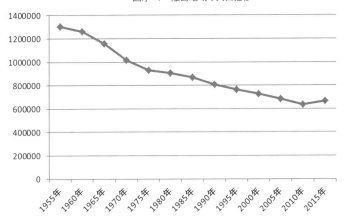

図序-1　離島地域の人口推移

出所：2017年離島統計年報より筆者作成。
注(1) 単位は人。

もとられるようになってきている[6]。撤退可能な地域では、撤退も視野に入れながら現在では戦略が練られる状況にあるが、これを離島地域に目を向けるとどうなるだろうか。日本は海の中の島々によって構成された国家であり、日本には「島」と呼ばれるものが全国に 6,852 島[7]ある。離島と呼ばれている「島」のうち、法的措置[8]を受けている地域として 305 島の有人島[9]がある。これらの地域は山間地域と同様に、人口が日々減少を続けている地域で、

---

6 林　直樹は長期的なスパンで過疎地域問題の解決が図られるべきものであることを主張しているが、人口減少が問題ではなく、人口減少へ至る過程の問題と言うことを主張している。人口膨張を続けてきたこれまでの日本で行われてきたことは、山野を切り開き次々に土地開発をしてきたわけで、人口減少時代の現在ではその逆の行為が行われているのであり、その過程で過疎集落に弱者が取り残されたり、地域資源が毀損されることがあってはならないということである。「積極的な撤退」は長い時間軸で見れば、力の温存を計る事が可能となり農村が長期的なスパンの中で持続可能性を維持して行くことができるというものである。林　直樹『撤退の農村計画』pp.180〜184 学芸出版社（2010）。
7 1987（昭和62）年に海上保安庁から発表されたもの。この中には北海道・本州・四国・九州・沖縄本島の 5 島も含まれているが、この 5 島は本土と呼ばれている。財団法人日本離島センター、「離島統計年報 2015」p.1。
8 離島振興法、小笠原諸島振興開発特別措置法、奄美群島振興開発特別措置法、沖縄振興特別措置法によって指定を受けそれぞれに地域の振興が計られている。前掲、「離島統計年報 2015」p.1。
9 市町村の住民基本台帳に住民登録のある島を有人島としている。離島の中には公務員のみが居住している島もある。前掲、「離島統計年報 2015」p.1。

序章　耕作放棄地問題への提起

表序-1　日本の離島地域の概要 (1)

都道府県 島名(市町村数)	友人島数	市町村数			2010(平成22)年国勢調査確定人口				生産年齢人口	高齢化率
		市	町	村	人口 人	世帯数 戸	面積 k㎡	海岸延長 km	%	%
北海道	6		6		12,390	5,820	417.27	250.3	56.3	33.5
島名	礼文島(礼文町)、利尻島(利尻町、利尻富士町,)、天売島(羽幌町)、焼尻町(羽幌町)、奥尻島(奥尻町)、小島(厚岸町)									
宮城県	9	3	1		4,721	1,819	24.58	105.6	47.4	45.9
島名	大島(気仙沼市)、出島(女川町)、江島(女川町)、網地島(石巻市)、田代島(石巻市)、寒風沢島(塩釜市)、野々島(塩釜市)、桂島(塩釜市)、朴島(塩釜市)									
山形県	1	1			228	118	2.75	12.0	38.2	59.6
島名	飛島(酒田市)									
東京都	13		2	7	27,815	13,762	360.63	399.6	58.1	29.8
(離振法)	9		2	6	25,030	12,328	291.95	260.0	56.1	31.6
(小笠原法)	4			1	2,785	1,344	68.68	139.6	71.6	10.7
島名	大島(大島町)、利島(利島村)、新島(新島村)、式根島(新島村)、神津島(神津島村)、三宅島(三宅村)、御蔵島(御蔵島村)八丈島(八丈町)、青ヶ島(青ヶ島村)、父島(小笠原村)、母島(小笠原村)、硫黄島(小笠原村)、南鳥島(小笠原村)									
新潟県	2	1			63.093	23,937	865.17	303.7	51.8	36.8
島名	粟島(粟島浦村)、佐渡島(佐渡市)									
石川県	1	1			110	46	0.55	5.2	43.6	54.5
島名	舳倉島(輪島市)									
静岡県	1	1			316	228	0.44	4.0	75.6	16.1
島名	初島(熱海市)									
愛知県	3	1	1		4,258	1,502	13.82	60.4	49.0	37.2
島名	佐久島(西尾市)、日間賀島(南知多町)、篠島(南知多町)									
三重県	6	2			4,258	1,502	13.82	60.4	49.0	37.2
島名	神島(鳥羽市)、答志島(鳥羽市)、菅島(鳥羽市)、坂手島(鳥羽市)、渡鹿野島(志摩市)、間崎島(志摩市)									
兵庫県	6	3			7,332	2,756	54.49	92.5	56.8	29.4
島名	沼島(南あわじ市)、淡路島(南あわじ市)、男鹿島(姫路市)、家島(姫路市)、坊勢島(姫路市)、西島(姫路市)									
島根県	4	3	1		21,668	9,323	344.91	464.5	53.3	35.6
島名	島後(隠岐の島町)、中ノ島(海士町)、西ノ島(西ノ島町)、知夫里島(知夫村)									
岡山県	15	5			2,824	1,474	31.13	119.1	34.9	60.5
島名	鹿久居島(備前市)、大多府島(備前市)、頭島(備前市)、鴻島(備前市)、犬島(岡山市)、石島(玉野市)、松島(倉敷市)、六口島(倉敷市)、高島(笠岡市)、白石島(笠岡市)、北木島(笠岡市)、真鍋島(笠岡市)、小飛島(笠岡市)、大飛島(笠岡市)、六島(笠岡市)									
広島県	12	5	1		10.772	5,015	61.26	150.9	46.6	45.6
島名	走島(福山市)、百島(尾道市)、細島(尾道市)、佐木島(三原市)、小佐木島(三原市)、生野島(大崎上島町)、大崎上島(大崎上島町)長島(大崎上島町)、三角島(呉市)、情島(呉市)、阿多田島(大竹市)									
山口県	21	7	4		4,282	2,130	64.66	200.6	39.4	54.5
島名	黒島(岩国市)、情島(周防大島町)、浮島(周防大島町)、前島(周防大島町)、笠戸島(周防大島町)、平郡島(柳井市)、馬島(田布施町)、佐合島(平生町)、祝島(上関町)、八島(上関町)、牛島(光市)、大津島(周南市)、野島(防府市)、蓋井島(下関市)、六連島(下関市)見島(萩市)、大島(萩市)、櫃島(萩市)、相島(萩市)									
徳島県	2	1	1		261	134	1.2	12.6	42.9	50.2
島名	伊島(阿南市)、出羽島(牟岐町)									
香川県	22	5	3		7,041	3,414	63.79	179.9	48.9	43.0
島名	小豊島(土庄町)、豊島(土庄町)、直島(直島町)、牛ヶ首島(直島町)、向島(直島町)、男木島(高松市)、女木島(高松市)、櫃石島(坂出市)、岩黒島(坂出市)、与島(坂出市)、小与島(坂出市)、本島(丸亀市)、牛島(丸亀市)、広島(丸亀市)、手島(丸亀市)、小手島(丸亀市)、佐柳島(多度津町)、高見島(多度津町)、粟島(三豊市)、志々島(三豊市)、伊吹島(観音寺市)									
愛媛県	31	6	1		15,012	7,097	86.05	259.6	47.4	45.9
島名	高井神島(上島町)、魚島(上島町)、弓削島(上島町)、佐島(上島町)、生名島(上島町)、岩城島(上島町)、赤穂根島(上島町)、鶴島(今治市)、津島(今治市)、大下島(今治市)、小大下島(今治市)、小島(今治市)、来島(今治市)、馬島(今治市)、比岐島(今治市)、大島(新居浜市)、二神島(松山市)、野忽那島(松山市)、睦月島(松山市)、中島(松山市)、怒和島(松山市)、津和地島(松山市)、青島(大洲市)、大島(八幡浜市)、九島(宇和島市)、嘉島(宇和島市)、戸島(宇和島市)、日振島(宇和島市)、竹ヶ島(宇和島市)									
高知県	2				222	133	11.31	26.7	44.6	51.8
島名	島名沖の島(宿毛市)、鵜来島(宿毛市)									

出所：2013 (平成25) 年離島統計年報より筆者作成、単位はそれぞれ示した人・戸・k㎡・km・%である。数値は現在判明している分で作成。

4 日本の離島の現状

表序-2 日本の離島地域の概要 (2)

都道府県	友人島数	市町村数			2010(平成22)年国勢調査確定人口				生産年齢人口	高齢化率
島名(市町村数)		市	町	村	人口	世帯数戸	面積 km²	海岸延長 km	%	%
福岡県	8	4	1		2,425	982	13.25	63.1	51.5	37
島名	馬島(北九州市)、藍島(北九州市)、地島(宗像市)、大島(宗像市)、相島(新宮町)、玄界島(福岡市)、小呂島(福岡市)、姫島(糸島市)									
佐賀県	7	1			1,910	734	10.96	48.2	51.8	38.0
島名	高島(唐津市)、神集島(唐津市)、小川島(唐津市)、加唐島(唐津市)、松島(唐津市)、馬渡島(唐津市)、向島(唐津市)									
長崎県	51	8	2		136,983	57,235	1,550.75	2,398.5	54.5	32.8
島名	馬島(対馬市)、海栗島(対馬市)、泊島(対馬市)、沖ノ島(対馬市)、島山島(対馬市)、壱岐島(壱岐市)、若宮島(壱岐市)、原島(壱岐市)、長島(壱岐市)、大島(壱岐市)、黒島(松浦市)、青島(松浦市)、飛島(松浦市)、大島(平戸市)、度島(平戸市)、高島(平戸市)、宇久島(佐世保市)、寺島(佐世保市)、六島(小値賀町)、野崎島(小値賀町)、納島(小値賀町)、小値賀島(小値賀町)、黒島(小値賀町)、班島(小値賀町)、若松島(新上五島町)、中通島(新上五島町)、頭ケ島(新上五島町)、桐ノ小島(新上五島町)、若松島(新上五島町)、日ノ島(新上五島町)、有福島(新上五島町)、漁生浦島(新上五島町)、奈留島(五島市)、前島(五島市)、久賀島(五島市)、蕨小島(五島市)、椛島(五島市)、福江島(五島市)、赤島(五島市)、黄島(五島市)、黒島(五島市)、島山島(五島市)、嵯峨島(五島市)、江島(西海市)、平島(西海市)、松島(西海市)、池島(長崎市)、高島(長崎市)									
熊本県	6	2			3,546	1,443	20.69	69.7	47.9	41.1
島名	湯島(上天草市)、中島(上天草市)、横浦島(天草市)、牧島(天草市)、御所浦島(天草市)、横島(天草市)									
大分県	7	2		1	4,306	1,906	17.46	62.8	50.3	42.6
島名	姫島(姫島村)、地無垢島(津久見市)、保戸島(津久見市)、大入島(佐伯市)、大島(佐伯市)、屋形島(佐伯市)、深島(佐伯市)									
宮崎県	3	3			1,054	411	5.16	27.2	51.3	37.8
島名	島野浦島(延岡市)、大島(日南市)、築島(串間市)									
鹿児島県	28	5	13	4	171,652	75,886	2,485.31	1,604.1	55.4	30.0
(離島法)	20	4	4	2	52,879	24,343	1,253.38	733.7	54.3	32.0
(奄美振法)	8	1	9	2	118,773	51,543	1,231.93	870.4	55.9	29.1
島名	獅子島(長島町)、桂島(出水市)、上甑島(薩摩川内市)、中甑島(薩摩川内市)、下甑島(薩摩川内市)、新島(鹿児島市)、馬毛島(西之表市)、種子島(西之表市、中種子町、南種子町)、屋久島(屋久島町)、口永良部島(屋久島町)、竹島(三島村)、硫黄島(三島村)、黒島(三島村)、口之島(十島村)、中之島(十島村)、諏訪之瀬島(十島村)、悪石島(十島村)、子宝島(十島村)、宝島(十島村)、奄美大島(奄美市、大和村、宇検村、瀬戸内町、龍郷町)、加計呂麻島(瀬戸内町)、与路島(瀬戸内町)、請島(瀬戸内町)、喜界島(喜界町)、徳之島(徳之島町、天城町、伊仙町)、沖永良部島(和泊町、知名町)、与論島(与論町)									
沖縄県	40	4	4	10	127,766	53,315	1,013.27	995.6	61.4	21.3
島名	伊平屋島(伊平屋村)、野甫島(伊平屋村)、伊是名島(伊是名村)、伊江島(伊江村)、水納島(本部町)、津堅島(うるま市)、久高島(南城市)、粟国島(粟国村)、渡名喜島(渡名喜村)、座間味島(座間味村)、阿嘉島(座間味村)、慶留間島(座間味村)、渡嘉敷島(渡嘉敷村)、前島(渡嘉敷村)、久米島(久米島町)、奥武島(久米島町)、オーハ島(久米島町)、北大東島(北大東村)、南大東島(南大東村)、宮古島(宮古島市)、池間島(宮古島市)、大神島(宮古島市)、来間島(宮古島市)、伊良部島(宮古島市)、下地島(宮古島市)、多良間島(多良間村)、水納島(多良間村)、石垣島(石垣市)、竹富島(竹富町)、西表島(竹富町)、鳩間島(竹富町)、由布島(竹富町)、小浜島(竹富町)、黒島(竹富町)、新城島上地(竹富町)、新城島下地(竹富町)、波照間島(竹富町)、外離島(竹富町)、嘉弥真島(竹富町)、与那国島(与那国町)									

出所：2013(平成25)年離島統計年報より筆者作成。

注 (1) 北海道の小島は国勢調査では有人であるが住民登録は0。

(2) 東京都の硫黄島・南鳥島は国勢調査では有人であるが住民登録は0。

(3) 香川県の牛ヶ首島は国勢調査では有人であるが住民登録は0。

(4) 愛媛県の赤穂根島は国勢調査では有人であるが住民登録は0。

(5) 竹富町由布島は西表島、新城島下地は新城島上地、嘉弥真島は小浜島に、それぞれ人口と世帯数は含まれる。

(6) 広島県の長島は昭和61年に架橋で大崎上島と連結。

(7) 香川県の櫃石島・岩黒島・与島は昭和63年に本四架橋児島坂出ルートで本土と連結。

(8) 愛媛県の佐島は平成8年に道路橋で弓削島と連結。

(9) 長崎県の佐島は昭和48年に漁港施設で赤島と連結、沖ノ島は昭和46年に道路橋で対馬島と、島山島平成6年に対馬島と連結、長島と大島は平成11年に相互に連結、黒島は昭和47年班島は昭和53年に道路橋で小値賀島と連結、頭ケ島は昭和55年、桐ノ小島は昭和36年に中通島と連結。日ノ島・有福島・漁生浦島は昭和45・48年に漁港施設で連結、漁生浦島は昭和50年に道路橋で若松島と連結、島山島は平成5年に架橋で福江島と連結。

(10) 熊本県の牧島は昭和61年に道路橋で御所浦島と連結。

(11) 鹿児島県中甑島は平成4年に道路橋で上甑島と連結。

(12) 沖縄県の野甫島は昭和54年に架橋で伊平屋村と連結、慶留間島は平成10年に架橋で阿嘉島と連結、奥武島は昭和58年に架橋で久米島と連結、池間島は平成4年に来間島は平成7年に道路橋と農道橋で宮古島と連結される。

終戦後の統計開始当時では約130万の人口を擁していたが、2010（平成22）年では約60万人近くまで減少し、戦後の70年間で半分以下に減少している地域なのである。人口が減少した後の離島はやがて無人島になるが、これまで多くの島が実際に人の住まない無人島になっている[10]。

　現在の離島地域での人口減少は、即ち地域の崩壊の第一歩であり地域の消滅への入り口なのである。地域を維持して行くことを考えると、撤退することは避けなければならない重要な課題なのである。近年では離島地域が日本の国境地域を形成している場合が多いため、離島の人口減少問題について外交問題も含めて議論されることも活発になってきている。あらためて離島の存在は無視することはできないものなのであり、どのような形の存続が地域住民にとってより良き形態となるか、答えを出さなければならない時を迎えているのである。

5　離島地域の農業

　離島地域を支えてきたこれまでの産業構造は、農林水産業などの第一次産業が主要な産業となってきた。日本が終戦から高度経済成長を果たす時代になると、農林水産業などの第一次産業は産業構造の変化によって斜陽となり、地域経済が弱体化すると同時に離島では人口減少が始まり、負の連鎖として過疎化の進展によって無人島になる、あるいは多くの離島地域では廃村になる集落が続出していた。一般的に離島地域は、耕作条件などに関して条件の不利な地域であり、離島はこれまで積極的な関心を持たれることはなかった。

　これが、日本の経済全体が最も輝きを増しながら発展していた高度経済成長時代以来、離島地域で起こっていた現象なのである。

---

10 例として世界遺産の指定を受け話題になった長崎県の軍艦島なども炭鉱の閉鎖で無人島になっている。

５　離島地域の農業

　全国的な離島地域の状況として、第一次産業に支えられていた産業構造が時代の変化とともに変わりつつある。しかし産業構造の変化があったとしても、農業が離島地域に与える影響は変わることのない比重がある。すでに離島地域では人口を増加させるための方策が多方面から検討され実行に移されている。その一環として、農業などの第一次産業に就業を目指そうとする全国の若者に対して、就農への呼びかけも行われている。それぞれの離島ごとの努力が少しずつ実を結ぼうとしている状況なのである。

　耕作条件では恵まれない離島地域ではあるが、南北に細長く広がっている日本の地理的条件によって、亜熱帯から亜寒帯まで実に変化に富んだ気象条件があり、離島の地域ごとに多様な特産物を作ることが可能であり、創意工夫を凝らしながら懸命に「町おこし」に取り組んでいる地域もすでに多く見られている。一部では自然資源を使用して、見事な成果を上げている離島地域も全国的に知れわたるようになってきている[11]。離島地域の基本的な産業である農林水産業は広大な土地の利用を伴うものであり、第一次産業の弱体化が懸念されている今日であるが、離島地域にとっては地域振興上、決して無視することのできない重要な産業なのである。

　もう一つ農業を振興させる上で考えなければならない重要な問題がある。離島地域は本土の中山間地域と同様、あるいはそれ以上に耕作放棄地の多い場所なのである。そこで離島地域の農業を少しでも振興させていくためには、現場の状況について実態把握がなされなければ、発展させることは難しいだろう。離島地域の詳細な耕作放棄地に関する調査は、地域にとって新たな貢献をするものと確信している。

　人口減少による過疎化の中での地域おこしは、現実には非常に難しいものであり、人口減少から増加を成し遂げた離島はごく少数というのが現状であ

11　島根県隠岐島の海士町では、町長を先頭にして地域特産物の販売を目指して海産物の冷凍施設の導入によって成功させ、自らが情報発信を行うことによって全国から若者を受け入れることによって、一時、島を去った者や新規に移住する者などによって人口増加を図りつつ、農林水産業の振興を図っていることが全国的に知られるようになっている。海士町 www.town.ama.shimane.jp/（2016.12.25）。

る。この現実を前にしながら、着実に動き出そうとしている離島の農業について着目するのである。

6　耕作放棄地が減少している西表島

　西表島は、日本の最南端の自治体である竹富町の離島で、竹富町の中心をなす地域である。歴史的には15世紀頃からの記述があり、節祭に代表される集落の祭礼などが豊かな地域である。中世には琉球王朝を構成する地域の一員であった。西表島には中世より営まれている集落もあり、八重山諸島の中で最も古い集落の存在する島である。当時より西表島の内部は鬱そうと茂る木々が支配するジャングル地域であった。明治時代に本土から調査隊が訪れ、当時の西表島を中央部の山地を縦走しながら調査を行った記録が残されている。西表島は沖縄では本島に次ぐ面積を有する離島である。西表島が一般的に日本の近代史に登場するのは、明治時代の笹森儀助による調査報告や戦前・戦後の炭鉱などの歴史によって表舞台に登場する。

　明治時代より沖縄の課題として、西表島の広大な地域に対する開拓と移住が当時より検討されていた。残念ながら明治時代から行われていた移住の試みはマラリアの蔓延地という西表島の自然環境の前に撤退を余儀なくされている。同時に西表島のもう一つの歴史である炭鉱開発も行われていたが、自然環境が非常に厳しい現場となっていたことが記録されている。炭鉱に関しては、第二次世界大戦の終戦以降も続いていたが最終的には閉鎖されている。西表島が大きく注目され始めるのは、終戦後に沖縄の復興の一環として、石垣島とともに西表島が開拓移住地の候補として実際に移住が行われる地域として浮上してからである。戦後間もない時に自由移民によって移住が開始されたのも西表島である。米施政下にあった琉球政府は計画移民として八重山地域に移住者を送り出す決定をしている。開拓移住の受け入れ先となった西

16

表島では、移住者に対して当時では 1.5ha の農地が与えられ、形式的には農業経営の規模拡大への道を可能とするような準備がされていた。当時の記録では八重山地域には計画移民と自由移民の形態をとった移住者の総数は戸数729 で人口が 4,280 名となった。

　こうして始まった戦後の西表島であるが、本土復帰を挟んだ 10 年間は八重山地域の離島においては、長期に渡る台風や干ばつなどの異常気象によって農業経営を諦めて島外に出る開拓当時の移住者が生まれだしている。また離島ゆえの経済基盤の脆弱性は、この状況に拍車をかけるものであった。西表島は戦後の開拓時代より、農林水産業を主要産業とすることによって地域住民の生活が行われてきていたが、離農者が続出することによって農地が放棄されるようになる。西表島には歴史的地理的問題によって耕作が放棄された農地も存在している。農地の放棄は自然環境の問題とともに経済的に立ち行かなくなった多くの農家で行われている。一部の集落では集団離村に近い形で集落からの転出が行われ、大きな人口減少が起こり島内でも廃村が発生し、戦後の最も沈滞した時代を経験している。

　この時期に西表島で行われたことが、後に大きな問題を残す、島の土地への集中的な投機による土地の買い占めである[12]。農地をはじめとして山林・原野が集中的に投機の対象として買収されている。本土復帰以前の沖縄では、本土において行われた農地改革後の農地に対する規制法がないまま 27 年間が経過している。リゾート開発を目指すために先行投資として買収された農地などは、高度経済成長の終焉と共に開発に至らず荒廃地として残されている。人口減少による過疎化が著しい中で土地の買い占めが行われていたのである。

　西表島の状況に変化が訪れるのは 1980 年代以降の全国的な離島ブームの到来である。沖縄は特に「癒しの島」として離島人気に支えられた。減少の一途をたどっていた人口が緩やかに回復を見せ始める。

---

12 土地の買い占めに参加したのは主として企業を中心とするもので個人によるものもかなり発生している。農地台帳や謄本によって確認している。

序章　耕作放棄地問題への提起

　これまでと異なった観点から沖縄が取り上げられるようになる。本土復帰
後には西表島は国立公園に指定され、特別天然記念物のイリオモテヤマネコ
の存在なども、西表島の知名度を全国的なものにしている。秘境と言われて
いた西表島にも来訪者が増加した。地元の農家でも農業の傍らで民宿などを
兼業するところが出始めたのである。これまで専業として行われてきた離島
地域の農業も、兼業化が可能となり多角的な農業経営が可能となり始めるの
もこの頃からである。西表島の農家は、集落間の差はあるが、平均年齢の若
い農業従事者によって営まれている。

　西表島の来訪者数は毎年増加を続ける状態になる。来訪者には幾度も島を
訪れるリピーターの存在が圧倒的多数という特徴がある。重要な点は新たな
変化として、増大する来訪者の中から長期滞在や移住を目指す者が出現して
いる点である。長期滞在者の中からは地元での就職を希望する者があり、移
住者の中から西表島での農業を目指す者が生まれている。西表島は沖縄県の
中でも神秘性のある島として、1980年代の離島ブーム以降、更に来訪者が
増加しその人々が定住へ向かった。

　移住者の人口は流動的なものがあり、経済情勢の変化によって増減が起
こっているが、移住者の中から農業に就いた者は、安定した人口として地域
に根付くものになっている。西表島は中世以来の歴史を有する集落や、戦後
の開拓移住によって設立した集落や、島外からの定住者が多く集う集落など
様々である。現在、移住を目指して農家で働きながら長期滞在して準備を行っ
ている者もいる。本土出身の移住希望者から、名実ともに西表島で農家の仲
間入りを果たした新規就農者も生まれている。一時は地域から若年層の流出
が止まらない状態であった西表島であったが、現在の人口は本土復帰前の
1970（昭和45）年前後の人口まで回復している。

　終戦後に開拓移住者の受け入れ先として、農業の新天地となって沖縄本島
などから多くの人々が渡ってきた。本土復帰を挟んだ時期には、離農者が続
出して島内の多くの土地が島外の資本に買占めされた西表島であるが、再び
若者たちによって担われようとしているのである。この流れを決して止める

18

ことがあってはならない。地元の農家でも法人化へ向けた動きが顕著である。島外からの就農者受け入れのためのインフラ整備が一段と進められなければならないのである。

　過疎化によって人口減少の止まらない島であったが、現在では人口を増やし本来であれば離農者が著しい農業に対して、主体的に取り組もうとする若者によって新しい地域が作られようとしている。離島地域にあって、自分たちの地域を守るために、自らの力で立ち上がりながらより良い地域づくりへ向かうことが重要なのである。沖縄は古くから地域住民の力によって生きてきた歴史を有している。目指さなければならないのは、地域の自立にとってより良き方向性の探求にあるだろう。

　農業の性格は、経済的な位置づけとしては比較劣位であり、生き延びるために補助金に頼るという傾向があり、農家の多くも補助金に対する依存が非常に強くなっている。西表島に必要なのは、地域住民が主役となって活気に溢れた地域に再生させることであろう。離島であっても自力で生きて行かなければならない。この20年の間に、西表島では果樹栽培が軌道に乗り、上層農家が発展して法人化への道筋も明らかになっている。一日も早く西表島の荒廃した農地を、地域全体のために利用を可能にすることが、地域住民にとって大きな課題の第一歩なのである。

　沖縄において行われた戦後の農業制度は問題を抱えるものであったが、西表島では開拓期から沈滞期を経て、現在では新たな段階を迎えようとしている。日本の農業の問題点と沖縄で行われた戦後の問題から西表島の実態調査を通じて、地域の活性化の条件とは何かを探り出すことを本書は目的としている。最果ての地域で行われている農業を通した生活の今後に資するものとなることを追求する次第である。

20

第1章

日本の農業制度の整備過程

1.1. 戦後農地制度の創生

　日本で行われた戦後の農地改革は、「類例がない」と言われるように、世界的に稀な土地改革として実行された。小作農が自立して経済力を身に着け、地域社会においても発言力を持つようになった。農業生産の上昇で所得も上昇したが、ではなぜ現在のように離農者が増加し、自らの手で農地の耕作を放棄するに至ったのであろうか。

　農地改革は、これまで土地を持たない農民を自作農として独立を果たさせている。ところが当時より内包されていた限界性も明らかとなり、高度経済成長の始まりと同時に問題が拡大し始める。1961（昭和36）年には農業の憲法といわれる農業基本法が制定される。

　内包されていた問題点とは、「耕作面積の狭小による農業経営の脆弱性」である。日本の農業の特色は、国民の主食である「米」を作ることを中心とする農業である。農業基本法が制定された1960（昭和30）年代以降の高度経済成長の過程では、農業と工業との間に大きな所得格差ができ、「農工間所得格差」[1] の是正のために構造改善[2] や機械化による農業の近代化が行われた。「選択的拡大」[3] によって収益性を目指す方向性が打ち出された。所得ベースで見るならば各農家は反当たり収穫量を上げ、所得も順調に伸ばすこ

1　高度経済成長の下で、一般サラリーマンなどの賃金上昇が順調に推移したことに比べて、農家所得の上昇が停滞して、農業と工業の間に所得の格差が広がり始めたのがこのころである。暉峻衆三、『日本の農業150年』pp.173~175 有斐閣 [2003]。
2　農業経営の規模拡大等を行って生産性を向上させるために、農地の地盤改良や面積の調整を行って耕地面積の拡大を図った。前掲、暉俊 p.179。
3　高度経済成長による所得水準の上昇によって、市場での要求に変化が起こり、それによって畜産物や野菜、果実とそれに伴う加工品に対する需要や米に関しても良質米への需要が増加した。こうした新しい需要への対応を行って、農家の所得増加へ結び付けるために生産をシフトさせて行くものである。前掲、暉峻 pp.168~171。

とができるようになる。日本の農家の先行きとして経営能力の高い「強い農家」を作り出すことを目指したものであった。

しかし、1962（昭和37）年に全国総合開発計画[4]が策定されると新たな問題が出始めた。全国の均衡ある発展のために行われた開発計画であるが、これによって地方に配置された工場群の中に農家の後継者である若者たちが吸収され、各地域の農家では急速に兼業化が進み、後継者の問題が深刻になり始めた。

東北などの地方都市からの出稼ぎ労働[5]も恒常的なものとなり、小作農から自作農へ転換できた戦後の農家が、所得を得るため再び都市の工場の中に姿を消していった。家を守るのは取り残された高齢者である。後に起こる耕作放棄地の出現は日本が順調に発展を行っていた高度経済成長の時代に萌芽が生まれていたのである。農地を持てなかった小作農が、農地改革によって農地を持つことができるようになった結果が、最終的に耕作放棄地の出現である。自作農になった農家は生産性の上昇を果たしたが、国際化によって輸入農産物が国内市場に流入すると、市場での価格競争の影響を受けるようになる。価格競争に敗北した農家は市場からの撤退を余儀なくされ、農地も耕作放棄された。

農地改革は多くの農民にとっては、「希望に溢れた」改革であり、将来に対する大きな夢が広がったものであった。ところが現在発生している農業に関する問題の根本を探ると、農地改革に端を発し拡大したものが多く存在している。農地改革に内包されていた問題について、どのようなものであったか、また華やかな高度経済成長の時代以降の農業の問題について検証を行うものである。

---

4 日本の国土の利用に関して地域の均衡ある発展を目指すため、社会資本の整備などのあり方の長期的な方向性を行うものである。単に全総と呼ぶ場合や、一全総と呼ぶ場合がある。前掲、暉俊 p.160。
5 戦後の日本の構造として都市部への人口集中が顕著となり、それによって就業場所も偏りが出始めて都市部への集中により、雇用を求めるためにさらに人口が都市部へ集中する構造となった。前掲、暉俊 pp.190-191。

1.2. 農地制度の方向性

1.2.1. 農地改革の背景

　農地改革が行われた背景とは、小作農が貧困層を形成した戦前の日本において、貧困問題の解決が社会問題の最大のものとなっていたことである。単に貧しく悲惨な姿をとらえて農民に農地を与えることではなく、農地改革が日本の将来に向けて緻密な設計図に書かれていた事実が存在していた。はじめに当時の様子である。暉峻衆三は当時の農村を次のように述べている。

　「数百万に及ぶ零細農民経営の多くが、小作農として地主的土地所有制度の束縛化にあった。小作農は高額現物小作料を地主から徴収され、とりわけ生産力も低く、貧しかった。この貧しい小作農から、低賃金で劣悪労働条件にも甘んじて働く日本の労働者と兵士が大量に吐き出され、資本家と軍国主義のための働き手[6]として利用された」[7]。

　農地改革は、日本の敗戦というなかで、アメリカなど連合国の要請と指導によって行われたものであるが、関谷俊作は戦時下の農業生産の増大のための国策として、既に立法されたものが後の農地法制として用意されたことを指摘している（関谷1981）。農地改革では最終的に1952（昭和27）年に農地法が制定され、農地法は後の日本の農地政策の根幹として受け継がれ、農

---

[6] 連合国は日本の農村の政治的役割が、戦争遂行のための農村から生み出される兵士などが「強固な層」をなしていたと見なしていたため、農村民主化のためにも農地改革が必須のものとなっていた。前掲、暉峻 p.125。

[7] 前掲、暉峻 pp.125~126。

24

1.2. 農地制度の方向性

地改革の集大成として策定されているものである。とくに戦前期において何が問題となっていたのか、その総括が込められたものである。最大の焦点は「耕作者の地位の安定」[8] が農地制度の整備に関する要点であった。

　戦後に行われた農地改革は、実はこうした戦前・戦中の国策が基礎となり農地改革へ至っている。小作といわれる土地を持たない層の政治的要求として、戦前期に頻発する解放運動である小作争議が組織されていたが、その抑止のための政策として、いかに国家体制と社会の秩序を安定させていくかという点について、苦心していたことが戦前の農地法制から読み解くことができる。戦時農政の特徴は主として三つの側面を持つが、労働力政策として日本の農村集落の共同体的慣行[9] を利用することにより、食糧政策として自家保有米以外の米の政府管理と米以外の食糧を国家管理の下に置き、食糧供給を安定させることが第一であった。農村集落における慣行は、占領政策として解体へ向かった点であるが、戦後の耕作放棄地の発生における混迷は農村慣行として集落機能の弱体化に原因を求めることもできる。農地改革は戦後の占領政策の中から行われたものであるが、日本に根差した慣行を研究し、ある意味では戦中から戦後にかけて周到に準備され実行されたものである。

---

8 第一に 1938（昭和 13）年の農地調整法において初めて法制化された、農地の賃借人の地位の安定のための基本的な制度として、農地賃借の対抗力、法定更新及び解約等の制限を定めている。第二として、戦時農地立法の一つである 1939（昭和 14）年の小作料統制令にはじまり、小作料の最高額制限と金納制等を定めた 1945（昭和 20）年改正後の農地調整法に至る小作料に関する規制である。第三に同じく戦時農地立法の一つである 1941（昭和 16）年臨時農地等管理令にはじまり、1945（昭和 20）年及び 1946（昭和 21）年の改正により農地調整法に吸収された農地の転用制限及び権利移動統制である。第四は、戦前の自作農設維持事業から戦後の農地改革に発展した自作農創設政策であり、1946（昭和 21）年の自作農創設特別措置法に規定された、小作地の所有制限及び政府によるその買収売渡しである。第五は農地改革と並行して実施された開拓事業による自作農創設のため、自作農創設特別措置法の中に規定された、政府による未墾地の買収売渡である。関谷俊作、『日本の農地制度』pp.14-15 農業振興地域調査会 [1981]。

9 共同体的慣行は農山村に最も見られていたものであるが、日本の各地域で行われた「結い」による相互扶助的な町の中で行われていた生活習慣の一つである。この慣行について神山安雄は「村落共同体」的機能が、1930 年代の日本型ファッシズムの形成過程において、ファッシズム機構を底辺で担うものとして上から再編・組織され利用された歴史の問題性を指摘している。神山安雄、「里山を生かす - 自然環境とその管理主体」pp.177-178（『「農」を論ず、日本農業の再生を求めて』収蔵）農林統計協会 [2011]。

1.2.2. 農地改革の実行

こうして戦前に用意された、戦争という非常事態を乗り切るための農業政策が農地改革の基礎である。1945（昭和20）年に太平洋戦争が終戦となり、戦前に準備された基礎の上に農地改革を行うこととなる。農地改革の第一歩は1945（昭和20）年12月に出された「松村構想」[10] から翌年の1946（昭和21）年に行われた第一次農地改革法案である。この法案は旧来の地主制度の解体に関して不徹底であったため国内での支持と占領軍の承認を得ることができず、GHQからは法案の再提出を命じられた。当時の米ソの冷戦構造のはじまりは、日本の農地改革にも影響を与えている。それは第二次農地改革法案において、ソ連案[11] として提起され、地主保有を一切認めない内容であった。これに対してイギリス案[12] の提起があり、日本の農地改革はイギリス案で1946（昭和21）年10月に第二次農地改革が実施された。アメリカをはじめとする連合国の対日政策の基本は、「非軍事化」「民主化」を柱として進められたものである。しかし、ソ連の台頭や大陸での中国共産党の勝利による中華人民共和国の成立に直面した連合国は、日本をアジア地域の砦として冷戦に対抗するためのいわば「防波堤の役目」[13] を負わせようとするものであった。

第二次農地改革によって実行されたものは次のようなものである。当時の全小作地の80%におよぶ農地が小作農の手に売り渡され、解放農地の6割

---

10 農林大臣である村松健三による農地改革綱領によるもの。小作料の金納化、農地委員会の民主化、強制的な自作農創設を骨子とするものである。GHQが問題としたのは、地主所有の農地面積がどこまで認められるのかという点にあった。E.E. ワード、小倉武一訳、『農地改革とは何であったのか？連合国の対日政策と立法過程』pp.73~83 財団法人食料・農業政策センター [1997]。

11 在村、不在村を問わず一切の地主保有を認めず全小作地を自作化する案で6haまでは有償でその他は無償。前掲、暉峻 p.130。

12 不在地主の全貸付地と在村地主の貸付地で保有限度1ha（北海道は4ha）を超える部分を国が強制買収しそれを小作農に売渡し2年間で事業を完了させるというものである。前掲、暉峻 p.131。

13 冷戦はチャーチルの「鉄のカーテン」演説以来、ソ連に対して徹底して行われ、日本には反共としての役割が担わされた。1948（昭和23）年には中華人民共和国が建国し、1950（昭和25）年には朝鮮戦争が勃発して米ソの対立が一層激化する。日本歴史大事典、3巻 p.1112。

1.2. 農地制度の方向性

は在村地主の所有地で 4 割は不在村の地主の所有地であった。

- ・改革前小作地：2,448,000ha →売り渡し農地：1,942,000ha[14]
  （買収 1,757,000ha、財産税物納による大蔵省への管理替え 185,000ha）
- ・農地の売り渡しを受けた農民は 430 万戸、総農家戸数約 600 万戸の
  72.5% に相当

改革前には全農地の 46%、水田の 53% が小作地だったが、改革後の 1949
（昭和 24）年にはそれぞれ 13%、14% に激減した。改革後も地主保有とさ
れた残存小作地についても、格安に自作地を入手できた農民との均衡上、小
作料は低く抑えられその負担は著しく軽減され耕作権も強化された。改革前
は全農家の 28% にすぎなかった自作農は、改革後は 55% と過半数を占め
るに至り、逆に農地をまったく持たない小作農は 28% から 8% に激減した。
大なり小なり農地を耕作する自作農・小自作農も改革前の 41% から改革後
には 35% に減少した[15]。

政治的には、国際情勢の転換による反共へのシフトによって農地制度やそ
の他国内情勢[16]も転換している。農地改革の最大の特徴は、600 万人を超え
る膨大な農民層を土地所有権者化して、私有財産制度に立脚する資本主義社
会の安定のための基礎を固めた。私有財産制度を基本的に否定する共産主義
社会体制を排撃する膨大な農民層を作り出した。

もう一点は、耕作者自身が農地を所有するシステムを作り出すことによっ
て、農民が投じた労働の成果をみずから享受することを可能にした。地主制
度のもとでは、小作農はその労働の成果の多くを物納小作料の形で地主に持
ち去られた。農地改革は食料増産も刺激することになり経済復興の課題にも
有効な手段となった[17]。

---

14 前掲、暉峻 p.132。
15 前掲、暉峻 pp.132~134。
16 戦後の民主化政策は国内では左派勢力の伸長につながっていた。さらに労働運動の激化（2・1
  ゼネストが計画された）によって国内の治安情勢について保守派が危機感を持つようになってい
  た。前掲、暉俊 p.135。
17 前掲、暉峻 pp.134-135。

第1章　日本の農業制度の整備過程

　こうして農地改革は、これまでにない徹底した旧地主勢力の排除によって小作農を自作農へ転換させて、農業経営のための自立した経営者として育てることを目的として実行された。農地改革は、戦前のような大地主制度を改革によって消滅へと導いたが、今日まで続く小地主の乱立の始まりと新たな問題の始まりと考えられるものでもある。

1.2.3.　農地改革の成果

　農地改革は国内の安定化を最大の目的としていた。役割を果たし世界史的な改革と評価された日本の農地改革が、成果として残したもの次のようなものである。

(1)　農地改革は一定の地主保有地を認めた（都道府県平均で1ha）。農地改革の基本は、有償譲渡[18] として地主の農地を国が買い上げた上で行われ、既存の社会体制の枠組みは維持。

(2)　国内情勢においては左派勢力[19] の伸長に対し、国内の保守勢力に非常な危機感があったが、国際情勢が冷戦構造へ急激に傾く中で日本にもその負担を求めるものとして、アメリカを中心とした反共陣営への役割が求められた。小作農民は左派勢力の地盤となりかけていたが農地改革によって土地をあてがわれたことによる急激な保守化が起こり始める。

(3)　戦前の小作料は、耕作によって採れた作物の量に応じた物納として地主へ供出されたが、農地改革は高額な現物小作料（作物）の徴収から小作料の金納制への転換が行われた。

(4)　農地改革によって得ることができた自作地を耕作することによって、これまでは小作料として消えていた労働の成果物（作物）が、すべて自分の意思によって処分することが可能になった。これによって食料生産

---

18 当時激しいインフレの進行があり、農地の売り渡し価格が固定化されていたため、実質的には「無償」に近い形になった。前掲、暉俊 p.138。

19 連合国は基本的に日本の民主化を養成することを政策の柱としていたが、連合国、特にアメリカにとっては対ソ連の関係から冷戦構造になり、民主化によって形成された左派勢力の弾圧が始まっていた。前掲、暉俊 pp.135~136。

が大きく刺激されて、高度経済成長を支える安定した食料増産を果たすことに貢献することができるようになった。自作農体制は農村の民主化にも貢献した反面、戦前から終戦当時には小作農の解放運動へ向いていたエネルギーは消滅へ向かった。

(5) 貧しかった多数の小作農が自作農体制によって経済的に自立を果たした。終戦に伴って発生した大量の失業者、復員軍人、海外からの引揚者、都市被災者等について、当時の農村では機械化が導入される以前であったため、労働集約型産業として農村が人材受け入れを行い、その結果として国内の政治経済を安定化させるために最大の貢献をした。

(6) 農地改革は農家労働力の賃労働力化の条件にも一定の改善の機会となった。改革前は、農村から多数の低賃金労働者が排出されていた。限界点として農地改革が生み出した経営の零細性によって、農民が都市部への労働力として流出し始めた。それによって兼業化が進んだのは、農地改革後から高度経済成長の時代である。

　終戦の混乱からいち早く農村は立ち直りを見せて、農地改革の成果として社会的に貢献できる体制がとられ、農地改革後に行われた最初の統計調査（農業センサス）が1950（昭和25）年に行われている。この統計上の数値（表1-1）が農地改革によって生み出されたものである。総農家戸数は 6,176 千戸で面積規模別農家戸数では、0.3ha 未満は 1,471 千戸（23.8%）で 0.3 から 0.5ha は 1,050 千戸（17.0%）で 0.5 から 1.0ha までは 1,972 千戸（31.9%）である。全体に対して 1ha 未満の農家戸数は 4,493 千戸で 72.7% である。1ha 以上を耕作する農家戸数は 1,668 千戸で全体の 27.1% である[20]。北海道・東北地域がある程度の耕地面積を所有しているが、中国・四国地域では 1ha 未満が 80% 以上という状態である。統計から理解できる数値と言うものが

---

20 数値の出所は 1950（昭和 25）年に行われた世界農林業センサスより使用している。総農家戸数は百以下を切り捨てている。指数は総戸数に対するものであり小数点第二位で四捨五入している。なおこの統計では例外規定があり東日本では 10a 以下、西日本では 5a 以下の農家は統計の調査対象外になっている。

第 1 章　日本の農業制度の整備過程

表 1-1　1950（昭和 25）年世界農林業センサスより耕地面積規模別農家数

都道府県	例外規定	0.3ha 未満	0.3～0.5	0.5～1.0	1.0～1.5	1.5～2.0	2.0～3.0	3.0～5.0	5.0～10.0	10.0～20.0	20.0 以上	計
全国	8,402	1,471,872	1,050,469	1,972,925	960,958	378,578	207,845	76,928	38,394	9,656	392	6,176,419
	0.1%	23.8%	17.0%	31.9%	15.6%	6.1%	3.4%	1.2%	0.6%	0.2%	-	
北海道	1,107	43,337	18,268	21,194	16,240	15,446	32,073	50,465	37,619	9,617	391	245,757
	0.5%	17.6%	7.4%	8.6%	6.3%	6.3%	13.1%	20.5%	15%	3.9%	0.2%	
東北	1,385	95,970	91,728	209,556	159,389	100,522	74,372	16,645	532	27		750,126
	0.2%	12.8%	12.2%	27.9%	21.2%	13.4%	9.9%	2.2%	0.1%			
北陸	462	67,267	67,519	155,307	90,921	44,553	25,970	2,997	10	1		455,007
	0.1%	14.8%	14.80%	34.1%	20.0%	9.8%	5.7%	0.7%				
関東・東山	1,671	250,067	197,303	416,867	259,221	110,367	46,019	4,295	85	6	1	1,285,902
	0.1%	19.4%	15.3%	32.4%	20.2%	8.6%	3.6%	0.3%				
東海	957	188,811	125,534	243,052	100,025	21,487	3,945	151	7			683,969
	0.1%	27.6%	18.4%	35.5%	14.6%	3.1%	0.6%					
近畿	769	195,944	146,166	224,467	58,116	7,839	745	43	5			634,094
	0.1%	30.9%	23.1%	35.4%	9.2%	1.2%	0.1%					
中国	586	190,355	126,793	234,652	89,365	18,638	2,888	87	7			663,371
	0.1%	28.7%	19.1%	35.4%	13.5%	2.8%	0.4%					
四国	281	140,268	88,611	138,906	35,439	6,528	1,366	79	7	2		411,487
	0.1%	34.1%	21.5%	33.8%	8.6%	1.6%	0.3%					
九州	1,184	299,853	188,547	328,924	152,242	53,198	20,467	2,166	122	3		1,046,706
	0.1%	28.6%	18.0%	31.4%	14.5%	5.1%	2.0%	0.2%				

出所：世界農林業センサスより筆者作成。
（注）単位は上段が戸数で下段が％、小数点第二位で四捨五入、下段で数値の記入がないものは 0.1％以下。

日本の農家の像を率直に表している。戦後日本の農業は面積規模ではこの実態から始まっているのである。

　一軒当たりの農家の脆弱な経営問題などが、当時より指摘されるのは、実際の統計数値上からである。現在の農業問題もこのころより変わらず続いているものが実に多い。しかし、農地改革が完全なものでないとしても、また、分散錯圃等[21] による零細経営の問題を抱えていたとしても、戦前の大土地所有制からの小作農の解放がなされたことは肯定的に評価できることが成果である。もし戦前同様の小作制が続いていたのならば、日本の農業生産の急回復は行われなかっただろうし、経済的安定から政治的安定へ移行することはできなかったことであろう。高度経済成長を経て世界第二位にまで発展した経済力を持つことも不可能だった。これを可能にしたのが農地改革である。政治的経済的に国家を安定させた農地改革の成功の部分と、これまであった

21 飛び地のように小さな農地が点在し散らばっている状態。
22 高度経済成長下では耕作放棄や挙家離村（集団離村）によって集落自体の消滅が始まっている。農村集落や地方都市での高齢者問題が始まりだすのもこのころである。農村の集落機能としては集団的な耕作や地域維持に対する慣行である。農林水産省、「食料・農業・農村白書2008年」p.146。

1.2. 農地制度の方向性

農村社会の構造（集落機能）が崩壊[22]への道を歩み始めた、新しい農村の構造の意味をどのように考えるべきだろうか。終戦から70年を経た農村社会は大きく変わろうとしている。この点が農地改革の評価を考える場合の論点となるのである。

1.3. 農地改革の評価

1.3.1. もたらされた効用

　終戦後の混乱した社会情勢を、収束へ向かわせることを主要な任務とした農地改革は、当初の目的を果たして一応の終了を迎えた。概ね全国民的な課題として、農地問題が解決されたことの意義は大きいだろう。その結果としては、後の高度経済成長への準備期間としての役割を十分に果たすものであり、それ故、農地改革が果たした世界史的な評価が与えられている。同時にその反面として、連合国軍の意向や当時の国内情勢の下で、限られた時間の中で行われた改革であったという事実も存在している。これによって農地改革は急展開[23]して行われた歴史的事実なのである。そのため農業生産に携わる農家の根底の部分についての評価では、重要な問題を残したという事実がある。その点を踏まえて評価をしなければならない。

　日本の農地改革が最も評価される点は、戦後の農村を復興させるための生産力回復を大きな混乱もなく行ったことにある（大石 1975）。そこへ踏み出すことを可能にしたのが、土地に対する長期的投資の促進要因と考えられるものとして、借入地を自作地にすることができたことである。農地改革によって、「従来農業生産発展の上で幾多の障碍となっていた地主的土地所有を解体することによって、農業生産力水準の一段の上昇をもたらすに至った」（ママ）[24]ことは、自由に耕作を行えるようになった土地が、農産物の生産拡大を可能にして、単に農地の解放だけではなく経営に対する解放も行い農業発展の契機を生み出した[25]。「これが農地改革の効果として、その前進性を

---

23 1947（昭和22）年から1949（昭和24）年の2年間に買収から売渡が完了している。
24 大石嘉一郎、『農地改革の歴史的意義』pp.36~37 東京大学社会科学研究所編　戦後改革6農地改革 東京大学出版会 [1975]。
25 前掲、大石 pp.36~37。

1.3. 農地改革の評価

示すものとして、確認された」（ママ）[26] ところである。特に 1955 年（昭和
30）年以降の「連年豊作」は、これまでの「周期的豊作」[27] と区別され、改
革後再編されてきた農業の技術的条件[28] を基礎とする新しい生産力水準（い
わゆる戦後段階）を示すものである。「この生産力水準の上昇は、反当農業
粗生産額、一戸当り農家生産所得額の増加を基礎づけた」（ママ）[29] のであった。

　戦前より国力強化を第一に策定されてきたものが、日本の農業政策の根幹
をなす農地政策である。そのために「耕作者の地位の安定」が何よりも優先
されるものであった。

　農地改革が最も評価される一因は、土地を持つことがなかった小作農が土
地を所有することによって、農業生産の向上に様々な部分で貢献できたとい
うことである（大内 1975）。

　小作農を自作農化したことは、戦前期においては土地を持つことのない借
地上で経営を行っていた農家に対して、農業生産上の三つの側面に影響を与
えている。「第一は、上述のように、自作農は借地農に比して、永続的な地
力維持に努めるはずだという側面である」（ママ）[30]。「第二は、農地改革によっ
て耕作権の安定が実現したことによって永年作物の生産がより容易になると
か、永続的な施設の設置が容易になるとかの効果があり、それが果実や
施設園芸[31]、施設型畜産を促進する役割を果たしたという側面である」

---

26 前掲、大石 p.36。
27 「土地生産性の指標としての反当収量の戦前水準を上廻る上昇と反当労働日数の戦前水準以下へ
　の減少、したがって労働生産性の指標としての単位労働日当り生産量の戦前水準を上廻る上昇が
　認められる」前掲、大石 p.36。
28 「農業生産力水準の一段階上昇を基礎づけた技術的諸条件は、第一に品種改良と化学肥料の多投
　と農薬の多投、その三者の相互関連、第二に、耕地整理・土地改良の進展と結びついた動力耕耘
　機の普及であった」前掲、大石 pp.36-37。
29 前掲、大石 p.36。
30 大内　力、『農地改革後の農業の発展』pp.387~391 東京大学社会科学研究所編　戦後改革 6
　農地改革　東京大学出版会 [1975]。
31 ビニールハウスやガラス室などを設けて温度や湿度などを人工的に管理する手法が可能となり、
　出荷の調節が可能となり市場への新しい対応なども可能となる。また現在では工場のような生
　産体制の起源度もあり、トマトの水耕栽培など新しい生産が行われるようになっている。農林
　水産省、「次世代施設園芸について」maff.go.jp/j/seisan/ruytu/…/NextGenerationHorticulture
　（2016/12/25）。

（ママ）[32]。具体的な指数として示せるものではないとしているが、「第三で
あるが、それはほんらい借地のばあいには、借地人の手によっておこなわれ
ることの困難な『土地に固定する投資』が、自作化によって促進されたと
いう側面であり、より具体的にいえば、上述のような土地改良投資の進展と
いうことである。こういう『土地に固定する投資』は、借地人の負担でそれ
がおこなわれたとしても、借地期限がきたばあいには無償で土地所有者の手
に帰することになる。したがって借地期限が比較的短いか、不定期のばあい
には、それはおこなわれ難いものとなり、それがまた農業の進歩の大きな障
碍となることは周知のことであろう」（ママ）[33]。そして、「農地改革はこのよ
うな障碍の除去に役立ったわけであって、おそらくそれが直接農業生産に与
えた効果の点では、この側面が最大のものであったと考えられる」（ママ）[34]
のであった。

　これまでの日本の農業における耕作者の歴史は、自作農としての期間の歴
史よりも、小作農の歴史の方が、圧倒的に古く長かったのが日本の農業制度
であった。その中で農地改革が「土地に対する投資」に関して、農民が容易
に「直接」行うことができる環境を整備したことが、農業生産に与えた効果
の点では最大の側面と考えられるものである。土地に対する投資は長期的な
展望が必要であるため、自作地化された土地に対する投資として戦後に行わ
れるようになった。恐らく末端の農家まで含めて、農地というものに対する
投資の概念が初めて導入されたのがこの時と考えられるだろう。これによっ
て生産性の向上に大きく影響を与えたことが理解できるのである。

　大内が言う農地改革の利点とは、長期間の「土地に固定する投資」を可能
にしたことであるが、施設園芸などへも経営内容を広げることができるよう
になり、これによって収益性の向上が可能になり、さらに投資を行うことも
可能になり規模拡大への門を開いたことである。生産性の向上に果たした役

---

32 農地改革は「こういう効果が多少ともあったことはいちおう推測はできそう」ということであっ
　た。前掲、大内 pp.387-389。
33 前掲、大内 pp.387-389。
34 前掲、大内 pp.387-389。

割を否定する「見解」[35] も言われているが、制度的弊害を打ち破ることができたのが農地改革であり、生産性の向上に大きく貢献しているのは、大内や大石が言うように土地の所有から経営の根幹を変えたことに原因を求めることができるだろう。また戦後の混乱した社会を、平穏無事に新しい体制へ導いた事実は、食糧生産が背景にあることは否定できない、大きな歴史的な事実である。後に国際化への道を歩みだし輸出入の問題を迎える日本の農業にとっても、食糧生産を行う者としての道筋をつけ、農家の一定の経営的自立を可能とした事実が農地改革の功績と考えられるのである。

1.3.2. 農地改革の否定的評価

　戦後改革の最大の功績として語られている農地改革であるが、その功績は小作農を自作農へ転換させたことによって、彼らを将来の日本のための農業生産体制を共に支えて行くことができる「層」として形成したことにあるだろう。これまで農業生産のために蓄積されてきた技術力が、一般農家へ解放されることによって更に農業発展の契機を生み出している。それにもかかわらず、「従来の零細農耕制をそのままにすることによって、むしろ従来よりも小粒の零細私的土地所有＝零細経営を一般的に形成し、それを固定化して資本主義の網の目の中に裸で立たせることによって、一定の方向と限界を持った『解放』にとどまり、大経営を成立せしめることなく」（ママ）[36] ことによって、夢のような改革はすぐに現実の世界へ目覚めさせられているのである。大石が言う「日本農業にとっての農地改革の意義と限界を見出すことができる」（ママ）[37] という決定的な限界点を持ったものとして、農地改

35「農地改革が農業生産にどのような寄与をしたかを判定するについては、信頼すべき資料は乏しい。川越俊彦は都道府県間のクロスセクションデータにもとづいて 1923（大正 13）年から 59 年間への水稲反収の増加率と 1923 年の小作地比率（＝農地改革による農地再分配の代理指標）との間に統計的に有意な相関がないことを実証し、農地改革が農業生産性の向上に寄与したとする仮説に強い疑問を投げかけた。この他、川野重任の分析も農地改革による小作農の所得向上が投資の増加を通じて農業生産を増加させる効果を否定している」速水祐次郎『農業経済論』p.156 岩波書店 [2002]。
36 前掲、大石 pp.39~40。
37 前掲、大石 p.40。

第 1 章　日本の農業制度の整備過程

革について厳しく論評されている現実を直視なければならない。

　規模の問題に収斂させることの是非は控えるとして、それでも後の日本農業における小規模農家の経営問題が起こった事実は、農地改革によって生み出された零細性に発端を求めることが正しいだろう。時代が終戦から高度経済成長に移り変わり、国民全体が「所得倍増計画」[38] によって潤いのある生活を享受できるような時代に移行したことによって、経営規模の問題点は一時的に霞んでしまった。ところが事態は深刻な方向へ移行していた。農地改革によって自作農として多くの農家が経営に参加することができるようになったが、実はわずかの時間、高度経済成長の始まりを頂点として、すぐに農業生産の限界に達して零細経営の小農業経営者になってしまったのである。これが高度経済成長を迎えようとしていた日本の農業の姿と言えるものである。

　その限界を修正するためにとられた政策から、後に起こる問題点として指摘されるものがある。社会情勢の安定によって日本全体の生産性の向上を目指すことを第一として、農地改革によって自作農として独立するために与えられた農地が、長期的な展望から農業経営を行う上で、果たして適正な規模として考慮されていたのだろうか、という問題である（吉田 1975）。農地改革とは、土地を分け与えるという作業であったが、経営規模の問題や農家の収益について、どのように設計して行くことが適正であるか、当時では誰もわからないことであった。そこで適正規模論が論じられている[39]。

　戦後になって制度的枠組みが出来上がり、日本的農家の規模や耕作方法が確定する中で、はじめて生産性が論じられるようになったこと自体は評価に値することであろう。

　吉田が述べている「適正規模」と言われた農家とは、「自作農として農業

---

38 1960（昭和35）年に池田内閣の下で策定された長期経済計画で、10 年間に名目国民所得を倍増させることを目標に掲げた。日本経済辞典、日本経済新聞社 [1996]p.1254。
39 吉田克己、『農地改革法の立法過程 - 農業経営規模問題を中心として』pp.168~174 東京大学社会科学研究所編、戦後改革 6　農地改革、東京大学出版会 [1975]。

36

1.3. 農地改革の評価

に精進する見込みのあるもの」（ママ）[40] で、食糧増産上不適正な経営規模として、「耕作の規模が内地では概ね二反歩未満（北海道では五反分未満）の者は、原則として売渡しを受ける資格なしとする通牒を発した」（ママ）[41] という前提であった。しかし、「現実には、零細経営排除の方向も貫徹せず、農地改革は、『現にそれを小作しているものに機械的に売渡すという性格をつよくもつこととなった』」（ママ）[42] のが農地改革である。すでに耕作者として多くの零細農家が作り出されていて農業経営の零細化防止という前提は崩れ、そこを乗り越えるため戦後積極的に導入されたのが、「農地の交換分合」[43] の推進であった。農業の現場では、分散錯圃あるいは零細な圃場が認識されていて、適正規模の追求の手段が農地の集団化のための交換分合であった。これによって拡大された圃場は、見かけの上では規模拡大への道を歩もうとしたのであるが、「総じて、政府当局は、農地改革によって農業経営の零細性の問題は解決できないこと、またこの意味での農地改革の意義と限界を認識していたといってよい」（ママ）[44] のである。

　経営規模の問題だけを論じたとしても、農地改革によってすでに走り出している農地の分配を止めることは不可能であり、そのため零細な圃場の整備を目指すことが検討されてきた。それが交換分合の推進に表れているのである。「零細な経営規模による生産力水準上昇の狭隘さは、食糧増産のための膨大な国家予算を補助金の形でつぎこまなければならなかった」（ママ）[45] のである。

　所有する耕作地の適正規模論は、日本の国内問題として考えることもでき

---

40 前掲、吉田 p.172。
41 前掲、吉田 p.172。
42 前掲、吉田 p.172。
43 「農地の集団化のための交換分合を顧慮せずむやみに農地の売渡を急ぐごとき市町村農地委員会には出来るだけ速やかに農地集団化のための交換分合計画を樹立せしめよ」と交換分合に対する積極方針に転じる。しかし最終的に集団化はほとんど成果を収めえなかった」。前掲、吉田 pp.172~173。
44 すでに農地改革によって枠組みが作られてしまっている中で、零細農家や規模拡大問題に対して、補助金を投入しなければならないことをすでに行政当局は考えていた。前掲、吉田 pp.172~173。
45 戦後の農業予算の大半を使っているのが土地改良に対する助成金となっている。前掲、吉田 p.180。

第1章　日本の農業制度の整備過程

表 1-2　総農家戸数に対する専業と兼業の割合

総農家 専・兼業 年代	総農家戸数	専業農家	兼業農家		
			兼業合計	第1種兼業 農家	第2種兼業 農家
1950 年 (昭和 25)	6,176,419 -	3,086,377 50.0%	3,090,042 50.0%	1,753,104 28.4%	1,336,938 21.6%
1955 年 (昭和 30)	6,042,945 -	2,105,300 34.8%	3,937,645 65.2%	2,274,580 37.6%	1,663,065 27.5%
1960 年 (昭和 35)	6,056,630 -	2,078,124 34.3%	3,978,506 65.7%	2,036,330 33.6%	1,942,176 32.1%
1965 年 (昭和 40)	5,664,763 -	1,218,723 21.5%	4,446,040 78.5%	2,080,663 36.7%	2,365,377 41.8%

出所：世界農林業センサスより筆者作成、単位は上段は戸数、下段は%。

ることであるが、すでに開始され始めた食糧の輸入は国際問題の入口である。この時点で将来的に輸入農産物と競争する時代の到来が予測されるのである。そのために一定規模の耕作地と経営規模の適正が論じられなければならなかったのである。農地改革によって作り出された自作農は改変を迫られることになるのである。改革によって生み出された自作農であるが、自立した農業経営者として成り立たせるには政策的な支援が必要とされたのである。最終的に日本の農業の現場は「規模と補助金」に束縛されて自立経営に向かうことを困難な状況にされたのである。これが農業問題のアキレス腱として現在まで残り続けるのである。

　それでも、戦後の農地改革によって作られた自作農が、高度経済成長を続ける日本の中で生き続けるのである。経営規模の小さな農家であっても日々の生活を成り立たせなければならない。そうした小規模経営の農家が向かう道は、農業以外の場所から賃金を得ることになるのである。多くの農家がたどるのが兼業[46]への道である。

　農地改革後、とくに「一九五五年以降、日本経済の高度成長がはじまるに

---

46 この場合の兼業は農業と他産業との間の兼業を指しているが、統計上では農業の所得に応じて第一種と第二種に兼業は分けられている。前掲、食糧・農業・農村白書 2008 年「用語解説」p.173。

1.3. 農地改革の評価

表 1-3　1940（昭和 15）年～ 1965（昭和 40）年農家戸数と増減数（率）

	1940 年 （昭和 15）	1944 年 （昭和 19）	1950 年 （昭和 25）	1955 年 （昭和 30）	1960 年 （昭和 35）	1965 年 （昭和 40）
農家戸数	5,479,571	5,536,508	6,176,419	6,042,945	6,056,630	5,664,763
増減数		56,937	639,911	△ 133,474	13,685	△ 391,867
増減率		1.0%	11.6%	△ 2.2%	0.2%	△ 6.5%

出所：世界農林業センサスより筆者作成、単位は戸数。

つれて、農業からは年々大量の人口流出が生じ、農業人口は急激に減少した」
（ママ）[47]。農業センサスでは、1955（昭和 30）年の農林業人口は 1,686 万
人で、1965（昭和 40）年には 1,154 万人であるから、この間 532 万人（32%）
の減少である。年間約 3% 程であるが人口数で見ると約 80 万人である。日
本の農業人口は、明治維新後から人口が膨張過程に入っているということも
あるが、戦時中を除くと明治以降初めての農業就業人口の減少を経験するの
である。このような農業就業人口のはげしい減少にもかかわらず、この間農
家戸数の減少はきわめてわずかであった。1955（昭和 30）年には 6,042 千
戸であった農家は 1965（昭和 40）年には 5,664 千戸になっており、その減
少は 378 千戸、6.3% である。年率にすれば約 0.6% というきわめて小さな
ものであった。農家の実数は太平洋戦争末期から 1950 年ごろまでの間にか
なり増加しており、1965（昭和 40）年の 565 万戸という数は、1940（昭
和 15）年の 547 万戸、1944（昭和 19）年の 553 万戸に比べて戸数の減少
は見ることができなかった[48]。

　農業人口の激しい減少がありながら農家戸数が減らないという事態は、高
度経済成長の下で兼業化が増加したことと考えられるのである。農業人口が
減少しながら農家数が減少せず、兼業農家が農家の大部分を占めるように
なったことは、自然の成り行きの中から零細規模の農家が淘汰されるという
点からすると不自然である。農業の発展を阻害する作用を持つことになる。

---

47 前掲、大内 p.409。
48 世界農林業センサスの累年統計を使用して数値を使用している。文章中の数値はそれぞれ千と
　万以下は切り捨てて使用している。また率は小数点第二位で四捨五入している。

兼業農家の方からすると、農業生産への投資は必要なく経営意欲も減退して行くのである。

　最終的に、これまでの日本の仕組みであった家長を中心にした農業経営は、崩壊へ向かうのである。新しい中心は主婦と老人の経営に移行して行った。こうした農家に、農業経営に対する革新性を求めることは不可能なことと考えるべきであろう。

　農地改革は経営的な側面では、小規模農家が主要なプレーヤーとして日本の農業の中枢を占める制度を作りだしているのである。「農地改革が農地の流動化を妨げるひとつの有力な原因となっていることはたしかであろう。そのかぎりでそれは農業の展開をおしゆがめる条件ともなったのであって、まさにそれこそが農地改革の逆効果といわれるべきものなのである」（ママ）[49]と大内は最後に結んでいる。

　農地改革は連合国の要請によって、日本の慣行の中の最も遅れた部分に改革の手を入れるものであり、彼らの思惑通りの展開となった。終戦という混乱した事態に対しても社会の安定は維持された。しかし後に、日本の市場が国際化され世界に開かれた時、改革の欠落した部分である農業経営の適正規模や経営の合理性について、その時点で考慮されず、その結果生じる痛みを国民が分かち合わなければならない時代が到来するのである。

1.3.3.　農地法制についての評価

　農地改革が行われ、その成果の恒久的な保存のための法制化として問題が起こった時、改めて露呈したのが土地所有権に関する問題である。本来、土地を所有する階層ではなかった農家（農民）が政府の政策によって土地を所有し、その所有は権利として法律上の権利を有するものとして築き上げられて行く。この権利が、やがて侵すことのできない強力な存在として、日本の様々な政策に関係するようになる。

---

49 前掲、大内 p.416。

1.3. 農地改革の評価

　地主と小作の間は、農地改革以前は絶対的な主従関係として存在し、お互いが牽制し合う関係であった。戦後に変わったのは土地の所有者として、戦前の小作農と言われた層が、農村では圧倒的多数の土地所有者となったことである。これが「実は農地改革の最大の矛盾であったのであり、戦後の農地法制は、この矛盾の処理に今日まで一貫してなやまされることになる」（ママ）[50]ことなのである（渡辺1975）。

　渡辺の指摘は、農地改革が土地所有権の移転という形態を通じて耕作権を保証しようと意図したことの限界について論じている。耕作権の保証を、実際に現場で農地を耕すための権利の確立という形態を通じて実現すれば、このような矛盾は生じなかったのではないかと説いている。ところが、農地改革では耕作権よりも、土地を所有するという所有権中心主義の考え方を脱却することができず、耕作者に耕作権ではなく土地所有権を与えるという方式を取ったのである。そのため、改革後まもなくして農地所有権に内在する矛盾が顕在化する。耕作権の保障手段として「耕作者に土地所有権を与えたのは、本来、耕作者の権利を確保するためであった。それゆえ農地改革の前提とした土地所有権とは、『耕作権ないし農業経営の基礎としての土地所有権』であって」（ママ）[51]であり、「『商品所有権としての土地所有権』ではなかったはずである」（ママ）[52]が、実際には農地の移転は農地改革の本来の方向から転化するに至っている。

　終戦後に起こる農地（制度）に関する矛盾の出発点であり、無数に誕生した土地所有者（農家）の問題が、農地改革の最大の誤算なのである。

　時代が高度経済成長となり、土地の高騰が起こり始めた時、農地も例外なく高騰して行った。農地改革で行ったのは、自作農を目指すために土地を分け与える一環として農地の所有権を小作農に渡したものであったが、後に土

---

50 渡辺洋三、『農地改革と戦後農地法』pp.102~104 東京大学社会科学研究所編　戦後改革6　農地改革　東京大学出版会 [1975]。
51 前掲、渡辺 pp.104~107。
52 前掲、渡辺 pp.104~107。

第1章 日本の農業制度の整備過程

地所有権（農地）が商品化して行く。農地改革の当時は、農地の価格は統制のもとで行われてきたものであったが、農地改革終了後には、商品として市場価格で取り扱われるようになる。戦前までは小作人であった者が、既に土地を所有する地主となった時、その農地は全てが市場での交換（売買）になる。農業経営を通じて規模拡大を図りたい農家も、農地改革後の零細小規模の新しい自作農も、地価高騰によって新規の農地取得が困難となり規模拡大への志向が閉ざされることとなる。逆にいうと商品として市場で農地を高値で売買することも可能になったのである。

　農地所有の意義が明らかに転換するのは、地価の高騰への期待値が上昇して、もはや農業の経営ではなく、「広大な不動産所有者」となってしまったことである。農地価格の高騰が高度経済成長下の現象であり、農地を武器として売買しながら生き延びる農家が急増する。これでは耕作を通じて行われるべき農業経営の改革は忘れ去られてしまう。本来、農地は農業のための生産財なのだが、所有の過程を通じて明らかに変化してしまった。

　農地改革は戦前における大土地所有制の弊害について、自作農化によって経営の安定から社会秩序の安定をめざし成功させ、その成果が「農地耕作者主義」（自作農主義）[53] として日本において確立され、それが形態としてまとめられたものが農地法である。「農地を所有すべき者」として、農家を最もふさわしい者としていたが、「所有権」によって変貌して行くのが農家である。規模拡大、あるいは農業からの撤退を考えた場合でも、農地の存在が最終的に弊害となるのである。結局、「農地法は、それ以前の法律を技術的に整理したにとどまり、何ら新しい積極的な提案をしたものではなかった」（ママ）[54] ものであった。

---

53 1952（昭和27）年に制定された農地法の第一条に書かれた、農地を所有するものとして誰がふさわしいかについて書いたものである。田代洋一によれば、戦前の日本の農業において「農地を自ら耕作しない者」が農地を所有することによって不在地主が発生して社会的混乱を起こしたことへの反省が込められたものである。「自作農主義」とも呼ばれている。田代洋一『農政（改革）の構図』pp.64-65 筑波書房 [2003]。
54 前掲、渡辺 pp.107~110。

1.3. 農地改革の評価

　むしろ農家を過剰に守る象徴的なものとして批判の対象ともなるものであり、後に起こる農地の未利用問題（耕作放棄）ではさらに複雑な事情を作り出す原因となるのである。

　農地法制定から半世紀が経過した2009（平成21）年に法改正された新農地法[55]では、第一条が「所有から利用」へ転換されているが、高齢化による限界集落化、後継者不在による農業からの撤退など農家が抱えている問題の根底には、農地改革に遡らなければならないことは予想外のことであっただろう。戦前に起こっていた小作問題や一部に農地が集積することの危険性、戦前にはなかった法人経営の問題など様々であるが、最終的に解決へ向かわなければならないのが、農地改革によって分散された農地の利用問題である。

1.3.4. 考察 – 残された課題

　農地改革の歴史的評価を覆すことは歴史上不可能なことである。しかし、改革と同時に発生した問題点に真摯に向き合うことが要請されているのが農地改革には存在するだろう。それは改革当時に問題点と指摘されたものが、現在も日本の農業問題に大きな影を落としているからに他ならないからである。問題点は大きく分けて三点存在する。

(1) 農地改革では小作農の自作農化が最優先であったため、個別農家の将来性について検討する余地が残されていなかった。農家の経営問題は検討される課題ではなかったため、規模の零細性の問題が残され「経営基盤の脆弱性」を延々と引きずることとなった。

(2) 経営問題の発生は同時に「後継者問題」の出発点となっている。経営基盤の脆弱性ゆえに所得機会を外部に求めざるを得ないため兼業化へ向かい、結局、現在まで多くの小規模農家が温存された。そのため「後継者たる担い手」の問題が取り残されてしまった。

---

55 旧農地法の第一条が農地の所有者の適格性を、耕作するものを第一とする農地耕作者主義を採用するものであったが、改正農地法は利用者を優先させるものとして変更されている。それが「所有から利用」として今後の焦点の一つとなるものである。

（3）小作農の自作農化が主要な論点として枠組みが構成された農地改革では、日本の農業の担い手が当時では自作農となった個々の農家が経営主体となっていた。現在、議論されている農業の「経営の適格者」として、法人などの農業の経営主体とは、という問いに対する回答はいまだに出されず、これについても延々と議論が続く状況にある。

　問題の（1）は終戦の混乱をいち早く収束させるために厚生政策の一環として行われたことであり、国内の社会経済の安定を優先させるために行われたものである。そのために問題の（2）が発生している。小規模零細経営は専業としての農業経営の確立を非常に難しくしてしまった。結局、兼業化の流れができるのは農地改革の直後からで、農業経営の継続を困難なものにした。この時点で日本の農業の現在の体制がほぼ決定された。問題の（3）であるが、小作農から自作農への大きな転換によって、当初は高度経済成長を十分支える存在になった。そのために兼業化などによって支えられた小規模零細性の問題は、議論されることなく1990年代まで先送りされてきた。

　耕作放棄地の発生は高度経済成長以来の問題であるが、こうした問題点の先送りによって、耕作放棄の問題が1990年代以降に一挙に農業問題の議論の中心課題となってきた。

　この問題点は裏を返すと日本の農政を救ってきたものとも考えられるのである。農地改革当時より規模の零細性が指摘されてきたが、小規模農家を救ったのは皮肉にも日本の高度経済成長の下で、兼業化へ向かうことによって農業外に所得の機会を得たという事実である。兼業化は、全総計画など当時の国土開発とリンクしながら全国の農山村地域まで拡大され、その過程で農地の改廃が起こり、農業人口は右肩下がりで、現在に至っては全産業に占める割合では5％を切るような状況にある。これも農業政策が農地改革以来の問題に拘束されながら、特に農地問題の解決がいまだに遠い状況にあることを示している。

　兼業の増加は後の深刻な問題である耕作放棄地の問題へつながるものであ

る。農地改革によって自作農となったはずの農家が、自ら所有する農地を未利用の状態にすることが、恒常的な現象として現われ始めたことである。これが耕作放棄地の大量発生として、農地制度の空洞化の問題として取り上げられていることである。大内や大石によって評価された農地改革後の土地に対する投資もすぐに限界を迎え、渡辺が指摘した農地所有権を商品化することによって売却しながら生き延びてきたのである。

農地改革が行われ、終戦から70年が経過した日本の農業の現場では、少子化と高齢化が他産業よりも一段と早い速度で進行している。農地改革が一面で成功しながら、このような問題性をはらんだものとして認識しなければならないものである。

1.4. 農地流動化への新制度

1.4.1. 空洞化する農地制度

農地改革について、一歩足を踏み入れて見ると様子は一変していた。肯定されるべき部分と否定される点が交錯するのが農地改革であった。実際にこの矛盾と対峙せざるを得なくなったのが高度経済成長の入り口である1961（昭和36）年の農業基本法成立である。

終戦後の制度確立の時期には、大方の国民の支持を得て行われたのが農地改革である。この制度の前提にあるものは、戦前に行われていた制度の改善点して、小作に高額の地代を課していたこと、歴史的に起こっていた事象、例えば極端な凶作に苦しむ農民の姿などではないだろうか。それによって農民（農家）は守らなければならない対象となったことだろう。それを見事に解決したのが農地改革だろう。実際に耕作権が保障された農地の上で、長期に渡って安定した耕作を行うことができるようになり、終戦後には土地の配分を求める活動が「先鋭」になっていた農民が、日本の中では「最も保守的な」安定を求める層として戦後の農村は形成された。農業生産の現場では、新しい技術の導入も行われ、一定の所得向上も果たすことができた。ここまでは予想した成果として考えられたものである。

「基本法」の制定当時には「構造改善事業」の導入などにより「自立経営」が可能な農家をモデルとして、「正常な効率の下で商品生産を行う、経済的に自立可能な近代的家族経営。農家と生活環境が類似した近傍の町村に住む勤労者世帯の一人当たり勤務先収入と同等か、それ以上の農業所得を実現できる農家経営」[56]を目指した。農業世帯であってもサラリーマン世帯と何ら

---

56 前掲、暉峻 p.177

1.4. 農地流動化への新制度

変わりのない所得を得ることができる環境を整えて、「近代的家族経営」が目標として掲げられたが、ここで問題となるのが小規模農家といわれる農地改革後に全国に出現した自立経営の農家である。経済的原則から、経営規模の脆弱な層である小規模農家は自然淘汰されて、農業経営からの撤退を含めて他産業への転換を予想していた。ところが、基本法制定当時には兼業化へ向かうことによって農業からの自然淘汰の流れが起こるものではなかった。その要因の一つとして農地法が挙げられている。

そもそも農地法の性格は、小作が経済的に自立することができる単位としてよりも最低限の「生活の保障」という「厚生的側面」を保障するものであった（小倉 1965）。当局にはこの制度の順守が要請された。それによって発生したのが、「土地所有の原則を自作農主義の観点から著しく制約し、新たに買い入れようとする農地に所有の上限を課して、貸付地の引揚げの制限を厳守させること、また地価問題を回避し地価の高騰は放任して、それが零細耕作の構造の維持に拍車」[57] をかけるという問題を生み出しているのである。

戦後の農地制度は、農地改革の成果を守るため、農地法によって農地の保有面積の上限を都府県 3 町歩[58]、北海道 12 町歩に制限を定めた（速水2002）。小作地については、地代が極めて低く統制されるとともに、小作人の耕作権が強く保護され、小作料の不払いなど特別な理由がない限り、地主側で小作契約を解除し、農地の返還を求めることができない制度となっていた[59]。

何故これが維持されてきたのか、当時は農地改革の成果である自作農制度を守るべきであるとの考えが支配的であった。また、当時の予想としては、

---

57 小倉は土地制度の観点として、「将来の農業を担うべき生産性の高い経営の育成と発展に寄与しなくてはならないとして、当時の大方の規制の廃止あるいは緩和の必要性を述べている。土地管理についても、私的土地所有は必ずしも適当ではなく、土地の管理・利用は協業経営体にゆだね、従前の所有者は土地所有の持ち分をもち、その持ち分の譲渡を協業経営そのものか、その参加者だけに限るような集団的土地所有ともいうべき形態が可能なような法制を考える必要が生じてきている」としている。小倉武一『日本の農政』pp.163~164 岩波新書 [1965]。

58 1 町歩は約 3,000 坪。

59 前掲、速水 p.248。

高度経済成長によって創業される新しい産業に就業し、離農者が増え農地価格は下がるから、後に残る農家は農地の買い入れによって規模拡大が計れると考えられていた。しかし、現実に起こったのは都市における「地価高騰」[60]の波及や、「公共事業」[61]などがもたらす農地の他用途への「転用期待」[62]による農地価格の高騰であった。貸借による農地の流動化も小作料が低額なことや、耕作権の保護によって進むものではなかった[63]。

　本格的な高度経済成長時代の到来や、それを支える全総計画などがもたらしたものは地方都市、特に農村部では都市部への人口流出が決定的となり兼業化が一段と進み、政策当局が期待していた農業経営に専念できる高度な技術を兼ね備え規模拡大へ邁進するような農家の登場はほとんど起こらなかった。むしろ兼業化によって小規模経営の農家が生き続けることのできる環境が準備されたのがこの時期と考えられている。本来、規模拡大を志向して農業経営に希望を持つような農家も多くあったはずであるが、必要としているところへ農地が集まらず、兼業などの小規模農家など特定のところに滞留してしまっているのが農地である。農地改革の成果として成立した農地法が農地制度を歪めているという批判が的外れとは言えなかったのである。

　このように戦後に作られた制度はわずか十年足らずで機能を喪失したのである。農業を拡大して新しい経営への挑戦、また兼業化による農業からの撤退に関して、どちらにも進むことができない状況の出現である。「制度の空

---

60 都市部ではインフラ整備の一環として「官主導」による公共投資が盛んに行われている。それによって土地需要が高まり都市部で地価高騰へ導かれている。

61 全国へ通じる「高規格道路」である高速道路が計画され日本でも本格的な高速道路網の整備が始まっている。1963（昭和 38）年に名神高速道路の一部が開通している。農家にとっても農地価格以上の地価で買い取られる公共事業に期待する農家が多い。田中角栄元首相の「日本列島改造論」の冒頭にある「私はこう考える」に高度経済成長における開発について述べられている。田中角栄『日本列島改造論』[1972]。

62 農地は食料生産の場であるという特別な使命を持つものとして、税制面でも優遇されているものであり、基本的には他用途への転用は厳しい制限を受けるものであったが、その反面では農家への特権として自己使用の住宅建設や公共施設への転用などが認められていて、それによって転用後の農地価格が高価格になることへの期待が農家に発生していた（農地法第四条、第五条）。農林水産省、「農地転用許可制度」maff.go.jp/nousin/noukei/t_tenyo/（2016/12/25）。

63 前掲、速水 pp.274-279。

洞化」に至った事態の打開策として延々と続けられるのが60年代からの農地の流動化政策である。

1.4.2. 農地流動化への転換と農地法改正

農地法の制定以降、農地制度の空洞化が進展したことに対して、その抑止のために農業生産の拡大を目指す方向への転換が農業基本法であった。時代は本格的に高度経済成長の渦中にあり、農業も生産の拡大によって経営規模の拡大を目指す方向が明らかになる。そのためには農地制度の改革が必要となる。農地を必要なところへ集積させるための流動化策へ向かうことになるのである。

この基本法の制定を契機として「新しい制度」へ脱却を目指したのである。固定された農地の所有について貸借等によって「農地流動化」を促進させることへ転換を目指した。

農地流動化策について考慮すべき点として日本的農地の特色がある。単に経営耕地面積の規模が狭小というだけでなく、この狭小な経営耕地がさらに多くの極小地面に分かれている点である。そのため一片当たり（農地）の規模が小さいことによって、機械化などの導入による高度化や輪作[64]など経営組織の高度化が阻まれている[65]。吉田が指摘したように、この矛盾の解決に「時間と予算」を延々と消費し続けるのである。すでに構造改善政策に転換していた日本の農業政策において、極小地面の処理を行うための交換分合が土地改良の過程に織り交ぜられながら進められてきた。現在まで続く莫大な予算を使用した土地改良が永遠に行われている証しである。この限界性を打開する動きも一貫して行われてきた。

即ち基本法の制定は、小規模零細農家に対してこれからの日本の農業のあ

---

64 地力の維持や病害虫を避けるため、同じ土地に性質の異なる作物を一定期間の間に周期的に栽培する方法。農林水産省「高生産性地域輪作システム構築事業実施要綱」の制定について、2005（平成17）年。
65 前掲、小倉 p.143。

り方として、規模拡大を行っていくというメッセージに他ならないものである。基本法制定の翌年の 1962（昭和 37）年には農地法の一部が改正され、規模拡大を実現させるために、農地所有の「上限の緩和」と「農業法人制度」が導入される。

そして無視できない問題として、保護政策によって急速に回復を果たしてきた戦後の農業生産であるが、輸入農産物が 1961（昭和 36）年以降急速に増加する。時代背景としては、1961（昭和 36）年の基本法制定の時代と同様に農産物の輸入拡大を要請する国際的な圧力問題[66]が存在した。消費者の「食」の好みも欧米化して米食よりも「パン」[67]などの洋食が好まれるようになる。洋食に代表される小麦は、国内の自給率は 1965（昭和 40）年当時で 28% であった[68]。現在の流通量はほぼ全量が輸入品である[69]。終戦の混乱を抜け出した日本に対しては、国際社会から負担も求められるようになったのである。そのため日本の農業も足腰を鍛えた「強い農業」というものが生産現場に要請されるようになる。

ここで農地流動化へ向かわざるを得なかった問題について整理しよう。60年代に入ると農地の維持管理の問題が生じてきた。兼業農家が主流を占める日本では、この時代より致命的な問題が発生する。特に小規模農家では、片手間の農業経営となり農地の管理が粗放になりだす。近隣に兼業の職場を得られる農家は少数であった。雪国である東北や日本海沿岸の地域では、「冬

---

66 我が国の農産物に関する国境措置は、55 年の GATT 加盟以来ほぼ半世紀にわたる累次の交渉の後、99 年 4 月の米の関税措置への切り替えをもって全て関税化。現行の関税水準についても、これらの経緯を経て形成。主な交渉における農産物等の交渉経緯。ケネディ・ラウンド（1964~1967 年）　我が国は、農林水産物の総税目数のうち約 50% 強（270 品目、64 年の農林水産物輸入額の 28% について関税引き下げを実施。農林水産省「農産物貿易レポート」[1999] www.maff.go.jp/j/kokusai/kousyo/wto/w_17_info/seattle_10j.html（2016/12/25）。

67 アメリカは余剰農産物の処分問題を抱えていたために其の売り先として日本が考えられて、日本の農村でキッチンカーを導入して洋食の普及活動を行った。1950 年代に行われたアメリカの小麦戦略は日本市場を席巻したというのが歴史的な事実である。前掲、暉峻 p.159。

68 前掲、暉峻 pp.183~184。

69 小麦は生産国から政府が商社を通して輸入して、製粉会社などに売り渡す「政府売渡制度」を実施している。2007（平成 19）年から国際相場によって価格が変わる相場連動制と並行している。農林水産省、「輸入小麦の政府売渡」maff.go.jp/j/pr/aff/1210/mf_news_02.html（2016/12/25）。

1.4. 農地流動化への新制度

表 1-4　農地法制の移り変わり

年度	農地法改正と新制度	改正の要点と新法の制定
1952（昭和 27）年		農地法制定
1962（昭和 37）年	農地法改正	①農業生産法人制度の導入②農地信託制度の創設③農地取得の上限の緩和
1969（昭和 44）年	新法制定	「農業振興地域の整備に関する法」制定
1970（昭和 45）年	農地法改正	①賃貸借の緩和②小作料規制の緩和③農業生産法人要件緩和④経営規模拡大のための農地保有合理化法人による農地等の売買・賃貸等の促進⑤農協による経営受委託事業の創設⑥草地利用権の創設等
1975（昭和 50）年		農業振興地域の整備に関する①農用地利用増進事業創設②開発許可制度の創設法律改正③交換分合制度の創設等
1980（昭和 55）年	新法制定農地法改正	農用地利用増進法制定、農用地利用増進事業の拡充①売渡農地の貸付禁止の例外措置（世帯員への貸付）②小作地転貸禁止の例外措置（世帯員への転貸可）③農業生産法人の要件緩和④物納小作料の容認
1984（昭和 59）年		農業振興地域の整備に関する協定制度の創設等法律改正
1987（昭和 62）年	新法制定	集落地域整備法制定
1989（平成 1）年		農用地利用増進法改正農用地の利用整備のための仕組みの追加特定農地貸付に関する「特定農地貸付」制度の創設、農地法等の特例に関する法律制定
1990（平成 2）年		市民農園整備促進法制定、農地と農機具収納施設等の付帯施設を総体として優良な市民農園の整備を促進するために市民農園開設の認定制度等の創設
1993（平成 5）年	新法制定	農業経営基盤の強化のための①農用地利用増進法を農業経営基盤強化促進法に改名関係法律の整備に関する法律②農地法について農業生産法人の事業要件、構成員による農用地利用増進法、要件の拡大等農地法の改正
1995（平成 7）年		農業経営基盤強化促進法改正①農地保有合理化法人に対する支援強化②同法人による農用地の買入協議制の創設
1998（平成 10）年	農地法改正	①地方分権の増進を図るため 2ha を超え 4ha 以下の農地の転用許可についてその権限を農林水産大臣から都道府県知事に移譲②農地転用許可基準を法定化
1999（平成 11）年		農業振興地域の整備に関する①農用地等の確保等に関する基本指針の策定②農用地法律改正区域の設定・除外基準の法定化③農振制度に係る事務の自治事務化等
2000（平成 12）年	農地法改正	①農業生産法人の一形態として株式会社形態の導入をはじめとする農業生産法人の要件の見直し、これに伴う投機的な農地取得等の懸念を払拭するため農業生産法人の要件適合性を担保するための措置②農地移動の下限面積要件の弾力化③小作料の定額金納制を廃止④ 2ha 以下の農地転用許可事務を自治事務化⑤不正な手段により許可を受けたものに対する罰則を新設
2002（平成 14）年		構造改革特別区域法制定①農地法の特例措置を講じ農地リース方式による株式会社一般の農業参入を可能に②特定農地貸付法等の特例措置を講じ地方公共団体・農協以外の者による市民農園の開設を可能に
2003（平成 15）年		農業経営基盤強化促進法改正①農業生産法人による多様な経営展開（構成員要件の特例）②集落営農組織の担い手としての育成③遊休農地解消・利用集積促進の措置
2005（平成 17）年		農業経営基盤強化促進法改正①特定法人貸付事業創設
2009（平成 21）年	農地法改正	1952 年制定の農地法の改正（自作農主義からの転換）

出所：2004（平成 16）年「農地制度について」農林水産省、全国農業会議所資料より筆者作成

季の出稼ぎ」[70] が兼業のスタイルになりだした。兼業農家の中でも、農業以外の収入が多い第二種兼業農家では、農地の管理は高齢者や主婦など在宅者に頼らざるを得なくなる。そして農地の耕作が放棄されるに至るのである。高度経済成長の下で所得の上昇が著しい日本の社会で、実は農村部では事態がより深刻な方向へと向かいだしていた。「耕作放棄地」と呼ばれる未利用の農地の発生はこのようなところを萌芽として始まっている。統計上からは1975（昭和50）年の農業センサスから耕作放棄地が取り上げられている。5年に一度の統計調査であるが、その都度、増加する状態にある。はじめは一部地域の問題として考えられていたものが全国的な問題となっているのが現在である。

　農地流動化の促進のために、法制度の改革が農地法制定以来行われているが、最終的には2009（平成21）年に半世紀ぶりに農地法が改正されるに至る。これまでも制度改革として法人制度や貸借の導入などかなり踏み込んだ改正が行われてきた。近年の注目点は、農地が果たす役割について多様性や個別性によって、環境などへも対応が可能な特殊な存在として位置づけられる。農地の状態は全て地域ごとに異なった条件の下に置かれているが、高度経済成長を起点として始まった人為的な農地の未利用問題に対して、「誰が」「どのように」農業を行うべきかという戦後のスタート時点の問題に突き当たるのである。

1.4.3.　農地法改正の内容

　2009（平成21）年6月24日の衆議院予算委員会において、農地法の改正が行われた。農地法は1952（昭和27）年に制定されて以来、数度の部分改正が行われてきた。今回の改正では、農地改革以来のシンボルとされた農地耕作者主義から最終的に別れを告げて抜本的な改正が行われた。実に半世紀を経過しての事である。半世紀以上前から部分改正は行われてきたが、絶

---

70 農林水産省の資料上では1964（昭和39）年には出稼ぎによる都市部での労働に従事した農村出身者の数が100万人を超えた。前掲、食糧・農業・農村白書2008年「戦後農政の流れ」。

1.4. 農地流動化への新制度

えず追求されてきたものは、経営規模拡大による経営基盤の強い農家を作るための、農地の流動化による新たな耕作者への集積を、促進するためのものであった。

改正の焦点は、農地法の生命というべき第一条の農地所有に関する原則となっている、「農地はその耕作者みずからが所有することを最も適当」という部分の改正にある。農地を所有する主体についての適正について触れている。

旧農地法

（この法律の目的）

第一条 この法律は、農地はその耕作者みずからが所有することを最も適当であると認めて、耕作者の農地の取得を促進し、及びその権利を保護し、並びに土地の農業上の効率的な利用を図るためその利用関係を調整し、もって耕作者の地位の安定と農業生産の増進とを図ることを目的とする[71]。

改正農地法

（目的）

第一条 この法律は、国内の農業生産の基盤である農地が現在及び将来における国民のための限られた資源であり、かつ、地域における貴重な資源であることにかんがみ、耕作者自らによる農地の所有が果たしてきている重要な役割を踏まえつつ、農地を農地以外のものにすることを規制するとともに、農地を効率的に利用する耕作者による地域との調和に配慮した農地についての権利の取得を促進し、及び農地の利用関係を調整し、並びに農地の農業上の利用を確保するための措置を講ずることにより、耕作者の地位の安定と国内の農業生産の増大を図り、もって国民に対する食料の安定供給の確保に資することを目的とする[72]。

---

71 農林水産省から 2009（平成 21）年 10 月に出された「農地制度の見直しの概要」より。
72 前掲、「農地制度の見直しの概要」。

第 1 章　日本の農業制度の整備過程

　旧農地法における法の目的では、農地は耕作する者が所有することを最適
として農地の取得に関して耕作者の保護を前提としていたが、改正農地法に
おいては、農地を効率的に利用する耕作者に対して農地の権利取得の促進を
可能として、一部分では規制を作りながら原則として農業をしようとする者
（個人、法人）の農地取得を可能とする内容である。具体的には「農地はそ
の耕作者みずからが所有することを最も適当」という部分を「農地を効率的
に利用する耕作者」が農地を取得することを促進することにある。規制とし
ては責務規定が新設され、農地について所有権、賃借権等の権利を有する者
はその適正かつ効率的な利用を確保しなければならない旨の責務規定を、以
下のように新設した。

　　（農地について権利を有する者の責務）
　　第二条の二　農地について所有権又は賃借権その他の使用及び収益を目的と
　　　　する権利を有する者は、当該農地の農業上の適正かつ効率的な利用を確
　　　　保するようにしなければならない[73]。

　責務規定を設けることによって、農地の所有、賃借に対する規制を作り、
農地転用に関しては規制を強めるような規定として責務規定は作られてい
る。転用規制については次のように、これまでよりも厳しい規定が作られて
いる。

　1　現行では国又は都道府県が病院、学校等の公共施設の設置の用に供す
　　　るために行う農地転用については許可不要とされているが、これを見直
　　　し、許可権者である都道府県知事等と協議を行う仕組みを設ける。
　2　違反転用が行われた場合において、都道府県知事等による行政代執行

───────────────────────
73 前掲、「農地制度の見直しの概要」。

54

1.4. 農地流動化への新制度

(旧農地法)

```
                所有権、賃借権

1  すべての農地で耕作の事業を行うこと
2  農地を効率的に利用して耕作の事業を行うこと
3  法人の場合は農業生産法人であること
4  個人の場合は農作業に常時従事すること
```

(改正農地法)

```
           所有権、賃借権 (第3条第2項)

1  農地のすべてを効率的に利用して耕作の事業を行うこと
2  法人の場合は農業生産法人であること
3  個人の場合は農作業に常時従事すること
  以上は旧法と同様で新たに追加された要件
4  周辺の農地利用に影響を与えないこと
     地域における集落営農の促進、農地の利用集積を阻害するような権利
     取得を排除
```

```
              賃借権 (第3条第3項)

(一定の条件の下で緩和)
次の要件を満たす時は、2、3の要件を貸さない
・ 農地を適正に利用していない場合に賃借を解除する旨の条件を契約に付
  していること
・ 地域の他の農業者との適切な役割分担の下に継続的かつ安定的に農業経
  営を行うこと
・ 法人にあっては、業務執行役員のうち1人以上の者が農業に常時従事す
  ること
```

出所:農林水産省2009(平成21)年10月、「農地制度の見直しの概要」(以上3点)

第 1 章　日本の農業制度の整備過程

制度を創設するとともに、違反転用に対する罰則を強化する。

3　農地の農業上の利用を確保するために特に必要がある場合において、農林水産大臣は都道府県知事に対し、農地転用許可事務の適切な執行を求めることができることとする[74]。

　この農地法の前提というべき第一条の変更を補強するものが、農地の権利移動規制の見直しとして第三条の所有及び賃貸借に関する緩和の条項が作られた。旧農地法においては、所有権・賃借権の取得に関する規定は 1 から 4 が定められていたが、改正農地法では、農地周辺の環境整備をして農地の集積による大規模化の阻害要因の排除を入れている。

　改正された農地法の一貫した考え方として、農地利用の門戸を広げ、農業に参入する新規の個人、あるいは農業生産法人[75] を中心とする企業などへの農地の取得を容易にするものである。そして、賃借権はさらに規制を緩和している。一般に企業参入はこれまで農業従事者にとって最も警戒された部分であるが、耕作放棄地など現実の未利用地の増加がそれを許さない状況にある。現状の問題点を認めた上で現実的な解決策を講じることができるかという点に対する率直なものとして考えるべきであろう。

　農林水産省の意図するところも、新しい参入者を創造するために農業の生命である農地の権利取得や賃借のハードルを下げることにある。今回出された概要においても、農外企業の参入が従来に比べ容易になるだけでなく、農村集落において、農家だけでなく非農家も含めた構成員により集落営農法人を作ることや、農業と観光の融合を行う NPO 法人等の設立が容易になる等、

---

74 前掲、農地法等の一部改正、1 から 3 まで。

75 農業法人とは、「法人形態」によって農業を営む法人の総称です。この農業法人には、会社法人と農事組合法人の二つのタイプがあります。また、農業法人は、農地の権利取得の有無によって、農業生産法人と一般農業法人に大別されます。農業生産法人は、「農業経営を行うために農地を取得できる法人」であり、株式会社、株式譲渡制限会社、農事組合法人（農業経営を営む、いわゆる 2 号法人）、合名会社、合資会社の 5 形態です。また、事業や構成員、役員についても一定の要件があります（ただし、農地を利用しない農業の場合は農業生産法人の要件を満たす必要はありません）。法人化する場合、どのタイプの法人を選ぶのか、それぞれの法人形態の特色や自らの経営展望に照らして選択する必要がある。公益社団法人日本農業法人協会「農業法人とは？」。

56

1.4. 農地流動化への新制度

「多様な担い手」の参入が期待[76]できるとしている。

今回の農地法の改正は抜本的なものとなったが、終戦から長い時代を経過した現在では、現実に対する追認に過ぎないものと考えるべきものだろう。なぜなら国民の食糧を生産すべき農地であるが、戦後一貫して農地は改廃されて農業従事者も減少し、耕作放棄地などの未利用地の拡大が確認されている現在、どのような計画の下に日本の農業を立て直して行くのかという命題に直面するのである。

---

[76]「多様な担い手」問題は「誰を」農業に参入させるかという議論の場合、法人化が並行して話し合われるが、議論の的になるのは法人としての「株式会社」の扱いに対するものである。前掲、「農地制度の見直しの概要」。

1.5. 対応に追われる耕作放棄地

1.5.1. 「耕作放棄地」問題の発生

初めに耕作放棄地と言うものが、どのようなものを指しているか確認しておこう。耕作放棄地とは、農林水産省の統計調査に使われる区分である。調査日以前1年以上何も作付せず、今後も数年間の間に再び耕作するという明確な意思表示がない農地を指している。これに対して、同じように耕作されない農地として不作付地がある。調査日以前1年以上何も作付しなかったが、今後数年の間に再び耕作する意志のある農地は不作付地と呼ばれている。耕作放棄地発生は全国的規模での問題であるが、地域別では地方都市が主要な発生場所である。特に「中山間地」[77]と呼ばれる地域である。農業問題においては山間部や離島などの耕作条件の悪い地域として「条件不利地」とも呼ばれている。地方の人口減少の激しい地域は総じて過疎地域といわれ、地方の農山村が「主要な舞台」として、概ね構成地域を成している。急峻な山に囲まれていることや離島が点在する日本列島の特色上、耕作地の半数近くは中山間地域に入る。また農業問題にとどまらず、こうした中山間地域を抱える地方都市は、人口減少という重大な問題に直面していて、多くの地方都市の根幹を揺るがす問題となっているのが現状である。

耕作放棄地の発生の背景について考えてみよう。日本が高度経済成長を果たす1955（昭和30）年以降や1960年代を出発点として、農村部から都市

---

[77] 農林水産省の農業センサスにおいて日本の耕地を「都市地域」「平地地域」「中間地域」「山間地域」の四つに分類している。中間地域と山間地域を合わせて「中山間地域」と呼んでいる。分類の基礎になっているのは耕地の林野率や傾斜度である。中山間地域が国土に占める割合であるが約73%がこの範囲になる。耕地面積の40%, 総農家数の44%、農業産出額の35%、農業集落数の52%を占めるなど、日本の農業の中で重要な位置を占めている。農林水産省、「中山間地域とは」maff.go.jp/j/nousin/tyusan/siharai_seido/s_about/cyusan（2016/12/25）。

1.5. 対応に追われる耕作放棄地

表 1-5　全国地区別耕作放棄地面積及び耕作放棄地面積率

単位、面積 /ha, 面積率 /%

	1990 (平成2) 年		1995 (平成7) 年		2000 (平成12) 年		2005 (平成17) 年		2010 (平成22) 年	
	耕地面積	耕作放棄地	耕地面積	耕作放棄地	耕地面積	耕作放棄地	耕地面積	耕作放棄地	耕地面積	耕作放棄地
単位	ha	ha	ha	ha	ha	ha	ha	ha	ha	ha
北 海 道	1,031,573	6,853	1,023,364	8,786	996,637	9,336	967,516	9,551	942,368	7,515
耕作放棄地面積率	0.7%		0.9%		0.9%		0.9%		0.8%	
東北	821,920	22,713	783,514	30,852	745,580	44,058	696,222	47,470	627,768	46,603
耕作放棄地面積率	2.7%		3.9%		5.9%		6.8%		7.4%	
北陸	321,672	9,284	303,589	8,309	284,162	11,904	257,838	10,989	228,968	10,257
耕作放棄地面積率	2.8%		2.7%		4.2%		4.3%		4.5%	
関東・東山	728,179	37,070	672,839	41,027	618,836	54,897	565,400	58,343	535,739	55,272
耕作放棄地面積率	5.2%		6.1%		8.9%		10.3%		10.3%	
東海	258,953	15,776	240,175	14,206	223,561	16,256	200,268	17,989	187,297	16,835
耕作放棄地面積率	6.1%		5.9%		7.3%		8.9%		8.9%	
近畿	223,949	7,852	209,802	6,892	197,246	9,802	179,871	10,444	168,941	10,732
耕作放棄地面積率	3.5%		3.2%		4.9%		5.8%		6.4%	
中国	258,850	16,520	235,662	15,216	211,918	19,700	186,278	21,304	168,282	20,994
耕作放棄地面積率	6.4%		6.5%		9.3%		11.4%		12.5%	
四国	152,397	9,833	137,590	9,348	125,109	12,355	110,774	12,598	101,521	13,082
耕作放棄地面積率	6.5%		6.8%		9.9%		11.4%		12.9%	
九州	526,210	23,645	480,677	25,506	450,571	31,152	417,744	33,412	367,315	31,761
耕作放棄地面積率	4.5%		5.3%		6.9%		7.9%		8.6%	
沖縄	37,466	1,109	33,067	1,629	30,323	1,523	26,517	1,274	25,414	1,088
耕作放棄地面積率	2.9%		4.9%		5.0%		4.8%		4.3%	
全国	4,361,168	150,655	4,120,279	161,771	3,883,943	210,019	3,608,428	223,372	3,353,619	214,140
耕作放棄地面積率	3.5%		3.9%		5.4%		6.2%		6.4%	

出所：世界農林業センサスより筆者作成

注 (1) 単位は面積 /ha、面積率 %
　　(2) 耕作放棄地面積率＝耕作放棄地÷耕地面積×100

表 1-6　耕作放棄地面積の形態別農家の推移（全国）

	主業農家	準主業農家	副業的農家	自給的農家	土地持非農家	合計
1995 年	33,092	31,996	55,300	41,413	82,543	244,314
(平成7年)	13.5	13.1	22.6	17	33.8	100
2000 年	35.625	41,001	77,731	55,662	132,770	342,789
(平成12年)	10.4	12	22.7	16.2	38.7	100
2005 年	33,417	34,214	76,825	79,016	162,419	385,791
(平成17年)	8.7	8.9	19.9	20.4	42.1	100
2010 年	27,412	31,140	65,567	90,021	181,841	395,981
(平成22年)	6.9	7.9	16.6	22.7	45.9	100

出所：世界農林業センサスより筆者作成。

注 (1) 単位は、上段は ha、下段は %。
　　(2) 主業農家は農業所得が主 (農家所得の 50% 以上が農業所得) で、1 年間に 60 日以上自営農業に従事してい
　　　る 65 歳未満の者がいる農家。
　　(3) 準主業農家は農外所得が主 (農家所得の 50% 未満農業所得) で、1 年間に 60 日以上自営農業に従事してい
　　　る 65 歳未満の者がいる農家。
　　(4) 副業的農家は 1 年間に 60 日以上自営農業に従事している 65 歳未満の者がいない農家。
　　(5) 自給的農家は経営耕地面積 30a 未満かつ販売金額年 50 万未満の農家。
　　(6) 土地持非農家は農家以外で農地を 5a 以上所有している農家。
　　(7) 主業農家、準主業農家、副業的農家の三者を販売農家と呼ぶ。

第1章　日本の農業制度の整備過程

部への人口流出が起こり、農村を基盤としている地方都市では人口流出による「過疎化現象」が起き始めた。従来の日本の農村構造は生産と生活の基礎的単位が一つの共同体組織の上に成立していた。集落を維持するにあたり住民共同での農作業は当然であり、叉、地域内においては道路の補修や個人の家の補修等、生活面に至るまで相互扶助的活動という地域コミュニティーの形成が必然であった。ところが高度経済成長期には農家の子弟たちが都市部での企業に就業することが多くなり、結果として集落から去って行き、人口減少を生むようになった。時期的には兼業化が一段と進む60年代の後半からこのような動きが加速した。

東北や日本海沿岸地域などの積雪の多い地域では、年中行事として行われていた出稼ぎも、春になれば地元に戻れたが、子弟が就職するとき、地元に戻れることは稀であった。地方都市では地元の自治体やその他の公務員以外では雇用する企業は都市部と比較して極端に少なく、高校・大学を出ても地元に戻ることは不可能であった。彼らには都市での就職しか選択肢はなかった。高度経済成長時代の後半には全国総合開発計画が策定され、農村地域の労働力を吸収して全国の地方都市に工場を配置する政策も行われた。これによって農村地域の人口減少に、歯止めが掛かることへの期待もあったが現実に起こったのは、農村地域の労働力を工業化へ吸収することであり、集落の労働力は農業へ向かわず、各農家に残された者は祖父母たち高齢者であった。これでは農業の効率的労働など望めず、農村の兼業化の進展によって一層過疎化が進むこととなったのが高度経済成長時代である。

人口減少の問題点としては、学校や医療のような地域住民にとって不可欠のインフラの維持に支障をきたすようになる。インフラ機能の低下は地域機能の低下と一体のものであり、地域の維持が困難な状況に置かれるようになる。これによって「地域の消滅」[78]へつながってしまう場合が多いのである。

---

78 農村集落は複数の家で構成されているが、兼業化の進展や農業そのものからの離農などにより集落を離れて行くものが増加すると、農村に居残るものが高齢者中心となり、やがて高齢者がいなくなると集落がなくなるという構造がある。また集団離村なども起こっている。農村社会の崩壊と同一のものである。

1.5. 対応に追われる耕作放棄地

　このような事態は、初期段階では一部の山間僻地や離島の現象であったが、瞬く間に日本全国に広がった。耕作放棄地問題は、現在では日本にとって憂慮すべき大きな農業問題であり、地域全体にとって最大の課題なのである。

　一般的な耕作放棄地の発生はこのようなものであるが、条件不利地と呼ばれるように中山間地域を発生源としていることから、特に山間地の傾斜度のきつい水田や畑などで耕作されずに未利用になる傾向が強く、これは高齢者の農業参加を阻む耕作条件の不利性の存在と言えるものである。また 1970（昭和 45）年の水田の生産調整[79] の実施以来、休耕田となった水田が復元されることは少なく、そのまま耕作放棄などの未利用状態になっている。

　耕作放棄地の発生を地域別に見ると、北海道や東北地域などでは発生が低い状況であるが、近畿から中国・四国地域などの山間地域では 5 年ごとの調査のたびに耕作放棄地の発生が増加している（表 1-5）。これは北海道や東北の地域特性として、日本の中では最も規模拡大が進んだ地域であることが考えられる。また農業を主業としている農家での耕作放棄の発生はわずかな量であるが、それ以外の副業的に農業を経営している部分、特に「土地持ち非農家」の耕作放棄は量的な広がりが起こっている（表 1-6）。

　戦前は不在地主が問題とされていたが、戦前同様に農村には住まない「土地持ち非農家」が、現在全国で耕作放棄地を発生させているのである。

1.5.2.　「耕作放棄地」と「中山間地域」

　耕作放棄地の発生が始まった当時は、地方都市を中心としたものであり、小規模兼業農家の出稼ぎ問題に見られるように、一部の山村や離島の出来事として扱われていた。高度経済成長時代では、都市部への人口集中が始まり、一方の地方都市は都市部への人口供給地として存在しているかのようなもの

---

79 1955（昭和 30）年以降、米の生産高が上昇を見せ始めた日本では、逆に生産過剰の状態になり始めた。食料管理制度上、全量の米を買い入れていた政府は大きな「赤字」を負うことになり、ついに 1970（昭和 45）年より生産調整が実施されている。この生産調整は「減反」と呼ばれるものであり、地域ごとに割り当てられた。10 アールを基準として減反補助金が支払われている。前掲、暉俊 pp.200-201。

であった。このころから都市部の「過密」に対して地方都市から人口が流出する「過疎地域としての問題」[80] がクローズアップされるようになる。この中に地方都市の農村部で起こり始めた、農地が耕作されない状態になり、放棄された農地がまとまった量として明らかになり始める。未利用になった農地の発生地域は最も奥まった中山間地域であった。耕作放棄地問題も農村の「過疎化問題の一環」として考えられていた。いわゆる「一部の特殊な地域」の問題と見られていた。

　人口減少の次に起るものとして、農村地域に取り残された家族を中心とする地域の高齢者問題である。大野晃は地域の高齢者問題について、高齢者の年齢区分によって 65 歳以上の高齢者が 50% を超える集落を「限界集落」[81]と命名し、高齢者数によって地域の維持に困難をきたす現象が起きかねない危険性を指摘した。高齢者の増加が基礎的インフラの崩壊を招きかねない「限界集落」の問題を発生させている（大野 2008）。限界集落と言う、センセーショナルな言葉によって一躍有名になったが、発生の起源は耕作放棄地発生の背景にあるように、「産業構造のゆがみによる大都市と農山漁村や離島を抱える地方との地域間格差の拡大の結果」[82] として、「賃金をはじめ就業機会、医療・介護や福祉、教育・学校間格差などの重層化が地域間の人口移動」[83] を招いたものと規定している。集落と同様に消滅可能性を持つ自治体として限界自治体についても定義を行っている。自治体もそれを支える集落が限界集落化すれば、「65 歳以上の高齢者が自治体総人口の半数を超え、年金産業が主と

---

80 過疎問題に対する立法措置として対策が講じられるようになったのが 1970（昭和 45）年の「過疎対策緊急措置法」（1979（昭和 54）年までの時限立法）からである。10 年ごとの時限立法として行われている。経過としては、当初の過疎法は年率にして 2% を超える著しい人口減少による地域社会の崩壊に対して、住民生活のナショナル・ミニマムを確保し、地域間の格差は正に資する措置を講じることにより、人口の過度の減少防止と地域社会の基盤強化を図るものであった。高見富二男「過疎対策の現状と課題」pp.16-17、参議院立法と調査 No300[2010]。
81 限界集落についてはいくつかの規定があるが、ここでは大野晃が「65 歳以上の高齢者が集落人口の半数を超え、冠婚葬祭をはじめ田役、道役などの社会的共同生活の維持が困難な状態に置かれている集落」について規定しているものを限界集落の定義とする。1991（平成 3）年に大野が提唱した学説である。大野晃、『限界集落と地域再生』p.16 信濃毎日新聞社 [2008]。
82 前掲、大野 p.20。
83 前掲、大野 p.20。

1.5. 対応に追われる耕作放棄地

表1-7　集落の状態区分

集落区分	量的規定	質的規定	家族類型
存続集落	55歳未満人口集落人口の50%超	後継者確保によって集落の担い手が再生産されている集落	若夫婦世帯、就学児童世帯後継者確保世帯
準限界集落	55歳以上人口集落人口の50%超	現在は後継者が確保されているものの近い将来確保が難しい集落	夫婦のみの世帯準老人夫婦世帯(55～64歳)
限界集落	65歳以上高齢者が集落人口の50%超	冠婚葬祭・田役・道役など社会共同生活の維持に困難な状態の集落	老人夫婦世帯独居老人世帯
消滅集落	人口・戸数ゼロ	消滅してしまった集落	

大野晃「限界集落と地域再生」p.21「集落の状態区分」より筆者作成

なり、自主財源の減少と高齢者医療・老人福祉関連の支出増で財政維持が困難に陥る」[84]。これによって自治体が消滅へ向かうと言うものである。

　これまでは過疎問題の象徴的な存在であったのが、中山間地域などの農山村の社会問題であった。これが1980年代に入り低成長から安定成長に移行するころから、日本の農業上極めて重要な問題へ発展する耕作放棄地問題として全面的に顕在化し始める。この問題について中山間地域問題の新たな危険性について指摘したのが小田切徳美である。小田切はこれまでにない特徴として、すでに日本の農山村では農家の日常生活や地域での経済力が脆弱化していて、土地所有の制度の概念が崩壊しようとしていることを指摘している[85]。過疎化によって始まった「人の空洞化」によって起った人口減少がついに「土地の空洞化」へ発展した段階を迎える。これが指摘しているのは、

---

84 大野は1980年代より高知県での実態調査を重ねていてその実態調査の結果を公表している。「山村の高齢者は日常生活で交流が乏しく、テレビ相手の日々を送っている人が多い。私はこうした高齢者の生活を「たこつぼ的生活」と呼んでいる。こうした「たこつぼ的生活」化の背景には、林業不振や高齢化などで農林業の社会的生産活動が停止状態になり、集落の社会的共同活動の維持機能が低下し、集落内の相互交流の機会がなくなり、各自の生活が私的に閉ざされていくような状況がある。保健師はこうした現象を「閉じこもり症候群」と呼んでいるが、「たこつぼ的生活」化が農林業の社会的生産活動の停滞性と密接に結びついていることを忘れてはならない。高齢者の経済的高負担問題、「たこつぼ的生活」、林業不振などさまざまな問題が絡み合う「限界集落」問題は、過去も現在も現代山村の抱えている問題を最も凝縮した形で現している」前掲、大野 p.34。
85 小田切は西日本地域の中山間地域の調査から、これまでのような「貸手」と「借手」の間の関係が逆転していることから、中山間地域において農地制度が空洞化する現場の問題点を指摘している。小田切徳美『日本農業の中山間地帯問題』農林統計協会 [1994]。

63

第1章　日本の農業制度の整備過程

山間地の実態として「担い手不足」の現場では「借手が不安定であることから、一部には地主側が一定の長期契約を望みながら実情からそれを許さない事態」[86] が起こっていると言うのである（小田切 1994）。

中山間地域ではすでに「人の空洞化」によって十分な借り手の存在がないのである。農地の貸借について云々する以前として、地域に借手として農地を耕作する者の存在が極めて希薄な状態を迎えている。

それが進展している実態として、「借手側に『返還できなくなる不安』が生まれている」（貸し手側である土地所有者が高齢で後継者不在の場合、農地の耕作を継続してほしいと借り手側に依頼することが含まれている）実態があり、今後予想されるのは「供給される借地が借り手が見つからぬまま放置されるという事態」[87]（耕作放棄）に発展すると言うことなのである。具体的には借地農家は「借地返還の自由度を確保するために、『ヤミ小作』[88] を積極的に選択している。また『利用権設定』[89] においても、設定期間は『農用地利用増進事業』[90] で最短期の３年間が中心であり、長期利用権の設定は、ごく例外的」[91] なものなのである。

調査の結果として、「借地農家では、いったん借り入れた農地の返却や借地の依頼を断るケースなど借地返却や借入依頼の拒絶経験」[92] を多くの農家

---

86 借り手側（中山間地域の上層農家 - 大規模農家）も十分な労働力を確保している場合がほとんどないため、何時農業経営から撤退しても不思議ではない状況にある。前掲、小田切 p.17。

87 新潟県の豪雪地帯の山村分析から、山村の挙家離村の母村の農業展開について触れ「挙家離村の増加→跡地流動化→残った者の耕地集積と経営規模拡大→農業経営・生活安定化と定着という図式はどこにも存在しないのである」という中山間地域分析を行っている。前掲、小田切 p.17。

88 法的な賃貸借契約の手続きを行わず、貸し手側及び借手側のお互いの承諾だけで田畑等の貸し借りをすること。全国農業会議所用語集。

89 農業上の利用を目的とする賃貸借もしくは使用貸借による権利や、農業の経営の委託を受けることにより取得される使用および収益を目的とする権利を、貸借時に設定する権利。正規の貸借ではこの利用権の設定が行われる。全国農業会議所用語集。

90 市町村が農用地利用増進計画を策定公示することにより、農地の利用権設定における権利移動統制の許可を不要とすることで貸し手側の不安を取り除き、農用地利用改善、農作業受委託促進までを対象事業としている。農林水産省、食料・農業・農村白書 2012（平成 24）年。

91 前掲、小田切 p.100。

92 小田切は前掲書の中で調査対象地として設定した山口県周東町川越地区の調査から、当時の時点で借地農家も高齢化していて、中山間地域では著しく脆弱化している農地移動の特質が明らかになっている。前掲、小田切 pp.93~103、「農業構造の展開と農地利用の実態」。

64

1.5. 対応に追われる耕作放棄地

農業農村の多面的機能（農林水産省、農業の多面的機能より転載）

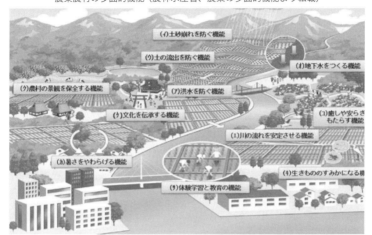

が持っていた。

　農地利用の制度と法制度の硬直化に関する問題から、「所有と利用の分離」について言及されているが、中山間地域ではもはやその公式は通じるものではない。いかに「人の空洞化」が進展しているのかということの見本のようなものである。人と土地の次に来るのは「村の空洞化」であり、地域全体が空洞化し消滅へ向かいかねないのである。

　これを食い止める方向性に関して小田切は次の点に着目した。農業後退減少に抗する動きとして、「農家以外の事業体は確かな成長が見られ、その内実は多様であるが、いわゆる『集落営農』[93]もこの中に含まれており、こうした傾向」[94]に注目が集まっている。2000（平成12）年の農業センサスの

---

93 集落営農は「集落（農業集落）を単位として農業生産過程における全部又は一部について共同化・統一化に関する合意の下に実施される営農」を指すものである。これによって 1. 集落で農業用機械を共同所有し集落でまとまった営農計画に基づいて集落営農に参加する農家が共同利用、または基幹作業受託を受けたオペレーター組織が利用する。2. 集落の農地全体を一つの農場とみなし、集落内の営農を一括して管理運営する。3. 集落ぐるみのまとまった営農計画により土地利用、営農を行う。4. 各農家の出役により共同で農作業を行い、集落内の土地利用調整を行う。2005（平成17）年現在、全国で10,063の集落営農が組織されている。農林水産省、集落営農に関するＱ＆Ａ。
94 小田切徳美『中山間地域の共生農業システム』「中山間地域農業の構造と動態」pp.53~54 農林統計協会 [2006]。

時点では、「新しい傾向として中山間地域では経営面積や借入面積において農家以外の事業体への集積」[95] のシェアが高まっている。これによって農地の潰廃化傾向の抑制も見られている。農家以外の事業体が農地の受け皿になって集積が進んでいることを指摘している。ただし空洞化の進んだ中山間地域の構造は単純なものではないことも示唆している。農地保全は「地域内の農家の健全性と農家以外の事業体の二つの要素が同時に存在」[96] したとき、保全が確保されることになる。

中山間地域での農業は「人と土地の空洞化」という問題について、想像を超えた状況にあることを理解した上で、今後の発展を模索する段階に入っている。小田切も言うように集落営農も有力な選択肢である。もう一つ加えるものとして、中山間地域はすでに脆弱化しているため、外部からの移住などの対策も必要になるだろう。そのための条件、「定住」を促進させるためのインフラ機能の向上も要点であろう。

農業問題では難しい部分もあるが、中山間地域に対する新しい見解も定着しつつある。それが「農業の多面的機能」である。農業の多面的機能とは、市場においては対価を支払われることのない外部経済の効果であり、特に農地が人々に与える様々な機能である。最も注目されるものは、農業生産に資するものだけではなく、国土保全に対する機能として「水源かん養」「土砂・土壌流出防止」「その他の防災機能」、環境の保全に対するものとして「生態系保全」「生物多様性の確保」「水質浄化機能」、そして農村が持つ機能として「景観・アメニティ―の提供」「農村文化・伝統継承」などの諸機能である[97]。単に食料生産をする場だけではなく、付加価値の高い地域であることが認められている。森林によって気温が和らぎ温度を調節し、二酸化炭素を吸収し酸素を供給することや、野生生物の住みかとなっているのもこうした中山間地域の野山である。これらの付加価値によって、現在では全国各地で

---

95 前掲、小田切 p.54。
96 前掲、小田切 p.54。
97 農林水産省、「農業の多面的機能」maff.go.jp/j/nousin/noukan/nougyo_kinou（2016/12/25）。

1.5. 対応に追われる耕作放棄地

山村留学や離島留学などの体験型学習の場を提供している。

　現在の中山間地域は人口減少から土地の空洞化によって地域の維持の問題が議論される状態にあるが、集落の人口が減少する中で地域を維持するためには多額の公費（税金）の投入を免れることができない。実際に中山間地域や離島地域では補助金なくして運営されている自治体は一部の例外を除いて皆無に等しい状態にある。農業の多面的機能論が登場することは中山間地域にとっては「注目度」が上昇し「資金の投入」（税の投入）が行われるため、追い風になるものと考えられるだろう[98]。中山間地域に賦存するものを利用し、又は維持管理することによって外部効果が期待できると言うことなのである[99]。山間の水田を例にとると、山間地の水田に貯められている水が治水機能を果たし、その効果がダムに匹敵すると言うものである。治水などの事業は公共事業として行われていたものであるが、中山間地域では公共財として市場価値の計算できない「財」としての価値が存在している。その効果を発揮するためには、農業生産と密接な関係があり、水田を良好な環境にして稲作をすることが治水としてのダムの機能を果たすことを指しているのである。

　過疎の問題から限界集落化、そして耕作放棄地問題など、半世紀が経過する中で絶えず政策的に賑わい続けてきたのが中山間地域である。日本全体の

---

98 農業の多面的機能論を政策的に支えるものとして、EU の環境支払いを導入したものとして「中山間地域直接支払制度」が創設されている。この制度は、中山間地域等が農業生産、自然環境保全、保健休養、景観等、様々な面において地域として認識されているが、耕作条件の不利性から農業生産性が低く、農業所得・農外所得ともに低い状態にある。また農村地域は全国平均よりも高齢化も進み、特に中山間地域は高齢化が進行している。耕作条件の悪さ、高齢化の進行、担い手不足、恵まれない就業機会、生活環境の整備の遅れなどにより農地の耕作放棄が深刻化しており、放置することによって国民全体にとって大きな損失が生じることが懸念されている。そこで、農業生産条件が不利な状況にある中山間地域等における農業生産の維持を図りながら、多面的機能を確保するために 2000（平成 12）年から導入された。集落での共同活動を基本とするものである。農林水産省、「中山間地域直接支払制度とは」maff.go.jp/j/nousin/tyusan/siharai_seido/s_about（2016/12/25）。

99 嘉田良平は、多面的機能が環境経済学的に三つの共通する性質を有するとしている。第一に市場価格が存在するものではなく、農業生産による外部経済効果として現されるものである。そのため「市場の失敗」が起こりやすいものである。第二に公共財として位置づけられている。第三に農業と一体のものである。「農業・農村の多面的機能とその政策適用について」1851 回、農林水産政策研究所定例研究会報告 [2001]。

人口減少問題が言われ始めている現在、地方の中山間地域は最初に人口減少の洗礼を受けている地域である。しかし、これまで見てきたように多面的機能の登場は、日本の地理的特徴である山間の多くの地域で地元住民が生き続けて行くための一つの道筋を示したものと言えるだろう。

1.5.3. 「所有と利用の分離」とは何か

農地制度は、農業政策にとって根幹を成すもので、現在でも農地改革当時の精神に立脚すべきものであるという議論がなされる。その論点がどのような部分であるかあらかじめ提示させていただく。農地は国民の食料を生産するという特殊な役割と使命を持ったものである。農地法も農地改革の成果であり、これからも整備・発展させていかなければならないものである（田代2003）。農地制度の法的な裏付けである農地法を守ろうとするのが「原点」と考えている方は今でも多く存在している。

田代が主張する部分は、旧農地法では第一条において耕作者主義を確定させているが、この部分に戦前の総括がされていると言うことである。歴史的な反省とは、「耕作せざる者が農地の大半を所有する農地改革前の地主・小作関係の弊害に対する深刻な歴史的反省」[100]があったからこそ農地改革では自作農化が図られたと言うことなのである。また「資本の自由な農地取得を認める」[101]ことは戦前の「地主・小作農制」への回帰につながるものと考えられると言うことである。現実にはすでに法改正後の動きが始まっているが、日本のような零細農耕制では「『耕作者の地位の安定』を図ることが覚束ない」[102]からこそ農地の扱いは慎重でなければならない。さらに日本の狭い国土を使って食料の確保を図らなければならないため、「農地転用も厳しく制限する必要がある」[103]と言うことなのである。

---

100 田代洋一、『農政「改革」の構図』「農地の農地耕作者主義の今日的意義」pp.61~63 筑波書房 [2003]。

101 前掲、田代 pp.66-67。

102 前掲、田代 pp.66-67。

103 なぜ農地に厳しい規制が必要なのかについて「自ら耕作する者は当初は農家に限られたが、

1.5. 対応に追われる耕作放棄地

すでに形式的な議論では済まないほど事態は悪化していて、上段から議論するのではなく、現場で起こっていることの問題解決が優先されなければならないだろう。しかし絶えず、企業の農業参入については「慎重」な扱いが関係者から強く要請されている。

それでも農地の流動化議論を少しでも進展させなければならない、という点から「所有と利用」の問題が語られるようになった。農業の現場では耕作放棄地などの未利用の農地が日々増加している。硬直した制度が背後に控えている中で、その制度を現場で乗り越えて行くために語られるようになったのが、「所有者の農地」を所有権という「権利の移動を伴わない方法」を取りながら、「農地を必要としているところ（農業生産者）へ集積」を目指そうという考え方である。これを実行するために「所有者の所有権」と「利用者の耕作権」を分離した「所有と利用の分離」の考え方が持ち上がるのである。

「所有と利用の分離」[104] はこれからの農地制度を考えていく上で、農地の流動化促進をする上で議論になるものと考えられる（原田 2008）。これによって停滞した農地の流動化や未利用地の利用を促すとともに、一般企業の農業参入を可能にしようと言うものである。

これまで農地法は制定以来、部分改正が行われてきたが、1975（昭和 50）年の農用地利用増進事業の発足から 1980（昭和 55）年に制定された農用地利用増進法によって農地貸借の仕組みが作られて、借地による農業経営につ

1962 年には農業基本法による協業の助長との関係で、「地域に根差した農業者の共同体」としての農業生産法人にも農地取得が認められるようになった。その際、農事組合法人や有限会社は農業生産法人として認められたが、株式会社はアウトだった。すなわち「株式会社は株式の自由譲渡性を本旨とするため、共同経営的色彩の濃い農業生産法人制度になじまず、且つ、農業生産法人の要件を欠くことになる危険に不断にさらされていることにかんがみ、農業生産法人に含めないことにした（農林事務次官依名通達）。さらにその根底には、人類の生存条件として先祖から子孫に継承されていくべき悠久の大地たる農地は、より高い配当をめざし、より高い利潤をあげるために短期の効率性を追求する株式会社にはなじまないという共通認識があった。」前掲、田代 pp.67-68。

104 2007（平成 19）年 11 月提案事項では「農地の所有と利用を分離し、所有よりも利用を重視して、農地を限りある経営・生産資源として有効利用するという新しい理念」原田純孝、『今日の農政改革と農地制度の再設計—新しい農地利用調整システムの構築に向けて』p.28 農業と経済、昭和堂 [2008]。

第1章　日本の農業制度の整備過程

いては農地の流動化に一定の効果がすでに立証されるようになっている。繰り返されてきた「制度の破綻」という現実を変えなければならないという、借地の導入はいわばやむを得ない措置と考えられるものであろう。この制度の提案の基礎にあるものは農林水産省の「農地政策の展開方向」[105] の中で出された「所有から利用への転換による農地の有効利用の促進」である。

　これが意図するものは、「所有から利用への転換を図り、農地は農業資源として有効に利用されなければならないという理念の下、所有権と利用権を切り離し、所有権については厳しい規制を維持しつつ、利用権については規制を見直す」[106] と言うものであり、「個人・法人を問わず、いかなる性質・形態の経営主体であっても、大幅に緩和された一律・共通の要件さえ満たせば、貸借による農地の利用権の取得を原則的に認める」[107] と言うものである。しかしこれについては懸念される材料が存在している。最も懸念される点は、田代が主張する「農地を所有するものは自らが耕作するものでなければならない」と言うことである。背景としては、「2005（平成17）年から財界等から農地政策の抜本的な改革要求」[108] が出されていることによるものである。この中身は「戦後レジームからの脱却のために最も重要な課題は農地改革であり、強い農業の実現のためには経営形態は原則自由として、利用を妨げない限り所有権の移動は自由にし、一般企業の農業参入と権利取得の自由化を通じて農業構造改革を目指す」[109] と言うものである。結局、企業による農地所有というものが資産所有の一環として「投機的取得」へ向かうのではないかと言うことが最大の懸念材料なのである。今回はそれが「貸借」という部

105 同提案事項、前掲、原田 p.28。
106 前掲、原田 p.29。
107 前掲、原田 p.30。
108 日本が締結する EPA（Economic Partnership Agreement）経済連携協定。2以上の国・地域の間で自由貿易協定（FTA）の要素（物品及びサービス貿易の自由化）に加え、貿易以外の分野、例えば人の移動や投資、政府調達、二国間協定等を含めて締結される包括的な協定）交渉を進めるには農業の構造改善が必要で、そのためには農地政策の改革が不可欠だとして、一連の具体的な改革内容を列挙したうえ、それらをまとめた「一括法」による「新たな理念に基づく新しい農地制度の確立」を要求していた。前掲、原田 p.32。
109「農地法のよって立つ農地耕作者主義の見直しについては、1990年代半ば以降から財界団体等から執拗に要求されてきたことであった」前掲、原田 pp.31~32。

70

1.5. 対応に追われる耕作放棄地

分的な形で企業にも開放されようとしている。なぜ企業による農地取得がここまで拒絶される事項となるのか、それは農地の性格にあるだろう。「農地は地域の人々によって保有・維持・管理される地域資源」[110] なのである。「貸借の規制緩和」であったとしても地域社会に与える影響は無視できるものではなく、「所有と利用の分離」後に参入する、「新しい農業経営者」がどのようなものであるかわからない状況の下では、不安を取り払うことができないのである。

「所有と利用の分離」は合理的な発想であり、現実に起こっている未利用地の増大に対しては、「当面」有効に機能させて行くには良い手段と言える。現在では全国的に貸借による流動化はセンサスの実施の度に増加している。しかし内在している問題として、どのような顔を持った経営者であるかという問題は根深く続いている。

もう一つ重要な提起がなされている。生源寺眞一は「農地の有効利用」の観点からさらに踏み込んでいる (生源寺 2006)。最も重要なポイントとして、「自作農主義（耕作者主義）に完全に別れを告げ、利用本位の農地制度に転換」[111] すべきことを求めている。農地法が制定された当時では、「戦前の小作制を解体した農地改革の理念を受け継いだ」ごく自然なものであった。時間の経過とともに日本の農業も大きく変化をする。現在行われている農業の生産構造は戦前と大きく異なる方向に展開してきた。すなわち「多数の小規模土地所有者から農地を借りながら規模拡大をはかる借地農」[112] の出現である。明

110「農地制度の改革に際しては、もう一つ、視野に入れておかなければならない重要な問題がある。その改革の結果が農村社会に対して長期的に及ぼす影響をどのように見通し、どう評価するかである。この視点ないし問題意識は、当然に、これまでの農地制度がその側面で果たしてきた役割の理解や評価と関連するが、財界や経済財政諮問会議サイドの農地政策見直し論には基本的にそのような問題意識が欠落している」前掲、原田 p.39。

111 生源寺眞一、『現代日本の農政改革』pp.10-13 東京大学出版会 [2006]。

112「1970（昭和45）年には借地農業を容認する農地法改正が行われた。さらに1975（昭和50）年には利用権の集積を促進させるための制度（農用地利用増進事業）が導入され、現在の農業経営基盤強化促進法（1980（昭和55）年の農用地利用増進法を1993（平成5）年に改正・改称）に引き継がれている。しかも今日では、こちらの制度が農地の権利移動の大半をカバーするに至っている」前掲、生源寺 p.10。

第1章　日本の農業制度の整備過程

表1-8 総農家による借入耕地と貸付耕地の実数と面積及び農家数と耕地面積に対する割合 (1)

全国農業地域名	地域別総農家戸数	地域別総耕地面積	借入耕地 実農家数	面積計	貸付耕地 実農家数	面積計	全国農業地域名	借入耕地 農家割合	面積割合	貸付耕地 農家割合	面積割合
	戸	ha	戸	ha	戸	ha		%	%	%	%
					1990(平成2)年						
北　海　道	95,437	1,031,573	21,114	85,435	6,923	20,738	北　海　道	22.1	8.5	7.2	2.0
東　　　北	607,433	821,920	93,259	56,676	68,857	32,667	東　　　北	15.3	6.8	11.3	3.9
北　　　陸	297,023	321,672	81,695	41,320	48,870	17,949	北　　　陸	27.5	12.8	16.3	5.5
関東・東山	821,676	728,179	163,590	64,468	141,202	48,762	関東・東山	19.9	8.8	17.1	6.6
東　　　海	405,360	258,953	72,061	23,590	64,601	15,947	東　　　海	17.7	9.1	15.9	6.1
近　　　畿	375,450	223,949	79,901	25,483	47,425	11,645	近　　　畿	21.2	11.3	12.6	5.1
中　　　国	387,643	258,850	78,239	26,757	48,641	12,319	中　　　国	20.1	10.3	12.5	4.7
四　　　国	229,458	152,397	40,473	12,758	25,319	6,517	四　　　国	17.6	8.3	11.0	4.2
九　　　州	576,740	526,210	141,609	67,475	87,061	30,142	九　　　州	24.5	12.8	15.0	5.7
沖　　　縄	38,512	37,466	13,944	7,276	3,977	1,647	沖　　　縄	36.2	19.4	10.3	4.3
全　　　国	3,834,732	4,361,168	785,885	411,237	542,876	198,334	全　　　国	20.4	9.4	14.1	4.5
					1995(平成7)年						
北　海　道	80,987	1,023,364	23,130	121,233	7,673	27,097	北　海　道	28.5	11.8	9.4	2.6
東　　　北	555,706	783,514	94,769	75,388	67,023	34,952	東　　　北	17.0	9.6	12.0	4.4
北　　　陸	267,403	303589	77,505	48,861	41,697	16,320	北　　　陸	10.4	16.0	15.5	5.3
関東・東山	740,994	672,839	156,371	77,892	134,507	48,903	関東・東山	21.1	11.5	18.1	7.2
東　　　海	363,971	240,175	69,955	29,263	61,250	16,231	東　　　海	19.2	12.1	16.8	6.7
近　　　畿	337,747	209,802	77,496	29,911	44,163	11,063	近　　　畿	22.9	14.3	13.0	5.2
中　　　国	351,157	235,662	74,449	29,123	43,887	11,569	中　　　国	21.2	12.3	12.4	4.9
四　　　国	206,838	137,590	40,563	13,912	24,072	6,224	四　　　国	19.6	10.1	11.6	4.5
九　　　州	507,159	480,677	133,518	77,749	82,784	30,899	九　　　州	26.3	16.1	16.3	6.4
沖　　　縄	31,588	33,067	11,647	7,455	3,987	1,926	沖　　　縄	36.8	22.5	12.6	5.8
全　　　国	3,443,550	4,120,279	759,403	510,787	511,043	205,184	全　　　国	22.0	12.3	14.8	4.9
					2000(平成12)年						
北　海　道	69,841	996,637	23,962	157,948	8,193	31,292	北　海　道	34.3	15.8	11.7	3.1
東　　　北	507,052	745,580	104,939	99,209	80,609	42,270	東　　　北	20.6	13.3	10.8	5.6
北　　　陸	238,789	284,162	79,562	58,611	47,361	18,748	北　　　陸	33.3	20.6	19.8	6.5
関東・東山	672,424	618,836	163,101	93,779	152,968	55,235	関東・東山	24.2	15.1	22.7	8.9
東　　　海	333,409	223,561	73,000	35,145	70,671	18,400	東　　　海	21.8	15.7	21.1	8.2
近　　　畿	307,535	197,246	82,758	34,964	51,564	12,572	近　　　畿	26.9	17.7	16.7	6.3
中　　　国	315,675	211,918	73,999	32,577	47,224	12,518	中　　　国	23.4	15.3	14.9	5.9
四　　　国	189,265	125,109	42,405	15,737	27,640	6,942	四　　　国	22.4	12.5	14.6	5.5
九　　　州	459,137	450,571	139,040	91,835	93,817	35,420	九　　　州	30.2	20.3	20.4	7.8
沖　　　縄	27,088	30,323	10,715	8,173	4,225	2,155	沖　　　縄	39.5	26.9	15.5	7.1
全　　　国	3,120,215	3,883,943	7p93,481	627,979	584,272	235,552	全　　　国	25.4	16.1	18.7	6.0

出所：世界農林：出所；世界農林業センサスより筆者作成
注 (1) 借入耕地・貸付耕地：農家割合＝実農家数÷地域別総農家戸数× 100
　 (2) 借入耕地・貸付耕地：面積割合＝面積計÷地域別総耕地面積× 100

らかに所有から利用への転換が現場で進んでいる証拠と言えよう。

　生源寺が自作農主義に別れを告げるべきだと主張するもう一つの要点は、「徹底した利用優位の農地制度の転換は値上がり待ちの資産としての農地保

1.5. 対応に追われる耕作放棄地

表 1-9 総農家による借入耕地と貸付耕地の実数と面積及び農家数と耕地面積に対する割合 (2)

2005(平成 17) 年											
全国農業地域名	地域別総農家戸数	地域別総耕地面積	借入耕地		貸付耕地		全国農業地域名	借入耕地		貸付耕地	
			実農家数	面積計	実農家数	面積計		農家割合	面積割合	農家割合	面積割合
	戸	ha	戸	ha	戸	ha		%	%	%	%
北 海 道	59,108	967,516	22,168	175,791	8,636	36,657	北 海 道	37.5	18.1	14.6	3.7
東 北	463,460	696,222	94,798	113,923	86,739	51,434	東 北	20.4	24.5	18.7	7.3
北 陸	212,324	257,838	66,754	64,634	51,545	25,280	北 陸	31.4	25.0	24.2	9.8
関東・東山	619,960	565,400	142,788	108,422	155,676	63,116	関東・東山	23.0	19.1	25.1	11.1
東 海	306,620	200,268	60,493	39,307	72,495	22,827	東 海	19.7	19.6	23.6	11.3
近 畿	282,296	179,871	68,460	36,843	49,269	13,909	近 畿	24.2	20.4	17.4	7.7
中 国	285,116	186,278	60,948	33,701	44,956	14,136	中 国	21.3	18.0	15.7	7.5
四 国	174,202	110,774	37,238	16,344	26,787	7,334	四 国	21.3	14.7	15.3	6.6
九 州	421,066	417,744	125,222	100,768	93,744	38,151	九 州	29.7	24.1	22.2	9.1
沖 縄	24,014	26,517	9,968	7,953	3,965	2,111	沖 縄	41.5	29.9	16.5	7.9
全 国	2,848,166	3,608,428	688,837	697,582	593,812	274,956	全 国	24.1	19.3	20.8	7.6

2010(平成 22) 年											
全国農業地域名	地域別総農家戸数	地域別総耕地面積	借入耕地		貸付耕地		全国農業地域名	借入耕地		貸付耕地	
			実農家数	面積計	実農家数	面積計		農家割合	面積割合	農家割合	面積割合
	戸	ha	戸	ha	戸	ha		%	%	%	%
北 海 道	51,203	942,368	20,758	185,430	9,011	41,880	北 海 道	40.5	19.6	17.9	4.4
東 北	406,266	627,768	89,023	130,694	107,809	83,929	東 北	21.9	20.8	26.5	13.3
北 陸	175,855	228,968	57,360	69,665	49,996	29,080	北 陸	32.6	30.4	28.4	12.7
関東・東山	566,699	535,739	132,085	125,204	165,701	74,745	関東・東山	23.3	23.3	29.2	13.9
東 海	277,436	187,297	55,106	46,091	77,073	27,191	東 海	19.8	24.6	27.7	14.5
近 畿	255,860	168,941	64,099	40,559	51,149	15,687	近 畿	25.0	24.0	19.9	9.2
中 国	254,410	168,282	56,543	36,791	49,521	18,073	中 国	22.2	21.8	19.4	10.7
四 国	155,440	101,521	35,382	18,539	28,181	8,327	四 国	22.7	18.2	18.1	8.2
九 州	363,232	367,315	110,391	105,729	103,757	51,604	九 州	30.3	28.7	28.5	14.0
沖 縄	21,547	25,414	8,965	7,886	3,530	1,871	沖 縄	41.6	31.0	16.3	7.3
全 国	2,527,948	3,353,619	629,712	766,587	645,728	352,386	全 国	24.9	22.8	24.5	10.5

出所：世界農林：出所；世界農林業センサスより筆者作成
注 (1) 借入耕地・貸付耕地：農家割合＝実農家数÷地域別総農家戸数× 100
　　(2) 借入耕地・貸付耕地：面積割合＝面積計÷地域別総耕地面積× 100

有や投機目的による農地取得を許さない制度への転換」[113] を意味するもので
ある。これまでの農地制度は「所有している者が勝ちと言う状況の中で各地
では無秩序な農地転用」[114] が行われていた。これは耕作放棄や未利用に通じ
るものであるが、こうした実態に何等強制的な手続きなども存在しない中で
農地が荒れ放題の現場になっていた。

　近年ではこれまでにない特徴として、農業を新規に始めたいという農業参
入予備軍の存在や、憩いを求めるために行いたいという小規模農業に対する
希望がある。これらを結び付けるための仲介組織の重要性である。

---

113 前掲、生源寺 p.11。
114 前掲、生源寺 p.11。

第1章　日本の農業制度の整備過程

　現在の耕作放棄地の発生要因の最大のものは、不在村の地主によるものが
統計上からも明らかである。そのため農地を有効に利用しようにも、集落の
外に住む土地所有者とのコミュニケーションが断絶された状態にある。これ
が意味するところは、「現行の所有優位のもとでは農地行政としても打つこ
とができる手段は限られている。農地制度全体を利用優位の制度に転換する
こととあわせて、増加する不在村所有者と意欲ある農業者をつなぐために、
情報処理能力と仲介の権限を備えた組織の確立が一刻の猶予も許されない状
態」[115] の中にある。2004（平成16）年に農林水産省から提示された具体案
では、「所有者・地域等による遊休農地の有効活用や農地を農地として活用
する者の利用の増進・新規参入に加えて、所有者不明農地等において、市町
村が適切な管理を行える仕組みなどの公的主体による対応」[116] が提示され、
これを実行するために「適正に管理すべき遊休農地について、所有者が不明
である場合や、市町村長の措置命令に従わない場合には、市町村長の代執行
が可能になる。これまでの所有権優位の農地制度の運用に対して、農業上の
利用を優先する観点から方向転換をはかる制度改正」[117] として提案されてい
る。

　これまで遊休農地の問題として、耕作放棄地の措置について論じられる部
分が多かったが、実は耕作放棄地などの未利用地が与える外部性によって優
良農地が毀損されかねないという問題が起こっているのであった。

　いずれにせよ、柔軟性を持った制度設計というものが誰からも望まれるも
のであろう。でなければ農地制度の問題が進展を見せることは難しいものと
なる。生源寺が描いている「自作農主義からの決別」は大きな意義があるも
のと考えるべきである。これまで毎回、制度の議論がなされてきたが、一向
に動く気配すら見せなかったのが農地制度である。これからも相当なエネル
ギーを傾けなければ農地制度は動くものではないだろう。しかしここまで農

---

115 前掲、生源寺 p.12。
116 前掲、生源寺 pp.45-46。
117 前掲、生源寺 p.47。

74

1.5. 対応に追われる耕作放棄地

地制度が、度々議論の俎上にのせられた意味を考えなければ，日本にとって
農業の進歩は覚束ない。農地改革後の農地制度は所有権について正面から議
論したとしても動くものではない。それに対して知恵を出し合ってこそ進歩
がある。生源寺の議論は戦後に培ってきた制度に対して異議を申し立てる「現
実的」な提案なのである。

　農業センサスから得られる統計データによっても、全国各地域で「借入耕
地」（借地による農業経営者）の量は増加している。また農村に不在となる
ものが多い「土地持ち非農家」や実質的には農業生産に加わってはいない自
給農家が増加している。現実の進行速度が遥かに速い状況である。そうした
中でも実際に農業の中核となる農家に資源が集中しなければならないのであ
る。「所有と利用の分離」あるいは「自作農主義からの決別」も実践してこ
そ価値のあるものであろう。日本の新しい農業を創造する上で、現実的な「提
案」として記憶に留め置かなければならないだろう。

1.6. 最適な担い手とは誰か

1.6.1. 農業の企業化は可能なのか

日本の農業をこれから発展させることを考えた場合、農地制度が障害となって、新しく農業を志そうとする個人や企業・事業法人の農業への参入に対して、現在の制度が阻害要因であることが再三指摘されてきた。この要因を取り除くことができれば、日本では企業化あるいは、法人化することによって大規模で収益性に優れた農業が可能となるのであろうか。すでにセンサスデータから見ると1995（平成7）年から2010（平成22）年では、全国的に農業法人の経営体数は着実に増加している。集落を基盤とした集落法人、企業による株式会社の形態をとっているものなど様々であるが、現場では農業従事者や後継者が圧倒的に不足している。人手不足の上に農地制度が立ちはだかる現場であるが、着々と法人化の導入へ向かっている。どのような形で法人化が成立しえるのか、理論的基盤について既存研究の整理を行った。その中の指摘として、既存の制度によって作られてきた障壁を乗り越えて、どのような形の「農業経営」を行うことができるのだろうかという点である。

本来であれば、工場の中で完結できるような単調な産業ではない農業こそが、民間事業の想像力を必要とする産業なのであるが、行政が独占的に決めたことを企業に忠実に実施させることのみに主眼が置かれ、実際に現場で行われているのは民間企業が活躍すべき場から排除が行われているのである(黒川2007)。センサスに裏付けされているように、すでに民間企業が農業生産を始動しようとしている現在、「農業・農村地域にこそ民間事業者の創意工夫や競争的な切磋琢磨する環境が必要」[118]なことであり、「民間事業者の競

---

[118]「これまでの農業論は、日本の農地の狭隘さや1戸あたりの農家の規模の零細さが、競争力強化の困難を生み出していると繰り返し述べられ、集落営農や規模の経済を求める地域経営力の

1.6. 最適な担い手とは誰か

争に打ち勝つための努力から農業・農村地域での新しい可能性」[119] に将来への期待が生まれるのである。食料自給率が低いという問題が有りながら、「効率的な農業というよりは政策的に誘導する農業生産をおこない、農業の進化や発展よりも農家への補助金」[120] を中心とした議論が中心となっている。こうしたことによって何が起こっていたのかということである。都市の中心市街地の場合（大型店の進出に関する規制）と同様に「大資本が農業生産地域、農村社会に参入することに関して歯止めをかける制度ばかりが政府によって作られ、結果的に日本の農業関連技術が市場を通じて世界に広がっていくような魅力的な展開を作りだすことができない」[121] という結果を生みだしてきた。

　黒川の指摘は、現在の農村問題や土地利用問題が集落論によって解決できるという錯覚なのではないかと言うものである。集落と農業の経営に関する問題は別のものであり、形態がどのようなものであっても農業の生産を順守するのであれば問題は無いはずである。

　黒川の集落論批判は、「個々の農家では経営的に対応できなくなった諸問題をまず集落として対応しようとする」[122] ことは、「地域コミュニティーを

強化が灌漑排水や土地改良などの、土木技術を中心とした技術政策論によって展開されてきた。」黒川和美、『農業・農村に民間事業者の創意工夫を導入する試みと成功の条件』p.7 農業と経済、昭和堂 [2007]。

119 実際に全国で行われている農業の紹介で「北海道の農家は、個人で大規模な営農をするアメリカ型の農業に近い経営者も生まれている。しかし施設園芸を見ると必ずしも農地の規模が農業経営を安定させているわけではない。大都市近郊の野菜生産者は多くの流通事業者と経営的な協力関係を結び安定的な経営を行うようになってきている。まさに個々の農家経営を企業型に組織化していく、さらには地域の流通事業者と協力していく体制がうまく組み込まれ、流通事業者は地元産品を活用でき、家業型農家は企業的な経営に参加することができるという意味で、生産者は自分の得意な生産物に特化し、安定した作物供給を可能にしている」前掲、黒川 p.7。

120 前掲、黒川 p.8。

121 「日本が周辺アジア諸国とあるいは環太平洋諸国と FTA・EPA を結ぼうとすれば、常にその議論の障害になるのが農業の存在になる。WTO のルールに従って自由な取引環境をアジア経済ブロックのなかで追及しようとするとき、優れた技術は海外に展開することができるし、優れた経験も安全に関するルールも我が国のそれは一目置かれるものであり、多くの場合、優良な生産物は価格問題にならず、国際競争力をもっている。そのため、高価で品質の良い農作物がより多く作付けされ、海外向けに生産される輸出モデルはすでに米を含め、果物などで大きく展開されようとしている。」前掲、黒川 pp.8-9。

122 前掲、黒川 p.8。

第1章 日本の農業制度の整備過程

壊さずに、土地改良区[123]などの努力でこれまで維持してきた灌漑排水施設[124]と組織を上手に資産として継承し、次の世代にサステイナブルに継承」させるためにすべてを集落論に「置き換え」ていて、どうして「全国規模で展開する企業の農業参入」[125]を阻害してしまう原因になるのだろうか、と言うことである。黒川が重視するのは、「（農業にとって）マーケティングを含めて日本のそれぞれの地域の農業が持つ技術力をどのように世界の市場に振り向けていくことができるかという、グローバルな戦略に向けて経営をする経営者の存在」[126]と言うものなのである。

　現状では法的規制として、農業参入や農地所有というものについて、企業が参入することは規制されているが、すでに多くの中山間地域では新しい思考が必要とされている。その形態がどのようなものであろうと既に現場では受け入れられていて、更にその活用がどのように行われるべきかという点に論点が移ろうとしている。すでに時代は農業のための「経営論」に移ろうと

---

123 公共投資による社会資本の形成である土地改良事業を行政に代わって実施する農業者の組織で、農業者の発意により都道府県知事の認可によって設立される。土地改良事業は土地のつながり、水系により一定の地域を受益地とする必要があり、地区内農業者の3分の2の同意によって実施される。土地改良事業によって利益を受ける地区内の農業者は当然に加入し、土地改良区が行う事業に要する経費を負担する。農林水産省「土地改良区・土地改良事業団体連合会について」maff.go.jp/j/nousin/kikaku/dantai/index.html（2016/12/25）。

124 農業生産の基礎となる水利条件を整備（農業用水の確保、農業用水の適期・適量供給、排水改良）し、水利用の安定と合理化を図るとともに、農業生産条件の整備の根幹をなすものであり、圃場整備等の前提となるもので、「農業用排水施設」の新設、管理、廃止、または変更を行う事業。内容としては用排水施設を新設または再編整理し、地域に適した水利、排水システムを確立するために、用水対策としてダム、頭首工、用排水機場、用水路等を、排水対策として排水機場、排水樋門、排水路等の整備を行うもの。農林水産省、「かんがい排水事業」maff.go.jp/j/nousin/mizu/agwater_antei/a_kangai（2016/12/25）。

125「自治体や国に支援を求めることになった場合と優れた農業を応援しようとする全国に広がる多くの投資家を味方につけることを比較しなければならず、後者の方がどれほど農業にとって健全なことなのかという問題認識は従来の農家集落を中心にした農村振興論では展開することができない。（農業に興味を持つ多くの投資家の存在が全国にある）」前掲、黒川 p.8。

126「都市住民は農村に関心を持ち、農村は都市に不足するものを提供し、かつ農村地域が最小の負担でより先端的な技術を民間事業者の創意工夫によって提供されるような環境を作り出すことができるはずである。ここで必要とされるのは、都市と農村の間に立って、その相互の関係を改めて見直し、たがいに依存しあう関係を作り出し、相互にそれぞれの資源を有効活用できるようなマーケティングを実行できる経営能力のある人々が必要であるということになる。」前掲、黒川 pp.11~12。

しているのである。

　すでに農業参入を果たしている企業もある。食品関連企業による農業参入である（盛田 2008、桂 2008）。食品関連企業は農業参入が最も期待されている組織である。実際に行われている企業による農業経営からいくつかの問題点が明らかにされている。

　これまで数度の法改正を経て、貸借や農業法人の要件緩和によって農地取得は自由になってきている。農業参入企業にとっても農地の所有権取得へのこだわりが無いのが実情といえる[127]。現状はそこまで農地制度というものが大きく変わっていることを如実に表している。残された規制緩和は農地の所有権取得のみとなっているが、「資本が固定」されてしまう土地に対する投資を企業は好まないのである。農地にかかわる権利取得規制を大幅に緩和した以上、市場メカニズムの「正常な機能」を担保する制度インフラ整備の必要性が重要視されるようになる。実際に最近起きていることとして、経済取引分野における偽装・不法行為の頻発は、モラルハザードを防ぐシステム構築の必要性が課題であることを示している。農地制度においても問題は同様で実効性のある監視システムが必要なのである。

　現場に焦点を当てるならば、規制が緩和されたと同時に突如として農地の中に目的外の建物が建ったりすることや、中山間地域などでは企業が所有していた農地が荒れたと同時に産業廃棄物の捨て場になるといったことも不安に思われる材料なのである。

　盛田はこれまでの経過から焦点となるものとして、農業という事業がどのような組織形態によって営まれようが、その組織に「経営持続性」が維持されるのかという点を問題点としている[128]。自然の気候や風土の中で農業が営

---

127 2003 年からの構造改革特区の設置によりはじめて一般株式会社の農地借入が法的に認められ、続いてその全国展開に向けて 2005 年に農業経営基盤強化法が改正されたからである。前掲、盛田 p.65。

128 農業の実態において最も難しいのは、「計画的操業が困難であることだろう。本来、収益の源泉でもある土地・施設・機械・雇用などの固定費が経営収益確保の重荷になってしまうことがしばしばである。要するに、操業度確保が難しく、生産要素の効率的利用が達成されないのである。」盛田清秀、『食関連企業による農業参入の実態と展望』p.62 農業と経済、昭和堂 [2007]。

第1章 日本の農業制度の整備過程

まれているため、生産が一定しないという最大の難点を抱えている。それに
よって収益の上昇から生産の拡大へという循環を築くことが難しいことを述
べている。機会費用の問題や農業の低い収益性からの脱却には、高いハード
ルをクリアしなければならない。さらに農産物価格の変動が売り上げ予測を
困難にし、売り上げ計画の達成を阻害し、これが企業経営にとって致命傷と
なることである[129]。

　盛田はすでに農業参入している2社の事例から分析を行っている。K社[130]
とW社[131]の事例であるが、この2社は食品製造あるいは外食を事業の中核
としている企業であり、参入のハードルも低く直接生産物を自社使用するた
め、企業の農業参入としては良い組み合わせと言えるものである。両社とも
すでに事業展開を行っているが、結果としては良好と言えるものではない。
原因はK社の場合は高額な初期投資（水耕栽培の装置に30億円）が必要で
あり、W社の場合は事業開始の段階で優良農地の確保が十分ではなかったよ
うである。

---

129 前掲、盛田 p.62。
130 K社は1899（明治32）年創業の食品メーカーで調味料や保存食品を中心に業績を伸ばして
　　きている。企業理念は「自然を、おいしく、楽しく」（メーカーHPより）。K社はなかで
　　も食品関連では大手企業である。K社は1997（平成9）年から事業分野別にビジネス・ユニッ
　　ト（BU）を置き、生鮮野菜BUを立ち上げた。生鮮野菜BUの売り上げは55.8億で、K社の売
　　上高の3%まで成長している。規模は連結子会社及び持分法適用会社合せて4社を含む主要8農
　　場に加え比較的小規模な契約農場から調達した生食用トマトを量販店主体に販売し、一部を外食
　　チェーン、惣菜業者に提供するものである。経営面積は32.4ha、売上額17億である。K社の
　　トマト生産は採算ラインに乗りやすいものと考えられていた。販売面で既存の流通チャンネルを
　　持っていたため有利であると考えられていた。ところが現状では施設面での初期投資が大きく採
　　算ライン（2007（平成19）年3月で15.5億の赤字計上）からはまだほど遠いようである。前掲、
　　盛田 pp.66~67。
131 W社は中核企業として大衆居酒屋を中心とする企業で、居酒屋のメニューに無農薬野菜の利
　　用を取り込もうとして、直接栽培に参入している。W社は1984年の創業で、2006（平成18）
　　年に持株会社に移行し、傘下に外食、介護、教育及び農業分野の事業会社を擁している。農業参
　　入の目的は「食料自給率の向上」「日本の農地を守る」こととしている。農業への関与は、2002
　　（平成14）年に子会社を設立し、千葉県に第一農場を開設している。畜産物を含めて有機生産を
　　重視している。2007（平成19）年4月時点で、子会社3社が全国8か所の農場を運営し、合計
　　495.5haを経営している。W社の農業参入は基本的にグループ内での食材供給を目的としている。
　　そのため一般的な採算の計り方はできないが、中古機械等の利用でコスト削減の努力がなされて
　　いるが、収益性の分析を慎重にしなければならない。前掲、盛田 pp.67~68。

80

1.6. 最適な担い手とは誰か

　つまり「企業化がすべてを解決できるのか」というと、疑問と言わざるを
得ない点が多数存在しているのである。

　盛田は農業に参入する企業が、真剣に取り組もうといった場合に直面する
課題は、すでに農地制度ではない[132]、と言うことなのである（盛田2014）。
この主張の根底は、「家族経営（個人の農家）よりも企業経営の方が効率的
であり競争力に優れているという思い込みに近い『神話』の存在」[133]がある
こと指摘している。具体的には経営手法として、「企業の農業参入と日本農
業の競争力強化を唱えるマスメディアなどの主張は、競争構造と競争条件な
らびに競争メカニズムは製造業など非農業と農業の間では何ら異なるもので
はない、したがって容易に『生産性に劣る』家族経営は企業経営に駆逐され、
競争に勝ち抜いた企業経営が日本農業の生産性を高めるだろう」[134]という
思惑に基づいたものなのである。ところが世界的には農業経営は家族経営が
主流であり、「企業経営に対する家族経営の経営的安定性や競争優位があり、
日常の経営競争における比較優位が存在するのであれば家族経営は企業経営
との競争に生き残る」[135]と言うことなのである。これを裏付けているのは、
農業生産に特有な点として「家族労働力の使用が相対的に有利」[136]なことを
挙げていて、その理由として農業は日々の作業に不断の注意が必要であり季
節性に絶えず対処しなければならなく、それを柔軟にこなす家族労働が不測
の事態にも対処できて農業にとって最も適していることなのである[137]。

　「農業の競争における家族経営優位」と言える状況は決して見過ごしては
ならないことなのである。食品関連企業などを中心として現場参入を果たし
ている企業がある中で、未だに答えが簡単に出ないのが、経営形態として何

---

132 農地制度の検討は、思い込みやイデオロギーによるものではなく、その実効性の判断を踏まえ
　　て行うものである。盛田清秀、『農業経営の規模と企業形態　農業経営における基本問題』「農業
　　経営学における企業形態論の展開」pp.143 農林統計出版 [2014]。
133 前掲、盛田 p.143。
134 前掲、盛田 p.144。
135 前掲、盛田 p.147。
136 前掲、盛田 p.147。
137 前掲、盛田 p.150。

第 1 章　日本の農業制度の整備過程

が最適であるかという、農業の根本的な問題である。これに対する答えは当分先になるだろう。

　企業の農業参入にとって、盛田は農地制度よりも経営手法の問題に着目したが、農業参入に対して最初に行う農地集積が事業上のネックになることが語られている（桂 2008）。地域の農家は一般的に農地の貸し付けに際しては、「借り手が誰か、貸した後にきちんと耕作してくれるか」[138]、この点を非常に気にするものなのである。農家にとっては、先祖代々の農地に対する伝統的な感覚がいまだに深く残っている。集落の中で生きてきた農家にとっては、農地が地域公共財として機能してきたからである。農業参入を目指す企業にとっては、地域でどれだけの農地を得ることができるかと言うことが、全く見当のつかない障害になっている。これまで食品関連の企業ならば地域でもウィン・ウィンの関係であるはずが[139]、実際にはこの点が難点であり、多くの企業もこの点に最も時間をかけている。個人の大規模農家も耕地拡大して大規模化に成功している場合は、「時間をかけて地域での信頼関係を醸成」していることがポイントになっている。企業にとっても同じことで、時間をかけてともに「地域を守って行く構成員」であることを、地権者だけでなく地域全体に理解してもらう努力が必要になる。単に耕作をするだけでなく「経営者の顔」が見えることが重要なポイントなのである。地域でのことは従業員任せにするのではなく、担当の役職者が集落事業に参加することが心がけとして必要とされていることである。集落の農業用の用排水路の清掃や道普請などの共同作業も同様な対処が必要なのである。

　農業の基本は広い面積の土地を地域で使用すると言うことだろう。それを使用するのであれば、個人の農家あるいは企業であろうと、地域の一員としての作法が必要になる。この思考がなければ農業を行うことが難しいことを企業化の問題は突きつけているだろう。

---

138 桂　明宏、『一般企業の農業参入は成功するか』pp.71-77 農業と経済、昭和堂 [2007]。
139 農業の担い手不足地帯においては、地域農業の立て直しと遊休地解消に企業の手を借りたいという切実さが伝わってくる。前掲、桂 p.72。

現状の企業参入の実態と成功の条件について事例から分析を試みて見よう。黒川が言うように、日本の農業は様々な先端技術を持っていて、技術移転またはその活用で価格競争にも負けないノウハウはある。それをどう活用するかである。これまでのように規制に守られるのではなく、優れた技術を海外に輸出することによって海外で一目置かれる存在になる。こうしたことのできる経営者の登場で企業の農業参入は可能となる。では参入した企業は、成功を得たのだろうか。現状において農村の集落、あるいはそこにある様々な関係（集落事業など）を最優先させなければならず、基本的に現状では（農地集積などは）難しいといえる。K社のような食品関連企業であっても、施設等の初期投資の回収には困難があるようである。個人または企業を問わず、新規に農業参入の機会を増やすことが可能となったことが、現状で獲得できた最大の収穫と考えられる。

1.6.2. 法人化導入と効果

現在、全国で稼働している法人化された農業経営体数は、1万件を超えていて年々増加の傾向で、集落営農に基づく農事組合法人や株式会社化された法人は増加の一途である。こうした事業体による農業参入は、個人を基礎とした家族経営の農業に対して、今後は企業化された経営手法や事業体のあり方について、農業に携わる者が考えて行かなければならないことである。歴史的には新しい、全国で行われている企業経営による農業の実情について、どのような効果と問題点が指摘されているか、事例から明らかにしよう。

法人化が叫びだされてきた背景を探ると、これまで農家という個人経営による事業者が、家業として家族を組織した上で生業として行う農業が日本では農家であり、農家の営むものを農業として認識してきた。農業を取り巻く経営環境は年々厳しさを増し、担い手不足の深刻化を受けて、資本力があり機械化や人員を受け入れる余裕がある法人化への期待から、株式会社などの企業へ向かうようになっている。しかし農業が法人化を難しくしている点は、集落という単位を外して考えることのできない産業であり、集落という単位

第1章　日本の農業制度の整備過程

表1-10　種類別法人組織数の推移

	1970年 (昭和45年)	1975年 (昭和50年)	1980年 (昭和55年)	1985年 (昭和60年)	1990年 (平成2年)	1995年 (平成7年)	2000年 (平成12年)	2005年 (平成17年)	2010年 (平成22年)
家族経営体数	540.2	495.3	466.1	437.6	297.1	265.1	233.7	196.3	163.1
農業組合法人	1,144	856	1,157	1,324	1,626	1,335	1,496	1,782	3,056
有限会社	1,569	2,007	2,001	1,825	2,167	2,797	3,366	5,961	6,907
株式会社								120	1,696
合名・合資	27	16	21	19	23	18	27	41	170

出所：農林水産省、農業生産法人の農業参入について2015（平成27）年、世界農林業センサスをもとに資料作成がされている、
　　　筆者により作成。
注 (1) 単位は家族経営体数は万戸、その他は戸。
　　(2)1985(昭和60)年までは、総農家、1990(平成2)年からは販売農家。

が持つ力をどれだけ維持しながら発展させることができるかと言うことがこ
れまでの課題であった[140]。ことさら集落という単位が注目されているのは、
農家における農業従事者の不足（担い手や継承者の不在）によって集落の維
持に困難な状況がもたらされていることはこれまで述べてきた通りである。
集落営農と言うものは、地域が衰退して何とか地域を守ろうとする最後の手
段なのである（安藤2007）。法人化を図る場合の基本である集落営農は、「利
潤追求という資本家的企業の行動原理」[141]がそのまま当てはまるものではな
い。集落は全て性格が異なっていることから難しい存在なのである[142]。

　法人化の場合、一般的には株式会社を想像するところであるが、農村では
それぞれの地域に根差した慣行の理解が重要な点である。そのために集落が
ベースとなり、営利目的のみではなく共同の生活組織として集落があるため
運営管理が難しいものになっている[143]。集落営農を成功させることができる

---

140 集落における活動は、①転作田の団地化　②共同購入した機械の共同利用　③担い手が中心と
　なって取り組む生産から販売までの共同化等、地域の実情に応じて形態や取り組み内容などは多
　様なものである。前掲、食料・農業・農村白書2008年「用語解説」。
141 安藤光義、『「担い手枯渇地域」か「担い手展開地域」か集落営農それぞれの運営の在り方』p.5、
　21世紀の日本を考える　自然と人間を結ぶ、農文協 [2007]。
142 全国の農業集落、特に中山間地域では農業の担い手が不在の地域が多く、「担い手枯渇地域」
　と「担い手展開地域」では農業集落の可能性が異なってくるというのである。「担い手枯渇地域」
　は地域社会全体がベースと言う点が最大の特徴で、担い手不在であるがゆえに危機意識を共有し
　ているが、他産業並みの農業所得を得ている農業者がいないというのが地域の実態である。「担
　い手展開地域」は担い手農家の経営面積が集落内で抜きんでているため、集落が地域の危機意識
　の共有の場として機能しないという問題がある。「担い手枯渇地域」は教科書通りの想定ですむが、
　「担い手展開地域」は難しい応用問題である。前掲、安藤 pp.5-6。
143「むらの論理」と「経営の論理」の対抗関係として内部では軋轢をはらんでいる。地域管理と

1.6. 最適な担い手とは誰か

かどうかという点であるが、難題を解決するリーダーが集落内に不可欠なのである。

　集落営農は地域を守るという前提であるため、地域全体を一つの営農組織としているところも多く、まさに「むらの論理」が優先されている。その場合リーダーの存在が言及されているが、集落、特に農山村での法人化は地域の救世主となる特効薬ではないことを自覚しなければならない。2010（平成22）年の統計調査上では、全国で農事組合法人[144]は3,056法人が結成されている。法人化は決してすべてを解決できるものではない。集落営農が法人化されれば様々な制度的要件[145]はクリアされるが、管理運営や経営継承などの問題はそのまま継続されることになる。地域社会なくして存立しえない集落営農を経営政策の範囲内でのみ考えることは不可能と言うべきものであろう。

　日本の中では最も中山間地域の問題が凝縮された地域である広島県で、集落営農として農事組合法人を組織化した事例が（吉弘2007）である。

　中国地方の中心地である広島県は、全国的に見て過疎化・高齢化と何よりも担い手不足による遊休農地と耕作放棄地が増大している地域である。集落そのものが消滅の危機を迎えようとしている地域が、東北地方などと比較して、遥かに多いという実態を持つ地域である。75%が中山間地域で典型的な経営規模的に零細性のある地域で、1農家当たりの耕地面積の平均が0.82ha

---

利益の創出の二つを考えなければならず、最終的には地域を守るという点をよりどころとしている。前掲、安藤 pp.6~8。

144 農地等の権利を取得できる法人で、法人形態要件、事業要件、構成員要件、役員要件のすべてを満たす法人。法人数は農業センサスより。

145 品目横断的経営安定対策（これまで作物ごとに講じてきた全ての農家を対象とした価格政策を見直し、意欲と能力のある担い手に対象を絞り、経営全体に着目した政策に転換を行った。支援内容は ①諸外国との生産条件格差から生じる不利を補正するための補てんで、品目は麦・大豆・てん菜・でんぷん原料用ばれいしょ ②収入の減少の影響を緩和するための補てんで、品目は米・麦・大豆・てん菜・でんぷん原料用ばれいしょ）によって、日本の農業の構造改革を加速化することと、農業政策体系を国際基準にも対応し得るようにすることを目的に、2007年産からスタートした水田農業をはじめ土地利用型農業（稲作など広大な面積の土地を利用するもの）を対象とした対策。前掲、食料・農業・農村白書2008年。

第 1 章　日本の農業制度の整備過程

表 1-11　農事組合法人と株式会社法人の比較

農事組合法人 O	組織名	株式会社 W
2005(平成 17) 年	設立	2007(平成 19) 年
広島県	所在地	山形県
農事組合法人	組織形態	株式会社
世帯数 236 戸、人口 681 人、農家戸数 167 戸、総耕地面積 127ha	地域状況	世帯数 92 戸、人口 345 人、農家戸数 60 戸、総耕地面積 108.2ha
13 集落	組織集落数	3 集落
128 戸	組織戸数	31 戸
82ha	集積面積	44.5ha
出資金は 1 農家 1 万円に加えて 10a 当たり万円で出資総額は 953 万 4 千円。	資本金	資本金 300 万円
発起人 20 名	役員	取締役 5 名、監査役 2 名、常時従業者を 1 名雇用
1 人 1 票の議決による合議制	運営	取締役会と株主総会
「むらの理論」	組織背景	「経営の論理」

本文より筆者作成

（全国平均 1.23ha）で、高齢化率は 75% に達している[146]。O 地域に設立されたのが「ファーム O」である。当時、村役場が地域農家への全員アンケートを行った結果、総農家 167 戸のうち 5 年後に農業をやめると答えた方が 42%、10 年後にやめるという答えが 64% であり、地域農業はすでに崩壊が目前のところまできている状況であった。この事態に、地域の 13 集落で集落法人化[147]が図られ、総農家戸数の 80% 近くに当たる 128 戸の参加があった。集積面積は 82ha で県内最大の集落法人となった。集落法人の結成に際して、農家の関心が集中するのは農地問題であり、これを解決するために話し合いはすべて農業委員会の主催として、農家の不安を取り除いた。2005（平成 17）年には「農事組合法人ファーム・O」が設立されて現在に至っている[148]。

　集落を構成している農家にとって一番心配になるのは自分の「農地の行方」に関心が集まる。集落の法人化によって組織による農地利用の集積が促進さ

---

146 吉弘昌昭、『多様な労働力が活きる集落法人化が急務』pp.31-32、21 世紀の日本を考える
　自然と人間を結ぶ、農文協 [2007]。
147 集落法人の特徴は「法人格を有するため経営上、徹底した経営管理による金融機関や取引先への信用力の向上。定年退職者の多様な能力・ノウハウを持つ人材の確保。税制上の有利性があり、制度資金の融資枠が大きく農業投資がしやすくなる」などのメリットがある。前掲、吉弘 p.33。
148 前掲、吉弘 pp.38~39。

れ、集落全ての農地も集積することが可能となり（連担化）、小規模に分散していた農地利用の問題が解決でき大規模化を可能とすることもメリットである。ここでは集落という「むらの論理」に支えられて法人が成り立っていると言えるのである。

　集落の中において株式会社としての組織化を図られた事例である。農事組合法人と株式会社は集落の法人化ではシェアを分け合っている。（阿曽2007）の事例は、山形県の中山間地域の集落での法人化であるが、株式会社化によって立ち上げられた事例である。「株式会社W」が集落で組織化された背景は、集落内に中山間地域直接支払制度の対象となっている地域がすでにあり、この上に集落営農組織として株式会社Wが組織された。情況的には全国の中山間地域と同様な問題（高齢化と担い手不足）が集落内にあった。最終的に株式会社が選択された経過は、「農事組合法人の問題点として、①農業以外の事業ができないこと ②一人一票ずつの議決権を持つため意見集約が困難なこと ③農業者年金の受給ができなくなること」[149]が挙げられていて、株式会社はその点が簡単な手続きで行えると言うものである。株式会社化の場合は組織運営の目的が「収益確保」に貫かれている点にあるだろう。集落での法人化は、地域集落の活性化あるいは人口減少に歯止めをかけることを第一の目的としているため、地域社会の要請というものが上位に位置づけられ、「むらの理論」が優先されて、「経営の理論」は忘れ去られてしまうことがしばしばあった。株式会社化した場合は、組織運営の柱として「収益性」が明確化され、地域の働き手も「雇用」という形で行うため、組織にスムーズに入れることができる。従業員の雇用も組織的に行うことが可能となることを挙げている。実際に株式会社Wには常時従業者が雇用されている。問題が無いわけではない。株式会社であるため株主ではあっても直接組織運営を行うのは会社役員であり、集落からいったん切り離されてしまい参加の

---

149 阿曽千一、『冬期間の収入確保も考え山間地域に株式会社を立ち上げる』p.75、21世紀の日本を考える　自然と人間を結ぶ、農文協 [2007]。

意義が薄れてしまうことも危惧されている[150]。それでも株式会社化へ向かうのは、株式会社におけるシンプルなイシュとして、株主に対する「利益還元」と「収益性」という点が鮮明に描き出されることである。また、株式会社化してある場合、継承問題が起こっても継承に関する書類等の手続きや届け出が簡単に行えることが利点である[151]。

　農山村は自然環境や人間の顔が集落ごとによってすべて違った要素を持っているため、全国一律での政策によって解決されるものではない。集落の慣行も農村集落ごとにすべて異なったものである。現在、成功している事例は、基本的には集落の機能を上手く引き出した組織化が図られている法人化であろう。

1.6.3.　考察 – 最適な担い手の構築

　日本の終戦後の農業政策は農地改革を源流としたものである。様々な問題を当時より抱えながら、高度経済成長を成功させた日本を側面から強力に支えてきた。しかし内実を見ると、「経営の脆弱性」が指摘され、小規模農家の兼業化などによる農業経営の低下は現在も継続し、これからの日本の農業政策を困難なものとしている。

　農地制度の問題は依然として残ったままであるが、政策としての方向性は明らかである。それが「所有と利用の分離」から貸借の促進による集積を目指す方向である。原田はこれについて「危険性（企業による投機）があったとしても利用優位」に改めることを提唱し、生源寺はさらに「自作農主義からの決別」を主張している。現在、日本の農業の現場の担い手について「形態」

---

150 集落での座談会において「集落営農に農地を預けると、地権者は農業にたずさわることはできないのか」というものであった。・・・・・専従者によって水稲や転作の作業を請け負うことを考えていた。事実上、農業を生きがいとする地権者から農地を取り上げてしまうことになるのですが後継者のいない現状、高齢化が進む集落、機械維持費の削減、機械の老朽化等の問題を説明し、集落営農としては「共同化・効率化を推進する」旨を告げざるを得ない。前掲、阿曽 pp.73~74。

151 株式会社を最終的に選択した理由として次の4点を挙げている。①経営責任と権限の明確化・機動性の確保 ②正規の利用収益権の設定 ③専従者・後継者の確保と労働条件の整備 ④農業生産法人であり、かつ株式会社とすることにより農業以外の分野に進出・冬期間の収入源の確保・従業員の年間雇用。前掲、阿曽 pp.74~75。

1.6. 最適な担い手とは誰か

をゆっくり議論している時間的なゆとりは無いのである。実際にセンサスの
ごとに農地流動化が図られている。難問なのは、地方都市を中心にして中山
間地域や離島などでは、農業の担い手と共に地域の担い手が減少し続けてい
ることである。これは小田切が中国地方の調査をもとに、中山間地域の疲弊
した実態を明らかにしている。

　中山間地域や離島地域の特徴は経済的に脆弱であることが指摘されるが、
そもそも規模の小さい経済の中で営まれてきた地域であり、考えなければな
らないのは地域の状況をとらえて身の丈に合った運営をすることである。盛
田などの主張のように、規模だけでは経済力の力強さが測れるものではない
という結論も出されている。限界集落と言われながらも生き続けて、中山間
地域や離島は一面では力強さも身に着けているのである。

　小規模であっても農村が力強さを持っているのは、一つには集落を単位と
した地域の共同での生活慣行が指摘されている。現在、農村での法人化の動
きが活発であるが、形態としては農事組合法人と株式会社が地域を二分する
形になっているが、その源流は集落が持っている機能として、生活の共同慣
行を利用するものである。

　ここで重要な点として、集落機能の慣行を利用することの利点が取り上げ
られているが、既に現場では集落機能が崩壊をしている現場が多く存在して
いると言うことである[152]。集落機能は一面では日本に根付く特徴として取り
上げられているが、集落論が追及されるほど新しい事業や企業の参入の妨げ
になっている。これは乗り越えて行かなければならないものであり、集落機
能だけではなく農業参入を目指すすべての人々が取り組み可能な新しい「機
能」の創出にあるだろう。黒川の言う「集落を守るということが企業の進出
を拒むことにはならない」というのがまさにこのことである。

　最終的に農業の現場を守る担い手対策についての方向性である。日本人の
「こだわりの部分」であった、農業は農家を単位としたものが日本の農業経

---

152 前掲、安藤『「担い手枯渇地域」か「担い手展開地域」か集落営農それぞれの運営の在り方』。

営の主流であった。現在では農業を主体的に取り組もうとする人々に対して解放されている。これまでになかった存在として、小規模農業を主体的に取り組む都市からの移住者や環境問題に関わる者などが出現している。部分的なものであるが、NPO などの民間組織も中山間地域での「多面的機能」の取り組みに関して、グリーンツーリズムなども開始されている。

　農業は地域政策にとって絶えず重要な問題として検討されなければならない。農業は地域全体を利用する宿命を負っているため、農業を解決することが集落の過疎化や高齢化を解決することが可能となり、地域経済を活性化させるための礎となるものである。

　日本では農地改革当時から指摘されるように、農業政策というよりも社会政策や厚生政策に偏って行われてきた。それが典型的に表れているのが農業の持つ生産性と同等規模の補助金が使われてきている（GDP と同等規模の土地改良や生産費補助が行われている）。戦後の政治体制の補完物としての農村政策として行われてきた部分である。日本にとって、今後、永久にこの政策を続けることが国民生活にとって効用を生むものではない。新しい思考はすでに集落機能の新しい構築を開始しながら進むものであろう。その一環として資金調達も図られてゆくべきものである。税制度も新しく考案する必要が今後は検討されるだろう。新しい担い手の登場はこうした問題の解決とともに登場することになるだろう。

第 2 章

戦後沖縄の復興と
農業制度の整備過程

2.1. 沖縄現代史のはじまり

終戦を契機として行われた農地改革は、戦前までの日本の農業の根幹をなしていた小作農制から自作農制へ180度転換させることに成功した。

同じ日本でありながら事情が異なるのが沖縄である。本土では、終戦から約4年間という時間的な制約の中で、農地改革の全体を終了させている。法案の成立からは実に2年間という短い期間に、戦後の一大プロジェクトである農地改革の全体を無事に終えている。本土が経験した農地改革の期間に、沖縄はどのような体験をしていたのだろうか。

本書では米施政下で行われた土地政策の推移の中から、農地政策上の問題点を中心に展開する。本土で行われた農地改革に対して、沖縄で施行された諸政策について、アメリカの担当者がどのように農地政策を考えていたか、農地改革が行われた本土の状況との相違について検討しながら言及するものである。もう一つ注目する点は、沖縄は本島を中心とした島嶼の地域であるが、本島地域と離島地域ではさらに異なる様子を見せている。その基本となった政策とはどのようなものであったか、この点も着目すべき点と考えられる。

本土においては、農地改革によって当時解決できたことや、残された課題の処理が現在も行われている。沖縄では農地改革の不存在によってどのような政策が行われたのか。本土との制度・政策の違いが「本土復帰を挟んだ時期」や、「復帰を果たした後」にどのような事態を迎え、現在どのような影響が残されているのかについて論じるものである。

2.1.1. 終戦後の混乱

沖縄の戦後とはどのように始まったのだろうか。

米軍が沖縄戦後に最初に行ったものが基地建設であるが、本来、この土地

2.1. 沖縄現代史のはじまり

は平坦な最も農業に適した農地であったが、米軍が接収して基地建設が行われた。終戦後の沖縄は米施政下で 27 年間を過ごし、基地があることによる経済的な恩恵の部分、基地があることによる様々な事件・事故の発生が交錯しているのが沖縄県である。

　戦争終結から 7 年後の 1952（昭和 27）年、米国施政下で琉球政府[1]が創立された。これより本格的に琉球政府としての施策が始まる。琉球政府発足までは沖縄群島、宮古群島、八重山群島にそれぞれの群島政府が置かれていたが、琉球政府発足とともに各群島政府は廃止されている。琉球政府発足以降の沖縄県は、基地を最優先とする基地経済に依存しながら、一方では限定された範囲の住民自治が許容されるという形態で行われてきた。絶えず二面性を持つ政策が行われてきた。基本的に地元住民の日常活動は大幅な制限を受け米側高官の発言として「ネコの許す範囲でしかネズミは遊べない」[2]と言わせたのである。

1　米国統治下で全琉球列島を統括した沖縄住民側の中央政府（Government of Ryukyu Island）。1952（昭和 27）年 4 月 1 日、米国民政府布告第 13 号「琉球政府の設立」（1952 年 2 月 29 日）に基づき、施政権者である米国政府の出先機関「米国民政府」の基に創立された。発足時は、行政主席官房・行政主席情報局・総務局など 1 房 13 局 81 課のほか、人事委員会・中央選挙委員会・中央教育委員会の 3 委員会が設置され、同年 9 月には、奄美・宮古・八重山にそれぞれ同政府の地方庁（のち支庁）が置かれた。戦後の沖縄における住民側の自治機構は、沖縄諮詢会→民政府（奄美・沖縄・宮古・八重山）→群島政府など幾多の変遷をへたが、同政府の設立により、ようやく立法（立法院）・行政（行政主席）・司法（琉球上訴裁判所）の 3 機関を備えた自治機構となり、72 年の日本復帰まで存続した。琉球政府の権限については＜琉球における政治の全権を行うことができる＞とされていたが、あくまでも＜琉球列島米国民政府の布告、布令及び指令に従う＞という条件が付されていた（同布告 2 条但し書き）。さらに同 7 条では、＜民政副長官は必要な場合には、琉球政府とその他の行政団体又はその代行機関により制定された法令規則の施行を拒否し、禁止し、又は停止し自ら適当と認める法令規則の公布を命じ及び琉球における全権限の一部又は全部を自ら行使する＞と規定していた。そのため立法院議員が公選された以外は、行政主席・琉球上訴裁判所判事とも民政副長官の任命に委ねられていた。政府と呼ばれても、外交事務を行う権限はなく、国際法上は国家を代表する政府ではなかった。しかし、三権が分立し、司法権を行使していたことなど、国家的作用もかなりの範囲で認められていたため、都道府県のような地方公共団体とも異なった性質を有していた。1972（昭和 47）年の日本復帰により廃止され、新たに沖縄県としてスタートした。沖縄大百科事典、下巻 p.890。

2　軍政府政治部長ワトキンス少佐の言葉として「しばらくの間はネコを怒らさないように忍耐強く民の力を養うような努力をするよう要望するということであったが、ネコはいつでもネズミを取って食べてしまうことができるぞ、だから言うことを聞けという風に伝わった」『師父　志喜屋孝信』志喜屋孝信先生の思い出 pp.43-45。

93

第 2 章　戦後沖縄の復興と農業制度の整備過程

　本土復帰後、日本政府が行った政策は、本土との格差是正をするための沖縄振興開発事業の推進で、土木工事や公共施設などの建設を中心とする公共事業による公共投資であり、これによって生活・産業基盤の整備を図るものであった。また、亜熱帯の自然条件を活かしたリゾート開発が民間資本によって展開されたため、日本有数のリゾート拠点が出現する結果となった[3]。1975（昭和 50）年の沖縄国際海洋博覧会が一つのピークであったが、海洋博は来場者数が予定数を大幅に下回り、失敗に終わり観光業や建設業を中心に「海洋博不況」という結果となっている。

　その後に残ったものを検証すると、集中的な振興事業は生活水準の一定の向上をもたらし、これまでの伝統文化から新しい文化創造などが活発になった。一方で、開発の進展によって自然・生活環境の破壊や変容をもたらした。公共事業などへの依存体質ができあがることによって、「自立した経済」の確立から大きく遅れてしまったのが沖縄である。

　27 年間に及ぶ米施政下での沖縄は自立した政策を行うことは不可能であった。その下で、沖縄の農村などではどのような日常が行われていたのか、あるいは農業の基本となる農地制度はどのような状況にあったのだろうか。本土でも農村は問題を抱えていたが、沖縄の農村の様子とはどのようなものであったか、その点から明らかにしよう。

2.1.2.　戦前の沖縄農村

　戦前の本土の農村は、昭和初期に発生した金融恐慌[4]以来、農村の生活は極端な打撃を受ける形で営まれた。一部地域で凶作が重なり、農村の生活が成り立たなくなった。その状況から脱出するため、農村地域では小作の解放

---

3 日本歴史大事典、第 1 巻 pp.501-502。
4 第一次世界大戦後の好況から一転する形で関東大震災が発生し、震災処理のために発行された震災手形が不良債権化して、そのダメージが中小金融機関の経営を悪化させ、社会的に金融不安が生じていた。1927（昭和 2）年 3 月の衆議院での片岡蔵相の失言をきっかけに金融不安が表面化して中小銀行への取り付け騒ぎが発生した。この結果、4 月に鈴木商店が倒産し、その煽りを受けて台湾銀行が休業に追い込まれた。蔵相高橋是清によって金融不安は終息した。日本歴史大事典、第 1 巻 p.959。

2.1. 沖縄現代史のはじまり

運動が組織的に動き出した。

当時の沖縄の農村の状況を検討しよう。沖縄も状況は本土と何ら変わらず、地元の識者たちによって困窮している農村地域の社会改革と農地制度に対する変革が要望された。本土と同様に金融恐慌の影響を受け、「一時高騰した砂糖の価格は第一次世界大戦の終息後、景気の波が後退すると、砂糖価格が暴落し砂糖に依存していた農民の現金収入は途絶」[5]という状況であった。本土の農業の中心は米作りで沖縄の場合はサトウキビであり、耕作面積を必要とする土地利用型の作物が中心であった。戦前の沖縄の状況について、1929（昭和4）年に出版された「沖縄救済論集」[6]では当時の様子を次のように記している。

「本縣の耕地面積は明治三十六年の四萬九千三百徐町歩から大正十二年には六萬三千九百徐町歩に増加したが耕地の擴張した割に生産が増加したかは疑問である、少なくとも甘蔗に於いては作付別の擴張と收穫高とが甚だしく釣合を失してゐる、即ち作付反別は大正二年の一萬一千六百徐町歩に對し現在一萬八千町歩内外に達し、六割近くの擴張を示してゐるが、收穫に於いては殆ど増加の跡がない、之は荒無地を開墾して、甘蔗作に充てた結果もあるべく、手入の不十分な點もあるに相違ないが、同時に甘蔗の品種が漸次退化した跡はないか、何れにしても品種の改善と灌漑設備の普及によって反當り收量の増加を計る必要のあることと其餘地の大なることは否まれない、今一つは民力の疲弊に伴って施肥の減退した點から見ると耕地の改良、施肥の増施などに付ても適當な指導的施設を考慮すべきであろう。」

「本縣は耕地が狭い、農家の一戸當たり耕地面積が他府縣の六割八分しか

---

5 『沖縄県農林水産行政史第3巻』　農政編 [1989] 第三部農地　仲地宗俊 pp.247~248。

6 「沖縄救済論集」は1929（昭和4）年に湧上聾人の編集によって当時の沖縄県の識者たちの見解を集めたものであるが、政界・経済界・言論界・教育界などからそれぞれの立場が述べられたものである（1969年に復刻版が出版されている）。後に沖縄民政府初代知事志喜屋孝信も執筆者の一人である。

第 2 章　戦後沖縄の復興と農業制度の整備過程

ないから、耕地の擴張も必要であるが、同時に耕地の利用價値を増進する
事にウント力を注ぐ必要がある、此努力を怠ると民力の疲弊に伴って益々
収穫率の減少を來たす恐れがある、又た之を局部的に見ると、宮古八重山
の如きは殆ど施肥の觀念なく純然たる鯨奪農業をやつゐるから此方面に對
しては特に農業上の指導奬勵機關を設ける必要がありはせぬか、例えば農
業試驗場の分場を設置して同地方に於ける農業の改良發達を計る事も第二
次施設の一事項として考慮せらる可きものであると思ふ之は局部の例であ
るが、試驗場と縣郡村農會が總動員的に活動して全般的に土地の改良と農
産物の増収を目的とする指導的施設の普及徹底を計る所がなければなら
ぬ。」

（原文のママ、當眞嗣合[7]「第二次救濟案」　湧上聾人編『沖縄救済論集』収蔵
pp.198~200））

　当時の沖縄で行われていた耕地開拓の記録である。土地改良の導入によっ
て新たな耕地開拓が行われ、耕地面積の増加は図られているが、それでも他
の府県と比較すると一戸当たりの耕地面積が非常に狭小であることが述べら
れている。戦後の農地改革によって本土で作られた自作農が、耕地面積では
1ha 未満が 70% を超えるような状況であったが、戦前にはさらに狭小な面
積であった訳で、なおかつ沖縄では一戸当たりの耕地面積が本土の府県との
比較で、本土の耕地の「六割八分」の平均面積で当時の農業が営まれていた。
　そして問題となるのが、絶望的に低い当時の生産性である。甘藷を主作物
として行われていた当時の沖縄であるが、耕地面積は全体で明治から大正に
かけて 21 年間に約 30% の増加を果たしている。甘藷の作付では耕地面積
で約 60% の増加が行われている。にもかかわらず収穫では増収が無かった。

---

7 當眞嗣合は当時の沖縄朝日新聞社の社主である。當眞は沖縄救済論の中で、本島全般のインフラ
　建設の促進の必要性を説き、なかでも当時の沖縄経済の根幹をなしていた砂糖について免税にす
　るよう訴えている。沖縄が孤島と言う立地にあり交通と通信のインフラの建設促進が重要である
　ことも述べている。当時の本島では三つの鉄道が引かれていたがその鉄道の延長についても言及
　している。

2.1. 沖縄現代史のはじまり

原因は施肥を行うなどの技術的な指導が不十分であったことが指摘されている。沖縄で行われていた農業の手法とは、「鍬とヘラが主体となす単純な段階にとどまり生産力は極めて低い水準にあった。作物の構成では甘藷が耕地面積の約半分を占め、次いでサトウキビが二割近くを占め、残りを水稲、麦類、大豆などが占める。サトウキビ生産農家は単にサトウキビを栽培するばかりでなく、製糖も自分で行うことによって生計を維持していた。まさに芋を作って食べ、さらに砂糖を売って米を買う」[8]という段階にあった。土地改良後に荒廃地から作られた耕地に、ある意味では放りだされるような形で農業への従事が行われていた。当時の沖縄では、狭い耕地を的確な指導をできる指導者が無き状態で耕作が営まれていた訳である。また沖縄の中では広大な耕地があり農業の有望な地として見られていた八重山地域であったが、そこで行われていた農業と言うものが「鯨奪農業」と表現されるように、農業指導が皆無であったことはもちろんであるが、そもそも施肥の観念すらなかった。これでは生産性について論じる以前の問題である。

　沖縄本島のもう一つの特徴に人口増加の著しい過密地域と言うものがあった。低い生産性と過剰な人口という苦境からの脱出策として考えられたのが移住政策であるが、その対象地が「八重山開拓」である。八重山の場合、具体的な候補地として挙げられていたのが「石垣・西表島」である。

　当時の沖縄は、「然るに沖縄は一面に於いて全国一の人口過剰県であると同時に、多面全国一の生産欠乏県」[9]という認識であった。これは農業の生産性の低さゆえのことである。その解決策として「新たな耕地開拓」に選ばれたのが八重山地域であり「石垣・西表島」であった。沖縄という地域が生活条件について全国一困難な地域であるという認識の下で、「石垣・西表の如き広大な地籍をほとんど無人のままに放置するのは不合理千万な事態」[10]であるため、緊急に移住に関して施策を実施しなければならなかったと推測

---

8 前掲、仲地 pp.247~248。
9 前掲、當眞嗣合 [1969]pp.203「八重山の開拓」『沖縄救済論集』。
10 前掲、當眞 p.203。

第 2 章　戦後沖縄の復興と農業制度の整備過程

できる。

　沖縄は農業が主要産業であったが農業が経済を疲弊させるという悪循環にあった[11]。農業を軌道に乗せるために指導を行うことと共に、新規開拓地が耕地拡大にとって必須であった。この問題解決のために、沖縄は本島地域では賄えない就業者を移民によって解決しようとした。当時すでに国内外に移民という形の「出稼ぎ」は日本全国で行われていた。沖縄の移住についても、その形態について一環が明らかにされている。沖縄での移住は「自然の要求が県民をドシドシ外に追い出しつつあるが現時の移住民は大部分単独出稼ぎであり、一時的移住であって家族移住や永住移民は極めて少ない」[12]という形が移住の主流をなしていた。これでは家族を養うために送金だけを目的とした出稼ぎであり、地域の発展にとっては無縁の存在になってしまうものであろう。これについては當眞も「不生産者が居残って生産者が出掛けて行く当然の結果として労力の不足、土地其他の生産要素が生産力に伴って分配されぬ結果を来たし、自然生産が減退する」[13]という形で構造的な不況・貧困の状況にあったことを認めているのである。

　戦前の日本の経済状況から、国民生活が貧困化へ追いやられる状況が明らかにされてきているが、貧困を海外へ向けることによって解決を図ろうとする沖縄の状況は、本土よりも住民の生活を建て直すために緊急を要する状況であっただろう[14]。戦前の沖縄農村の姿とはこのようなものであった。

---

11 「一反あたりの収穫高に於いて本県の砂糖は他府県の米に対しても七割の収穫しか上がらず、同じ米と米の比較や、麦・粟・大豆等使用作物は全国平均の二割五分乃至六割八分の間を出ない」前掲、當眞 p.203。

12 前掲、當眞 p.205。

13 前掲、當眞 p.205。

14 日本の移民の歴史は 1866（慶応 2）年に鎖国令が解かれて以来すでに 100 年以上の歴史がある。移民の始まりはハワイ王国におけるサトウキビプランテーションへの就労からで、アメリカ・カナダなどの北米移住から開始された。19 世紀末にペルーへ移民が渡り、南米移住が行われるようになった。第二次世界大戦前には約 77 万人、大戦後には約 26 万人が日本から移住を行っている。JICA 海外移住資料館 www.jomm.jp/（2017/1/10）。

2.2. 土地制度改革への着手

2.2.1. 混乱の中で始まった土地政策

では1945(昭和20)年にスタートした米軍政府の施策はどのようなものか、土地制度より検討しよう。米政府は慶良間[15]に初上陸を果たして以降、米側責任者であるニミッツ[16]による米国海軍軍政府布告（布告第一号）として九か条の布告が1945（昭和20）年4月1日に行われた。これによって「米国軍占領下の南西諸島及び近海住民に告ぐ」（権限の停止）[17]が布告され、日本政府に対して行政権の停止を通告し、米国海軍軍政府の樹立が宣言され米軍政が実質的にスタートしている。沖縄戦は本土の終戦前に終結し、ポツダム宣言が受諾された8月15日には石川市（現在のうるま市）において、収容されていた沖縄住民たちの代表者会議が開かれている。8月20日には米軍政府と沖縄住民との間の調整機関として「沖縄諮詢会」[18]が創設されている。

表2-1は沖縄県と日本本土で終戦後に行われた土地制度改革に関する動き

---

15 米軍は3月26日に慶良間に初上陸を果たして、4月からの本島上陸が本格的に開始されるようになった。日本歴史大辞典、第1巻 pp.504-505。

16 Chester William Nimitz（1885-1966）、米国海軍将校で第二次世界大戦の太平洋戦争における米国太平洋司令艦隊司令長官および太平洋方面総司令官として沖縄戦にかかわり、米軍の沖縄上陸にともない、日本国政府の権限の停止など南西諸島の占領統治と軍政府の樹立に必要な事項の宣言を行った。沖縄大百科事典、下巻 p.135。

17 通称「ニミッツ布告」といわれている、米軍の沖縄占領に伴い住民にあてた布告でその内容は「権限の停止」であり、米国海軍元帥ニミッツの名前で布告されたことからこの名が付き、占領政策と軍政府に必要な事項を宣言したもので、南西諸島およびその近海の住民に対するすべての権限と行政責任が占領軍指揮官たる軍政長官に帰属することや、日本帝国政府の権限の停止、現存する慣習および財産権の尊重と現行法規の効力持続などを内容としている。日本歴史大事典、第1巻 p.135。

18 米軍政府は安定的な中央統治機構の整備のため、沖縄本島住民で組織する諮問機関の設置が必要であった。米軍政府は全島391ヵ所の収容地区住民代表124名からなる仮沖縄諮詢会を招集し、そのなかから24名を選び8月20日に選挙を行い志喜屋孝信委員長以下15名の委員が選出され沖縄諮詢会が設立された。翌年の民政府への移行までの約8か月間、沖縄の行政の再建に取り組んでいる。沖縄公文書館資料 archives.pref.okinawa.jp/news/that_day/5979（2017/1/10）。

第 2 章　戦後沖縄の復興と農業制度の整備過程

表 2-1　沖縄県と日本本土の土地（農地）制度の整備に関する動き（1945 年～ 1962 年）

沖縄県		年代	日本	
4 月 1 日	軍政府布告第一号「権原の停止」を発布	1945 年 (昭和 20 年)	8 月 15 日	ポツダム宣言受諾、太平洋戦争終了
6 月 23 日	日本軍守備隊が全滅して沖縄戦が終結へ		10 月 11 日	マッカーサー五大改革を指令
8 月 20 日	米軍政府、石川市に沖縄諮詢会を設置、委員長に志喜屋孝信就任		11 月 6 日	財閥解体
			12 月 9 日	GHQ が日本政府への覚書、農地改革指令
10 月 23 日	軍政府指令 29 号「旧居住地移住の計画と方針」		12 月 19 日	第一次農地改革法案が成立、農地調整法の改正
10 月 31 日	各収容所から米軍使用地以外の旧居住地へ帰村開始			
1 月 23 日	軍政府指令 108 号「農業中央管理」を発行	1946 年 (昭和 21 年)	3 月 15 日	GHQ が第一次農地改革法案を拒否
1 月 29 日	GHQ、日本と南西諸島の行政分離を宣言		4 月 30 日	対日理事会第三回会合にてソ連より提案
2 月 28 日	指令 121 号「土地所有権関係資料蒐集に関する件」公布		5 月 29 日	対日理事会第五回会合にて一部を除いてソ連案は英連邦案と合同案
3 月 19 日	諮詢会より「農耕地分配に関する件」発表		6 月 12 日	対日理事会第六回会合にて英連邦案としてイギリスより提出される
4 月 24 日	沖縄中央政府創設(12 月 1 日沖縄民政府に改称)			
8 月 17 日	本土疎開者 552 人、引揚げ第一船で沖縄到着		10 月 17 日	対日理事会第七回会合で G・アチスンが日本案を不適当と指摘
9 月 18 日	農村復興計画予算 1,500 万円許可される		10 月 21 日	第二次農地改革法案が公布される
12 月	土地所有権確認事業が行われる(～ 1951 年)		12 月 29 日	第二次農地改革法案成立により実施に移行する、完成に二年間
1 月 9 日	開拓庁設置	1947 年 (昭和 22 年)	6 月 25 日	対日理事会第三十五回会合で農地改革の遂行状況の報告をソ連が要求
3 月 21 日	農務・警察・総務・司法の連名で「農耕地分配に関する件」公布		7 月 27 日	対日理事会第三十七回会合でソ連から改革に対して不満が表明される
5 月	米軍、那覇の空軍・海軍補助施設の拡張工事を開始			
10 月 18 日	中国国民政府、対日講和で琉球諸島の中国返還を要求			
		1948 年 (昭和 23 年)	2 月 4 日	連合国最高司令官指令として遅滞なく土地買入をすることを指令
			12 月 31 日	政府によって 1,848,791 町歩が買い上げられた
5 月 6 日	米国、沖縄の長期保有を決定	1949 年 (昭和 24 年)	10 月 21 日	マッカーサーより吉田首相へ書簡
9 月 14 日	農業経済調査団沖縄調査のためワシントン出発			「改革の利は日本の農村社会の本質の恒久的部分とならなくてはならない」
10 月 1 日	米統治本格化、4 群島政府を統括する琉球軍政府本部設置			
10 月 11 日	コリンズ米陸軍参謀長「沖縄の無期限保持・在日米軍の長期滞在」を言明			
1 月 31 日	米統合参謀本部議長「沖縄・日本の軍事基地強化」を声明	1950 年 (昭和 25 年)	6 月 25 日	朝鮮戦争勃発
2 月 1 日	指令第 1 号「中央土地所有権確認委員会設置」			
2 月 10 日	GHQ「沖縄に恒久的基地建設を開始」声明			
4 月 14 日	米軍政府特別布告 36 号「土地所有権証明」公布			
6 月 23 日	米国防長官「沖縄は太平洋における米国防上の砦になる」			
1 月 5 日	群島政府、移民計画を策定する	1951 年 (昭和 26 年)	4 月 11 日	連合国最高司令官マッカーサー解任される
4 月 1 日	中央土地事務所設置			
4 月 6 日	本島の土地所有権証明書交付開始			
4 月 16 日	特別布告第 4 号「土地所有権について」			
5 月 5 日	八重山開拓移民受け入れに就いて			
7 月 26 日	米軍人居住地域への立ち入り禁止措置発令される			
8 月 6 日	「八重山群島開拓移民募集について」発表			
4 月 1 日	琉球政府発足	1952 年 (昭和 27 年)	4 月 28 日	サンフランシスコ講和条約、日米安全保障条約発効
8 月	八重山へ政府計画移民の入植はじまる		7 月 15 日	農地法成立

出所：沖縄大事典、琉球資料、沖縄県農林水産行政史、日本歴史大事典、EE ワード「農地改革とは何であったのか」
　　より筆者作成

2.2. 土地制度改革への着手

を表したものである。本土が短期間に制度改革を実行していた当時、沖縄県では政治情勢が刻々と変化していたことが理解できる。

混乱の中でそれぞれの地元への帰宅が許されるのが10月末で[19]、「権限の停止」の中には、地元住民の財産権についても述べられている。住民の財産権は最大限尊重されることが軍政府布告第一号においても記載されている。しかし沖縄戦終結と同時に、米軍が北部へ進行して軍施設の建設に取り掛かったため、その用地取得のため住民は土地収用や強制退去をさせられている[20]。これによって米軍基地が沖縄本島に本格的に建設される。戦時下である以上、軍事がすべてに優先する状態であったため、軍用地のための収用が行われ、後に起こる「軍用地問題」も始まるのである。米軍政下では二重の基準が設けられることとなる。九か条の布告の第四条では財産権保証が以下のように記載されている。

「四、本官ノ職権行使上其必要ヲ生ゼザル限リ居住民ノ風習並ニ財産権ヲ尊重シ、現行法規ノ施行ヲ持続ス。（口語訳、四、本官の職権行使上その必要がない限り居住民の風習並びに財産権を尊重し、現行法規の施行を持続する）」[21]

理解しているとはいえ、この財産権の尊重が実効性の無きものという現実にすぐ直面する[22]。10月31日頃より順次帰宅が許されるようになるが、帰宅が許される以前の10月23日に海軍軍政府指令第二十九号が公布されている。

---

19 元の部落にその部落の住民だけを移動させる場合だけでなく、米軍部隊引き上げ後のキャンプ跡や一部落に数部落住民または全村民を移動させ、それぞれの部落地の開放を待って逐次その部落の住民を移動させるというふうに段階的に移動させる場合もあった。住民の旧居住地への復帰は1946（昭和21）年4月に一般に完了したと言われているが、これは収容所からの開放であり、正確な旧居住地への復帰はさらに日時を要している。『土地連三十年のあゆみ　通史編』[1989] p.23。

20 1マイル制といわれる土地利用規制が行われて、軍施設および兵舎に隣接する地域にはすべての建物は設置してはならないと定められた。『土地連三十年のあゆみ　資料編』[1985] pp.123-124 米国軍政府指令3号。

21 巻末の添付資料に九か条の全文を掲載している。

22 ハーグ規則（1899（明治32）年に陸戦に関する諸規則を定めた国際条約）では私有財産の尊

101

第2章　戦後沖縄の復興と農業制度の整備過程

「旧居住地移住の計画と方針」

一九四五年一〇月二三日、米国海軍軍政府指令第二十九号

一　この指令は、元の家屋敷に帰ることを予想される者全部を含めて、沖縄島民を各自の前住地に移動させ、仮住居を提供し、できる限り恒久的構造に近い個人建築の家屋又は団体建築の家屋に住まわせ、軍政府の使用し得る耕地全部を耕作させることを目的とする。なお、移動は一九四六年一月一日までに完了することになっている。

二　家族及び各個人の元住宅への帰還は、この指令の他の目的が達成された後とする。住民委員会を設けて、家族の住居及び耕作地の割当てをさせればよい。割当てに際しては、同一地域に住居を有する者のうち、未帰還者がいることに留意させる必要がある。割当てはしても、最終的な法的所有権には影響はない。また、個人が元占有地を割当てられた場合においても、これに他の者を共に居住させ、又はその耕作を助けさせることができる。住民を地区内の居住可能土地全体に分散させることが望ましい。共同作業には、従来どおり、住民を使用することを期待し、かつ、これを認める。なお、住居、土地の割当て及び作業要請はできる限り公平を期すものとする。

三　送出し地区の隊長は、同地区に米軍上陸前の居住者を有する各村から、住民代表各一名を任命する。任命された代表は、地区の使用人として、村民を地区隊長の指揮の下に帰村させるに必要な一切の援助を提供する。

ロイヤル・ファーマン

(原文のママ、全11項から構成され、別紙として住民の申請書が添付されている。出所、「土地連三十年のあゆみ　資料編」pp.92~93[1985])

　10月末より帰宅が開始されるが、自分の家あるいは耕作地へ帰ることが

重を定めるだけでなく、没収禁止を明記しているので占領軍が私有地を所有者から取り上げることは許されない。しかし土地の使用と言うことになると話は全く違った。米軍は占領と同時に多くの私有地を勝手に占拠して使用し、不必要な土地だけを住民に開放した。このような勝手な土地使用は財産権尊重義務に対する明白な違反行為のように思われるが、許容される適法な使用だと説明されている。前掲、『土地連三十年のあゆみ　通史編』p.9。

2.2. 土地制度改革への着手

できない者が多数生まれだす。それらの帰宅者に対して、「自分の土地に戻れない人々に、市町村長や米軍地区隊長の権限で、必要な土地を割当て、無償で使用させるという特別措置」が設けられている。この制度が「割当土地制度」である。アメリカ軍が沖縄での土地秩序の確立のために最初にとった措置である。この制度は、旧居住地、旧耕作地へ戻れなかった住民たちに対して、それぞれ「可能な限り適当に住居を構築し」、「食料確保のために耕作」に対応するため、米軍政府が打ち出した制度である。宅地、農耕地等の個人用地と公共建築用地について、市町村長や米軍地区隊長の権限で割当てが行えると言うものである。緊急措置として二項目目に、「割当てに際しては、同一地域に住居を有する者のうち、未帰還者（疎開者など）がいることに留意させる必要がある。割当てはしても、最終的な法的所有権には影響はない。また、個人が元占有地（自分の土地）を割当てられた場合においても、これに他の者を共に居住させ、又はその耕作を助けさせることができる」としている。この制度の問題として、「土地に関する契約等が一切ない中で、割当てられた土地は無償で使用する権利を有する一方で、地主（本来の土地所有権者）は立退かせたり地代を取立てすることは許されない」[23] と言うものであった。

　本来、小さいながらも自らの耕作地を耕作していた農民であったが、誰がどこの土地をあてがわれるのかわからない中で、仮に元の自分の土地であったとしても、他の者を居住させ耕作させなければならないという制度であった。

　ある意味で緊急措置である側面を理解しなければならないだろう。単に戦火によって住居が無くなり、そのために行わざるを得なかったと同時に、人口増加の圧力のあった沖縄では、疎開者の帰還によって短期間に人口増加の問題を抱えてやむを得ない措置であっただろう。最大の問題はすでに米軍による基地建設が進行していたことである。

---

23 前掲、『沖縄県農林水産行政史第 3 巻』p.264。

第2章　戦後沖縄の復興と農業制度の整備過程

　居住地に関する制度だけではなく耕作地に関する制度も直後に出されている。これが「割当土地制度」に対して、農地の「割当耕作制度」である。当時の沖縄では県下全域が食料不足に陥っており、食料の確保は焦眉の課題となっていた[24]。これに対応するものとして、1946（昭和21）年1月23日に米国海軍軍政府指令として布告されている。これが指令108号の「農業中央管理」である。

「農業中央管理」

米国海軍軍政府本部指令第一〇八号　一九四六年一月二十三日

一　二月一日より実施されるものとして畜産及び林産を含む農業は農務部の農業課に於いて管理される。同課は沖縄農業復興を指導し管理する責務を有する。斯くの如くして目下の処、人民を養うに必要な農産物を、米国より輸入するを能う限り迅速に減ぜんが為である。

二　目的を仕遂げるに其の任務として

A　有効適切に全部の耕地を利用すること。

B　沖縄物産が甚大な結果を得んが為、輸入又は在来の資材設備及び道具を配分すること。

C　農事試験場を督励して沖縄の畠に米国の種子及び其の栽培方法を実験せしめ、その結果を全部の農家に通知すること。

D　鍛冶屋を管理指導して農具施設の修理保存及び馬の蹄鉄修繕等に当らしむること。

E　獣医の活動を管理し家畜家禽の改良増産及び健康増進に努めしむること。

F　農業計画を促進するに必要だと考えられる沖縄人係員（獣医を含む）を選択配置すること。

G　農業復旧事業促進の為沖縄農業組合を再編成すること。地方組合は行

---

24 前掲、『沖縄県農林水産行政史第3巻』p.264。

2.2. 土地制度改革への着手

政地区村を構成単位として組織する。村長は当組分会長とす。全島連合組合は調整企画機関として軍政府の指導の許に行われる。

三　農業課は海軍及び陸軍の該課割当職員及び沖縄人職員を直接監督する。地区及びキャンプ隊長が海軍及び陸軍の職員の宿営に関する責に任じ、同課内沖縄人の給養の準備をなす。

四　斯くの如き職務割当が他に移される迄は地区議長輸送及労務を供給援助し続ける。

農業計画の主なる発展状況及び農業状況及び農業政策の変更は地区議長に報告されるものとする。

ローヤル・フルマン　　依命通牒

（原文のママ、出所、琉球資料第 7 集経済編 2 p.120　琉球政府文教局 [1988]）

農業中央管理の目的は、「有効適切に全部の耕地を利用すること」によって沖縄の農業の復興を果たすための措置である。農業中央管理を具体的に実行するため、1946（昭和 21）年 3 月 19 日に諮詢会の農務部より示されている。割当土地制度と同様に、「所有権とは何ら関係しないかたちで土地を分配し耕作させる」[25] もので、諮詢会農務部からの指示で市町村長の責任において分配が行われた [26]。しかし、この制度の下で行われた農家一戸当たりの耕地の分配された面積に問題が起こる。「農家に割当てられたる耕地は、平均僅か四反歩にたらざるを以って、かかる猫額大の耕地に於いて、作物の輪作、緑肥作物栽培、換金作物栽培、食料自給以上の作物栽培、耕地の休閑、適地適作、桑樹栽培、耕地整理等をなすこと不可能なり」[27] として、少なく

---

25 前掲、『沖縄県農林水産行政史第 3 巻』pp.264-265。

26 諮詢会の設立は、沖縄の再建にあたって沖縄住民たち自らが行うことを促進させるための組織づくりと言う観点が言われている。しかし大きな要因として、台風による自然災害が米軍を直撃して大量の死傷者を出したことが米軍関係者の帰国を促進させている事実がある。10 月に発生した台風ルイーズの直撃によって米軍当局発表では海軍に 27 人の死亡者と 200 人余りの行方不明者、100 人ほどの負傷者、陸軍に於いても 100 余りの負傷者が出ている。これによって米軍沖縄基地司令官が南西諸島駐留軍 33,000 名を残して全軍引き上げることを声明している。前掲、『土地連三十年のあゆみ　通史編』p.17。

27 前掲、『沖縄県農林水産行政史第 3 巻』p.265。

105

第2章　戦後沖縄の復興と農業制度の整備過程

とも「戦前水準」[28]に戻すように強い不満が出されている。これについては
後に調査のために来島する米調査団からも批判が出されている[29]。

一九四六年三月十九日　農務部長

各市町村長　各地方庁長

　　　　　　　　農地分配ニ関スル件

沖縄ノ現状ヨリシテ食糧ノ自給態勢ヲ図ルハ最モ緊要タルニ鑑ミ今般別紙
軍政府農務部ヨリノ使命モ有之別紙農耕地分配方法ニ依リ農耕地ヲ分配シ
以テ農家ノ生産意識ヲ昂メ之ガ目的ヲ達成致度候条右御了承ノ上之ガ分配
ニ対シテハ万遺憾ナキ様御取計相成度此段及通牒候也

記

農耕地分配方法

農耕地ヲ左ニ依リ分配スルモノトス

一、耕地ハ軍政府ノ依嘱ニ依リ村長（市町長）ノ責任ニ於テ之ヲ住民ニ分
配耕作セシムルモノトス。但シ土地ノ所有権トハ何等関係ナキモノトス。

二、耕作者ヲ次ノ通リ二種ニ区分ス

A　該村（市町）ニ定着スル農耕者

B　移動ヲ予想セラルル住民

三、耕地ノ分配

1,耕地ハ可動者数ニ基イテ分配スルコト

2,耕地ノ一部ヲ共同耕作地トシ今後受入移動者ニ分配スル様保有スルコト

3,Aニハ自活ノ出来ル程度ニ耕地ヲ分配スルコト　Aニハ戦前ノ所有地ガ
判明セルモノハナルベク其ノ者ニ分配スルコト

又Bニハ耕地ヲAヨリ少ク分配スルコト　Bニハ前記ノ共同耕作地ヲ併セ
共同耕作セシムルコト

---

28 戦前の水準とは「耕地反別一戸平均六反以上を耕作せしめ」と言う状況であり、この広さについ
　ては別の問題が発生する要因である。前掲、『沖縄県農林水産行政史第3巻』p.265。
29 1949（昭和24）年に来島する農業経済調査団。

四、軍政府ノ作業ハナルベクＢニナサシムルコト

　　　（原文のママ、出所、琉球資料第7集経済編2 p.120　琉球政府文教局 [1988]）

　米軍政府の終戦直後の指令に一貫しているのは、戦火によって荒廃した沖縄現地の復興が何よりも優先する事項として行われていた。その目標達成として、超法規的な指令が打ち出されたと理解すべきことであろう。

　ポツダム宣言受諾後2カ月目には、指令29号によって最初の土地制度の枠組みが構成され翌年には農地分配に関する枠組みも行われ、地元の行政組織である諮詢会からも農耕地の分配が示され、一応の基本が構築された。なお当時の沖縄では疎開者の帰島による混乱が続いている。短期間に急激な人口流入の問題が起こっている。

　1946（昭和21）年4月には諮詢会から沖縄民政府へ移行が行われ、地元の行政が少しずつ機能回復を果たしている。割当土地制度によって土地の分配が行われた現場では、混乱していたため指令通りに進むものではなかった。戦後の緊急事態に対応するために行政の施策が行われていたことを理解した上で、法的な裏付けになる制度が棚上げにされて、それに対応するための現場での使用権ないしは耕作権で対応したのが戦後の沖縄であった。ただし現場では指令が厳密に守られていなかったため、1947（昭和22）年2月21日には農務・警察・総務・司法の部長の連名による通達が出されている。

農耕地分配ニ関スル件

一九四七年二月二十一日　沖農第一一二号

首題ノ件ニ関シテハ客年三月十九日附及四月三十日附通牒ニ基キ夫々実施中ノコトト存候得共島外ヨリノ帰還者等ニ対シテハ農耕地ノ適正ナル再分配ヲナシ食糧増産ニ万全ヲ期セラレ度、尚本件ニ関シテハ左記要項留意ノ上営業者ヲ指導監督取締相成度此段及通牒候也

記

一、耕地ト人口並ニ農耕労務ノ調和ヲ図リ最高度ノ食糧増産ヲナスヨウ適

第 2 章 　戦後沖縄の復興と農業制度の整備過程

正ナル耕地分配ヲ行イ島内生産食糧ノ増産確保ニ務ムルコト

二、生産力高キ農耕地ハ原則トシテ食糧増産ニ之ヲ充当住宅地又ハ新部落

建設等ノ為著シク農耕地ヲ費スガ如キコトナキヨウ務ムルコト

尚農耕地ヲ農耕以外ノ他目的ニ使用スル場合ハ沖縄知事ノ許可ヲ受クルコト

三、土地ノ賃貸借小作料又ハ現物収受等ハ禁止サレ居ルニ付斯カル行為ナ

キヨウ別記軍政府指示ニヨル法的根拠ニ基キ厳重監督並ニ取締サレ度

四、戦前ノ国有地、県有地、会社有地及現在沖縄ニ居住セサル元県外人所

有地等ハ沖縄知事ノ許可ヲ得ルニ非サレバ使用スルコトヲ得ザルモノトス

（原文のママ、出所、琉球資料第 7 集経済編 2 p.121 　琉球政府文教局 [1988]）

　戦後の沖縄では、離島地域も含めて土地問題が起こっていたが、本島のよ
うに戦火による混乱は他の離島地域では一部[30]を除いて見受けられるもので
はなかった。沖縄本島は地上戦が行われたため[31]、一面が焼け野原で建物や
土地や農地が実際に原形をとどめておらず、行政資料など法的な根拠となる
謄本・公図などがすべて焼失した関係で、土地の境界画定に困難をきたした
過程を経て復興が行われている。また戦争の関係で一家全員が死亡している
場合や移民として外国や全国各地に流出している人物の特定ができず、権利
関係について誰も知らない宙に浮いた土地が現れた。こうした所有者不明の
土地は割当土地として共同耕作地などに利用されたが、2 月 21 日に「農耕
地分配に関する件」があらためて、四部門の部長の連名によって出された背
景を考えなければならない。第一の問題として当初の農耕地の分配では、耕
作者を当該市町村に定着する耕作者と移動が予想される住民に分け、移動を
予想される者よりも定着する者に優先順位をつけて耕地の分配を多くしたこ

---

30 慶良間や久米島では米軍の上陸が行われ地元住民に死傷者が出ている。日本歴史大事典、第 1
　巻 pp.504~505。
31 沖縄戦によって本島が戦場となったため、官庁の書類が焼失したことと、現実問題として一族
　がすべて死亡したケースなどが出てきているため、現在（2015 年）でも約 2,648 筆の所有者
　不明の土地が存在している。現状ではこれらの土地は市町村によって管理されている。沖縄県
　www.pref.okinawa.jp/site/shakai/tochi/fumei/index.html （2017/1/10）。

とである。これは 10 万人を超える帰還者の流入が続く中で、いかに公平な土地の分配を行うことができるのかと言うことに関して、現場で大きな混乱の発生要因になっている。

　4 か月後の 6 月 27 日の「うるま新報」の記事である。「(本島の) 国頭及び中頭地区の一部町村ではこれら引揚者 (疎開者など) に対し耕地を分配せぬどころか、中には土地所有権調査を所有権確認と間違え、あるいは農家・非農家間の配分量の相違を理由として耕作者 (割当を受けた者) に対し旧地主 (本来の土地所有者) が土地返還 (自分の土地) を要求したり、部落会で決定したから水田だけは返すようにとか、あるいはどこそこの畑は返してくれなどと耕作者 (割当を受けた者) が肥沃にした土地を取り戻したり催促を行う者」[32] が次々と生まれだした。割当土地の取り返しの問題が生まれだすのである。農務部長であった比嘉永元は、「(割当てを受けた耕作者が耕作地の) 即時返還を命ぜられることを心配して荒廃地 (割当を受けた土地) の開発をしぶっているとの話もあり、それは遺憾でありたとえ土地所有権が確認されても、臨時措置としてある一定期間は継続して耕作する権利が認められるから安心して増産に挺身してもらいたい」[33] という談話をあえてしなければならなかった。

　戦火のための混乱回避策であったものが機能せず、所有権の一次的な棚上げによる混乱回復は完全な効果を上げることができなかった。情勢の安定と共に所有権の問題が現場で噴出してきたのである。農地改革との関連で、沖縄の問題がどこにあるのかと言うことに突き当たるだろう。

2.2.2. 法制度の整備に向けた準備

　米軍政府は緊急措置として指令 29 号以降、「割当土地制度」を実施して宅地や耕作地の分配を通して混乱の回避に努めたが、現場では戦火によって戦

---

32 土地の取り上げや賃貸料の徴収は違法とされていたが後を絶たず行われていた。前掲、『土地連三十年のあゆみ　通史編』pp.24-25。
33 前掲、『土地連三十年のあゆみ　通史編』p.25。

第 2 章　戦後沖縄の復興と農業制度の整備過程

前の正確な土地資料等が不明となっていた。この事態に対して軍政府当局も
対策を行っている。米軍政府は 1945（昭和 20）年 12 月 6 日に米国海軍軍
政府指令第 63 号として 2 項目からなる「土地記録文書の収集保存」と翌年
1946（昭和 21）年 2 月 28 日に米国海軍軍政府指令 121 号の「土地所有権
関係資料蒐集に関する件」を出して土地所有権関連の資料の保存によって、
早い時期から土地所有権確認のための準備に入っている[34]。これは、「各村
と各字に土地所有権委員会をもうけさせて、地図と地積簿の作成を命じた」[35]。
方法としては、「隣接土地所有者 2 名の保障連署を条件として、所有土地申
告書をださせ、これを基礎に字内・村内すべての土地を調査して、最後に公簿・
公図を復元して行く」[36] ものであった。

　この作業の成果として米軍政府は、1950（昭和 25）年 2 月 1 日に米国軍
政府指令第 1 号「土地所有権認定証明中央委員会」の設置を命じて公簿と地
図による復元を行わせた。次に同年 4 月 14 日付米国軍本部特別布告第 36
号「土地所有権証明」によって「土地所有権証明書」の交付と登記簿作成、
土地課税台帳整備の方向がこの時点で一応明らかにされた。そして、1951（昭
和 26）年 4 月 1 日より地元の行政から土地所有権証明書の交付が再開され
るという、待望の事務作業が再開された。

　しかし再三指摘されたように、土地及び耕作地の分配の現場ではこのよう
な「絵に描いた餅」のような容易なものではなったことが十分想像できるの
である。

　沖縄戦では本島西部から南部が米軍上陸によって激戦地となった関係で、
戦後処理の時点で割当土地や割当耕作地は中部以北から国頭地域の土地があ
てがわれたが、中部地域では広大な米軍基地建設が行われた関係上、土地を
収用されてしまい土地を持たない地主や農民が多数生まれ、割当土地制度や
割当耕作制度が始まった時点では、分配の行われた地域が北部地域に多く存

---

34 石井啓雄『沖縄の農業・土地問題』」農地政策 pp.70-73 財団法人農政調査委員会 [1976]。
35 前掲、石井 pp.70-73。
36 前掲、石井 pp.70-73。

在していた。終戦後に多数の帰還者を迎え入れた現場は大きく混乱した。この事態も一段落ついて秩序が回復されると別の問題が起こり始める。それが起こったのが国頭などの町村での出来事であった。

土地所有権関係資料蒐集に関する件

一九四六年二月二十八日　米国海軍軍政府指令第一二一号

1　沖縄に於ける土地所有権決定の準備として関係資料の蒐集は総務部の責任とする。

2　各村長は沖縄総務部の監督の下に各村に五名の村土地所有権委員各字に一〇名の字土地所有権委員を任命すること。

3　土地所有権者は所有土地の申請書を該土地隣接の所有者たる保証人二名の連署を以って字土地所有権委員会に提出すること。
　土地所有権者は嘗て自ら保証人たりし人をして己の保証人たらしめる事を得ず。

4　字土地所有権委員会は凡ての土地所有権の調査をなし之を村長に報告するものとする。
　字土地所有権委員会は必要に応じ土地所有権調査に関し、他の字土地所有権委員会と協議することを得。

5　村土地所有権委員会は公有地所有権未確定の土地を調査し記録を作成し之を村長に報告すべきものとする。村土地所有権委員会は必要に応じ土地所有権調査に関し、他の村土地所有権委員会と調査することを得。

6　村長は村及び字土地所有権委員会に命じて特殊地域の状況を調査せしむることを得。

7　村長は各村及び各字に五名の調停委員を任命するもとする。

8　土地所有者、死亡若しくは行方不明の場合は親等近き者、前所有者に代りて之を処理するものとする。親族皆無の際は村土地所有権委員会は之を調査し村長に報告するものとする。

9　沖縄諮詢会総務部は一〇名より成る中央土地調停委員を設置し該部長

は職権によりその委員長たるべし。

県有地並びに日本帝国々有地に関する係争及び二ヶ村若しくはそれ以
上の土地所有権委員会において協議されたるも猶決定し能わざる土地
の係争は中央土地委員会に提出して裁断を仰ぎ該調停委員会は之を沖
縄諮詢会総務部に報告するものとする。

10　村長は受理したる資料を整理し沖縄諮詢会総務部の精査を受くるを要
する。村長は土地所有権委員会に依りて認定されたる土地を表示せる
地図を沖縄諮詢会総務部に提出するものとする。

ロイヤル・ファーマン

（原文のママ、出所、「土地連三十年のあゆみ　資料編」pp.103~104[1985]）

　その対処のための米軍政府の施策が、米国民政府特別布告第4号「土地所
有権について」の中に配慮が図られている。米軍政府は土地所有権の交付事
業の段階で、1951（昭和26）年4月1日から6か月間を、原則として所
有権の行使によって占有者を立退かせてはならないことを4月16日付でこ
の第4号を布告している。この内容は、「土地所有権証明書を有する所有権
申請人は、本特別布告実施の日から六か月間は左の場合には、現在所有権者
以外の者が占有し、且つ所有権申請人の法律上の承諾もなく保有している土
地に対する所有権、若しくは使用権を行使してはならない」と期限をつけた。
これを補強するものとして、沖縄群島政府から「沖縄群島割当土地に関する
臨時処理条例」が制定され（1951年9月28日付、条例第55号）、「土地所有者
と土地使用者とは、1951年4月1日をもって公共・住居又は農耕を目的と
した割当土地の賃貸借の契約を締結したものとみなす」とした[37]。この存続

---

37 土地調査が完了し、1951（昭和26）年4月1日付で各土地の所有者に所有権証明書が公布さ
　れることになると、それまで自信のなかった所有者たちからも割当土地の明け渡しを求めるケー
　スが方々で見られるようになり社会問題となった。そのために制定されたのが本条例で、通称「割
　当土地条例」と呼ばれている。当初の土地割当てが必ずしも公の証明を伴わない応急的な措置で
　あったことや、その後の軍用地新規接収に際しても類似の割当てが行われているという事情を考
　慮して、この条例の施行時点で現に他人の土地を占有使用しているものは、すべて割当土地とす
　るほかはないということだったようである。前掲、『土地連三十年のあゆみ　通史編』pp.26~27。

2.2. 土地制度改革への着手

期間は、建物に関する期間は３年として、農地の耕作に関しては１年６か月
になり、これが意味するものは、割当土地制度に基づく占有者のために住居
のための借地権と農耕のための耕作権をそれぞれ認め、制度として割当土地
制度の存続を図ろうとしたのである。

琉球列島米国民政府特別布告第四号、一九五一年四月十六日

沖縄群島住民に告げる　（土地の所有）

第一条　市町村長の正式に発行した土地所有権証明書を有する所有権申請
　　　人は、本特別布告実施の日から六か月間は左の場合には、現在所有権者
　　　以外の者が占有し、且つ所有権申請人の法律上の承諾もなく保有してい
　　　る土地に対する所有権、若しくは使用権を行使してはならない。又は所
　　　有者でない占有者を立退かすことがあってはならない。

イ、土地の使用が、公共を目的としている場合

ロ、土地の使用が、居住を目的としている場合

ハ、土地の使用が、農業を目的としている場合

2,土地所有権証明書を有する土地所有権申請人は、左の場合には現在所有
　　　者以外の者が占有し、且つ所有権申請人の法律上の承諾を得ないで所有
　　　している土地に対して、所有権及び使用権を行使してよい。又かような
　　　非所有者を立退かしてもよい。

イ、占有者が市町村長、副長官若しくは、所有権申請人のいづれの承諾も
　　　なく第三者に土地を賃貸し又、土地の所有権を譲渡し、又は与えた場合

ロ、市町村長若しくは、副長官の何れかに依って割当てられた時に決めら
　　　れた使用目的を事実上変更した場合

ハ、占有者が解放されて返された自己所有の土地を有する場合

ニ、占有者がその土地を目的外に使用し、又は濫用した場合

　　　　　（原文のママ、出所、「土地連三十年のあゆみ資料編」pp.158~159[1985]）

住居の借地権はある程度は守られたが、耕作地についてはほとんどの耕作

113

第2章　戦後沖縄の復興と農業制度の整備過程

地が元の所有者たちに取り返されている。現在の沖縄で当時の割当土地制度の痕跡を認めることができるものとして「黙認耕作地」[38] がある。沖縄本島には、現在でも広大な米軍基地がありその基地の中で終戦以来、耕作を続ける農家がある。これは制度の枠の外側で、何ら保護も保証もない中で行われてきた制度であるが、農業センサス上に登場するものである。

　未だに続く沖縄での土地問題のなかで、この黙認耕作地も戦争という歴史の中の混乱から生まれたものである。この矛盾は戦後の沖縄現代史に引き継がれているが、終戦の混乱から始まった沖縄の地域再建に対して、矛盾を持ちながら一応の体裁を整えるために6年の歳月を要したのであった。

---

38 黙認耕作地とは米軍基地内にあって米軍が緊急に必要でない土地を所有者またはその他の者に一定の条件で農地などに一時使用を許可した地域。基地内であるためビニールハウス・アスファルト・ポンプ車などはすべて禁止されていて耕作は不安定である。基本的に法的保護などは一切ない。この黙認耕作は現在でも続いていて、嘉手納基地などでは耕作物や占有物について調査が行われている。現在でも本島に農業センサスの統計上225件の黙認耕作地が存在している。沖縄大百科事典、下巻 pp.664-665。

2.3. 農地改革を求める沖縄

2.3.1. 沖縄人による農地改革の訴え

　沖縄では終戦による混乱によって土地制度の改革は進むものではなかった。そのような沖縄であっても、農地改革の必要性について着目していた人物が存在している。

　沖縄では沖縄諮詢会が終戦直後に設置され、米軍政の下で法的枠組みが策定され現場の作業は軍政府に地元住民を交えて行われたが、本土で行われたようなスピード感のあるものではなかった。諮詢会初代委員長を務めたのが志喜屋孝信である。志喜屋は諮詢会から沖縄民政府へ移行した際の初代沖縄民政府知事に任命された人物である。志喜屋の人となりであるが、1884（明治17）年、沖縄県具志川の農家の長男として生まれ[39]、広島高等師範学校を卒業した後に郷里へ戻り、新設された沖縄県立第二中学校へ招かれ教育者としての道を歩み、さらに県立二中の職を辞して自ら創設した私立開南中学校の理事長兼校長に就任する（1936年就任）。1946（昭和21）年米軍政府より沖縄民政府の知事に任命され、1950（昭和25）年には琉球大学の初代学長を務めた人物である[40]。

---

39 「自分は農家の息子だったから農家の生活がよくわかる。農家を救わなければと思っていたが東恩納時代初めて官吏に俸給が支払われた（戦火の中では農家が一番被害を受け貧困の中にあった）。官吏だけ給料をもらって百姓は何もないから気の毒だと思い、早速官吏は給料の半分だけ寄附して耕地開拓補助金として農民へやろうと思い、部長会議にかけたらある部長が真っ向から反対してね。・・・・・・・・・・・・・・この「農村復興計画予算」がいとぐちとなって、その後は毎年「復興予算」が計上されることになった（志喜屋が生粋の農家の息子としてのエピソードとして書かれた部分である）」『師父　志喜屋孝信』pp.52-53 志喜屋孝信先生遺徳顕彰事業期成会。

40 志喜屋が最も力を注いだのは、当時の沖縄県教育界では中学校の増設が県民の要望であったが財政難であった県では要望に応じることができず、進学難の解消のために私立中学の設立に乗り出した。同時に奨学制度の充実のために尽力している。前掲、志喜屋 pp.57-59。

第2章　戦後沖縄の復興と農業制度の整備過程

　志喜屋は戦前、本土において実施されていた農地調整法[41]の必要性を説いて、沖縄の農地改革を志向していたことが理解できる。志喜屋が記した日記の一部である。嘉陽安春は沖縄民政府が設立された当初より、志喜屋の下で側近を務めていた人物で、志喜屋が日記にしたためていたものを没後に遺稿整理のために資料整理していた過程において明らかにされたものである（嘉陽 1986）。

一九四七年一月二十六日

農地改革の必要について

一　自作農創設特別措置法と農地調整法の実施をせぬと、戦災で農地を失える北谷、読谷、宜野湾その他の町村の農民及び首里、那覇の住民で農に転業せねばならぬ住民はやって行けぬと思う。

一　それで沖縄本島の耕地を民政府が地主から買い取って、これを小作人又は新たな農業に転業せんとする人に売り渡し、又は民政府所有地としてこれを小作せしめる大事業が行われなくてはならぬと思う。

一　現今軍が使用せる土地又は戦災で失える土地等も調査の上、民政府が元の地主から買い上げることにして、これを公平に全農民に対して農地調整をせぬと、全住民は何時までたっても生活は安定せぬと思う。これは沖縄の農村にとって非常に大きな変革であって、これによって、戦災で土地を失い又は北谷、読谷の如き村の人々も安定の地に移住し、沖縄全住民が真に同胞としての任務を果たし得たことになるのであり、比較

---

41 農地調整法は本土では戦前に小作と地主間での農地関係を調整するために 1938（昭和 13）年に制定。小作争議が頻発する農村で、小作農に対して耕作権の安定を与えることを目的として策定されたものである。戦後には農地改革の基本となったものである。しかし沖縄ではどれだけ実行されていたか不明であることが言われている。「この法令は戦時統制法令であり、1939（昭和14）年 2 月に県令として「農地調整法施行細則」が発令され、同時に「市町村農地委員会設置」の県告示が出される。市町村農地委員会は「農地調整法」によって設置することになった機関で、①「小作関係相隣関係、其ノ他農地ノ利用関係ニ関スル斡旋及争議ノ防止」②「裁判所ニ対スル意見ノ申出」を行う組織であり、39 年から 41 年までに沖縄でも 57 全市町村に作られた。しかし活動実績については今のところ把握できない。また実際にどのようなことが行われていたかについては不明である。」前掲、『沖縄県農林水産行政史第 3 巻』pp.258-259。

2.3. 農地改革を求める沖縄

的多くの土地を所有せし地主も時勢だとあきらめることとし、未練が
あってはならぬ。この新農地制度は長年月を要して完了されると思うが、
政府としてはなるべく早く実施し、短日月で完了するように真剣に決意
せねばならぬ。

一　右の農地改革を実施するには農地委員会というものが設けられなけれ
　ばならないが、それは日本本土の方法によるか、他の方策によるか。日
　本本土ではマッカーサー元帥が日本復興に関する経済上の必要事項とし
　て指令を発して出来たものである。

一　日本本土には大地主があるが、沖縄にはこれに匹敵する大地主は皆無
　といっても差支えない。しかし沖縄で農地改革が必要なのは、北谷、読
　谷の如き耕地を失える農民が多数あり、また首里、那覇、泡瀬、糸満の住
　民には農業に職を転ぜんとする希望者もありと考えられるからである[42]。

（原文のママ）

志喜屋が終戦後の沖縄を再建するために、行政官として最も苦心したのが
疎開者の帰還受け入れの準備であった。沖縄では戦争による多くの死傷者や、
生き残った者でも着のみ着のままで山中を彷徨い続けて生き延びた者がほと
んどの状態であった。また食料難の中で沖縄は全国一の人口密度を誇ってい
た地域であった。その状況で疎開帰還者の受け入れが開始されている[43]。志
喜屋に最も苦心させた疎開者の帰還問題は、「帰還に伴う人口過剰、食料危
機の不安はもちろんのこととして、沖縄現地で戦火にさらされながら生き
残った県民と、疎開地から引き揚げてきた県民との間の感情の対立が渦巻い
ている状態」[44]で復興が進むにつれて利害関係の対立へと変化して行く状態

---

42 この案件はメモ書きに「2 月 20 日付託の予定」とされていたが、この時、志喜屋は高血圧によっ
　て重篤な状況にあり、この案件は先送り状態になっている。嘉陽安春『沖縄民政府　一つの時代
　の軌跡』[1986]pp.133-134「日本の戦後改革と沖縄　志喜屋知事の農地改革論」。
43 1946（昭和 21）年 8 月 17 日、疎開帰還者の第一陣が久場崎の港に到着した。その後、帰還
　者の受け入れは順調に進み、1947（昭和 22）年 1 月 20 日付で琉球軍政府からマッカーサー司
　令部に提出された「最終報告書」によると 46 年 12 月 31 日までの沖縄本島への引揚げ者総数は
　104,070 人で別に台湾から 7,627 人、サイパンから 319 人となっている。前掲、嘉陽 pp.53-54。
44 前掲、嘉陽 pp.95-96。

117

第2章　戦後沖縄の復興と農業制度の整備過程

にあった。こうした状況で、少しでも早く食料難から抜け出すために農業再開への道筋をつけなければならなかった。

　志喜屋が記した「農地改革の必要について」で言及している農地調整法とは戦前の本土各地において行われた戦時下での統制法である。本来ならば戦前に施策されたものであったが、沖縄では戦後まで持ち越されてしまった。戦前の本土では耕作の安定を目指すために機能したのが農地調整法であった。志喜屋の心を突き動かした現実とは、「戦禍によって住居を失い食料無きなかをさまよう沖縄住民」に、「一日も早く生活の安定を与えたい」という願望であることは誰もが推測できた。沖縄には、本土に匹敵する地主は存在しなかったが、戦火で耕地を失った多数の農民に農地を供給しなければならなかった。

　行政の責任者であった志喜屋は、「割当耕作地」の供給者であるが、耕作地の分配方法は、「土地の所有権とは何ら関係なく、米軍政府の指令で知事を通じて委任された市町村長が、耕作者を各市町村の永住者と疎開者に区分し、かつ耕地の一部は新たに受け入れなければならない復員者、帰還者のための共同耕作地として保有する」[45] という方法によって分配が行われた。この措置自体が、戦火の後に行われた緊急避難的なものであったため、沖縄全体で問題が噴出した。ここに志喜屋が農地調整法に関心を持った理由がある。沖縄各地域では、旧地主と終戦後に耕作を行い始めた者との間に土地紛争が起こっていた。現場での混乱は早くも終戦から2年を経過するかどうかの時点で始まっている。特に「疎開者を多数受け入れている国頭の一部町村で、旧地主による土地返還要求や小作料請求の紛争が相次いで起こっている」[46]。志喜屋の1947 (昭和22) 年2月1日の日記には、「(土地問題の紛争について) 前上門司法部長、当間行政課長、嘉手苅農務の各位と土地所有権及び畜産所有権につき協議。農地調整法についても話す。これは(紛争防止のため)総務、

45 前掲、嘉陽 pp.136~137。
46 前掲、嘉陽 p.137。

118

農務、司法、財務、開拓等委員を置き調査研究する必要あり」[47]となっていて、事態の深刻な一面が確認された。かくしてこの問題は、農耕地の分配を円滑に行う目的のために、2月21日には農務・警察・総務・司法の4部長の連名による「農耕地分配に関する件」として、各市町村長及び農務関係駐在技術官ならびに警察署長宛通牒を発して、小作料の請求や立ち退き要求が禁止されていることについて、改めて厳重な警告が行われなければならなかった。

　沖縄にとって強制された最も困難な問題が戦後処理の過程での土地問題である。上陸と同時に基地建設が始められている地域であり、すでに基地建設によって農地が奪われている中での分配である。米軍政府が矢継ぎ早に出した布告はあくまでも戦時下の状況の是正であり、その下で法令の枠組みが作られている。こうした矛盾は解決されることなく持ち越されているのである。

2.3.2. 農地改革への提言 – 農業経済調査団の報告

　米軍政府の要請で沖縄にアメリカより調査団が派遣されている。主に農業を専門とする学者で構成された調査団であり提言も行っている。こうした専門家たちの提言は、米軍政下での農業政策、本土での農地改革の是非、また農地改革が実行されなかった沖縄の戦後の農地制度について考える大きな材料である。どのような提言がなされたのだろうか。

　1949（昭和24）年9月に農業に関する調査団が組織されている。アメリカ陸軍省の組織するレイモンド・E・ヴィケリーを責任者とする調査団[48]に

---

47 前掲、嘉陽 p.136。
48 1949（昭和24）年3月15日に極東軍総司令部司令官の要請によって、琉球列島における食料ならびに農業の現状の調査のため、1949（昭和24）年9月14日にワシントンを出発している。調査団の参加メンバーは、レイモンド・E・ヴィケリー（農業経済学者、陸軍次官室）、ケネス・L・バックマン（農業経済学者、アメリカ政府農務省農業経済局）、ローレンス・L・デービス（農学者、カリフォルニア大学）、ジェイン・C・エプス（栄養学者、補給局長室）、ジョン・C・ホップス（農業経済学者、アメリカ政府農務省海外農業省外局）、フレッド・A・トンプソン（農業技師、アメリカ政府農務省土壌保全局）である。この調査団によって作られた報告書が「琉球列島における農業および経済復興について」（琉球列島への農業派遣団、農業および経済復興）である。この報告書はJ・R・シーツ少将指揮の下で実施されている復興計画のハンドブックの役割を果たすために準備されたものである。『米国統治下の沖縄農地制度資料』、第1巻群島政府期 p.462、沖縄県農林水産部 [1994]。

119

第 2 章　戦後沖縄の復興と農業制度の整備過程

よって最初の専門家調査団が派遣されて、同時期にドロシー・C・グッドウィンを団長とする調査団[49]が派遣されている。

　ヴィケリーの調査団は、戦後の沖縄の経済に関して農業と食料の状況を調査するため、学者を招集して行われた調査団である。戦前から沖縄が農業を主産業としていた実態と戦争による荒廃からの復活のための勧告を行っている。特に農地制度は本土と沖縄の違いから小作の在り方までを言及している。まず土地の所有に関するものである。この調査団は、本土で行われた農地改革が意図したものについて、戦争による社会的混乱を抑えて社会を安定させるために必要であるもの、食料の増産を確保するために農村の安定が必須であったことを説いている。本土においても、主要な都市は戦災によって破壊された状況にあったが、本土と沖縄の最大の相違点は地上戦を経験することなく終戦を迎えていることであった。本土でも大量の復員兵や疎開先からの帰還者が溢れる状態であったが、終戦後の農地改革が一定の失業者や復員兵、帰還者の受け入れ先として農村が緩衝役を果たした。

　はじめにこの調査団が沖縄の現状をどのように見ていたかについて明らかにしよう。この調査団は 1949（昭和 24）年に来日しているが、終戦から 4 年が経過して本土では、この年の暮れに政府による農地の買い上げが終了し、農地改革も最終的な局面になり改革を終了しようとした年である。沖縄の戦前について、「琉球列島の経済が農業を主体としていて、収入源の約 4 分の 3 までが農業」[50]から得られていたという認識であった。住民の食生活中で重要な蛋白源は漁業によって賄われ、輸出産業として経済の中で重要な位置を占めるものであった。沖縄にはその他の資源について見るべきものはなく、「資源に対して人口が多く所得が低かったので、結局どこで地域経済の均衡がとられていたのかというと継続的な海外移住によって」[51]均衡が取られていたのであった。

---

49 グッドウィン調査団報告書は巻末添付資料に原文掲載。
50 前掲、『米国統治下の沖縄農地制度資料』、第 1 巻群島政府期 p.462。
51 前掲、『米国統治下の沖縄農地制度資料』、第 1 巻群島政府期 p.462。

120

2.3. 農地改革を求める沖縄

　沖縄の経済状況が脆弱であることは、米調査団にもすぐ理解できたことであろう。その脆弱性が戦争によって悲惨な貧困状態に変化する。「食料生産は極度に低下し、農家の建物、畜産と農機具、漁船産業設備等はほとんど全滅」[52] した。にもかかわらず、米軍が行ったことは、経済的価値に関係なく農地を随時使用し、そのため琉球列島全体が極度の損害を被っていた。貿易や移住等と同様に「（琉球の）中央政府の機能までが日本から分離」[53] された。現実を直視すると、「沖縄本島では耕地面積の4分の1が軍によって継続使用され、耕作地1エーカー[54] 当たりの人口は60%以上増加し、農地は自給自足を営むにはあまりに小さく区画された上に、肥料の配給も量的に少なく時期的に遅れ、家畜頭数も戦前のごく一部が残っている」[55] という現実が、まさに調査団が目にしたものである。

　これは米軍が占領とともに開始した基地建設を批判してのことだろうが、農業経済学者を中心としたヴィケリーの報告が、最もまとを得たものと理解できるのである。ヴィケリーが調査団を率いて訪日した時点で、本土での農地改革は終了の時点で、ヴィケリーは学者として詳細に日本の農地改革について研究していたことが想像できるのである。

　ヴィケリーが最も注目していた部分こそ、農地の所有から耕作の安定に関する部分なのである。ところが沖縄での戦後の農地制度は、「土地所有権の不安定さからくる農業生産への積み重なる影響は極めて重大で、どんな農民も高い経費がかかり、長期に渡る土地改良投資を行う場合には、投資した金と労働力が恒久的に利益を生み出すことができるのかに不安があれば、躊躇せざるを得ないし、さらに軍用に占拠されている土地は、所有者にとって、また経済活動にとって貢献はなく、現状では課税は不可能であり、現地政府の基礎は、それによって損なわれている」[56] と言うものであった。この後に

---

52 前掲、『米国統治下の沖縄農地制度資料』、第1巻群島政府期 pp.462-463。
53 1949（昭和24）年5月6日に沖縄の長期保有が決定されている。
54 1エーカー＝約1,224坪。
55 前掲、『米国統治下の沖縄農地制度資料』、第1巻群島政府期 p.463。
56 前掲、『米国統治下の沖縄農地制度資料』、第1巻群島政府期 p.466。

第２章　戦後沖縄の復興と農業制度の整備過程

はヴィケリーが理解した割当土地制度に関する見解が続いている。

　まさに農地改革がなぜ必要であったのか、本土で完成した農地改革の状況から沖縄に関する現状を実によく表したものである。農業生産のためには農地に対して長期の投資をすること、それを妨げることは排除の対象となること、それなくして収税も不可能であり結局は政府（地元行政府）が破綻するということである。

　では農地改革の必要性の原点となった小作農制について、小作の問題点はどのように報告されているだろうか。

　第一に「沖縄における小作問題は、琉球北部地域と八重山ではそれほど深刻ではないが、引揚者の増加の結果、土地のない農民の数は増加し、さらに沖縄において土地所有権が有効化されるときに、貧困な地主から次々に土地を買い上げて広大な土地を所有する者」[57]の出現を予想している。小作農制では、「農地を有していない農民はしばしば耕作に必要な種子、肥料、労働を提供した後の収穫の50％以上もの法外な賃貸料を支払わされていたため、小作人たちは資本を蓄積できず、それゆえ、土地に対し何の保証も、奨励もないことから生ずる非効率的な低い生産レベルに終生縛られている」[58]状況で、本土の戦前の小作農制による弊害がそのまま残され、この点が沖縄では改善されていないことを指摘している。端的にいうと、「地主は貧困な小作人を擁することによって利益を得、その結果、アメリカの経済政策の目的とする方向とは逆な方向の活動となっている。この構造は経済相互取引行為というより搾取にも近い活動である。それゆえに小作人は、経済的にも政治的にもまったく希望のない境遇」[59]に落とし込められている。

　本土の戦前の小作農制が貧困を生んできていたことを理解した上での来日であろうが、沖縄の現実は「非情」なものと映ったに違いないことと考えられる。小作農制の継続によって停滞した農村経済の中にあった沖縄農民の生

---

57 前掲、『米国統治下の沖縄農地制度資料』、第１巻群島政府期 p.469。
58 前掲、『米国統治下の沖縄農地制度資料』、第１巻群島政府期 p.469。
59 前掲、『米国統治下の沖縄農地制度資料』、第１巻群島政府期 p.469。

2.3. 農地改革を求める沖縄

活を直視したヴィケリーにとっては、一刻も早く農地改革の作法についての提言が急がれたことが想像できるのである。

農地改革の実施のために地元政府関係者たちは、「土地の強制売却の目的で、一農家が効率的に耕作しうる最小限の面積の決定」を提案している。ところがこれも現地ならではの事情として、沖縄には本土のような広大な耕地を所有するような地主は無きものであった。農地改革のような強制的措置を伴う場合は慎重さを必要とするものである。沖縄では地主であっても（小規模であったため）、農業外の収入として余剰な部分の耕地も必要とされていた。事実、「琉球の大部分の農場は最低の経済水準以下」であるため、いずれにせよ本土並みの農地改革が難しいことは認めざるを得ないものであった。

ヴィケリーは沖縄が直面する困難について、小作農制が無くなっても「琉球の農民たちに生存に必要な生活水準を保障しないし、最小限の経済規模を保障するものでもない。沖縄では過剰な農家の数がそれを妨げている。農家の経済的地位の向上は、アメリカの援助に依存できないとすれば、移住の奨励とその成功如何にかかわっている」[60] 事態なのである。この実態から農地改革への提言としてまとめられたものである。農地改革を明確に目指すため手腕を持った人材により高い法的基礎を付与した上で早い対応を訴えた。

特別提案事項

1、日本の農地改革に功績のあった手腕のいい人を少なくとも1名、その任にあてるように SCAP[61] に要請する。この人が、琉球農地改革法（あるいは諸法）の策定に直接に責任を持ってあたるとともに、土地事務所の用地政策課の権限内にあるほかの事項を取り扱うものとする。

---

60 前掲、『米国統治下の沖縄農地制度資料』、第1巻群島政府期 p.470。
61 一般に GHQ という呼称で連合国軍を呼んでいるが英語表記の場合の正式名称として「General Headquarters, the Supreme Commander for the Allied Powers」(GHQ/SCAP) と言い、日本表記では「連合国最高司令官総司令部」と呼び、略称として GHQ である。日本歴史大事典、第3巻 p.1119。

2、数名に民間行政官の軍政府の意図を知らしめ、彼らの側におきても、法案策定のため、研究と準備及び適切な資料と知識を収集するように指示する。

3、民間政府の地位を高め、農地改革において村より高い法的基礎を付与されるよう努力すること。そのためには、いろいろな統治者の選挙が必要となる。選挙された中央政府の設立は望ましいが、農地改革はその政府設立の時まで待つ必要はない。

4、農地改革の計画の樹立に先立って調査研究をいくつか実施する。それらには、

a,自身の耕作能力以上の所有にかかる土地を解除した地主に対する保証額を算定するための基礎となる土地価格の等級の確立

b,通常の農家が効率的に耕作しうる土地面積の最高限度額の確定[62]

　沖縄にとって深刻な問題は、変わらず米軍の占拠の継続による基地の存在であり最大のネックである。耕地拡大は事実上困難であった。その点についてヴィケリーは学者として批判を行っているのである。

　沖縄では地上戦の終了後から米軍施設の建設が始められた。そのため軍施設に必要な土地収用が行われ、1949（昭和24）年7月13日に1マイル制限が発令された。これによって収容された土地からさらに多くの立ち入り規制地域が設定された。米軍が軍施設を建設するために占拠して使用している土地の中には21,000エーカーの農地が含まれ、この面積は本島で戦前に耕作されていた農地の20%を占めるものである。ヴィケリーが批判するのは、「軍施設の境界線は一定せず、常に変更されているので、農家は将来どの土地を使えるか、全く予知できない。農業にすべてを依存しているこの社会経済の中では、こうしたことは致命的」[63]であることを案じている。絶えず軍

---

62 前掲、『米国統治下の沖縄農地制度資料』、第1巻群島政府期 pp.470~471。
63 前掲、『米国統治下の沖縄農地制度資料』、第1巻群島政府期 p.472。

事がすべてに優先するのであれば、「恣意的に土地を接収したり、この過程で農作物を台無しにされる等の被害を被った農家は何も保障されず、被害農民は何も権利を保障されてこなかった」[64] という事実がある。

この解決策としてヴィケリーの提案が行われている。それは、「軍用地として接収する農地は事実上必要不可欠な最小限のものに限るべきで、軍施設の土地の必要性を改めて検討し、さほど重要ではない分に関しては開放すべきで、軍が占拠している土地の少なくとも一定部分は農地として返還」[65] すべきと提案しているのである。また農耕の条件に依って軍用地と農地の交換も提案している。

ヴィケリーは陸軍からの依頼で来日した調査団であり、あくまでも提案で権限も十分与えられていたか疑問である。しかし農業経済学上、耕作の安定が最重点として考えられていたことが、農地問題に対して真摯に向き合っていたと想像できる。米軍が行った黙認耕作の問題は現在まで続いている[66]。終戦の混乱の中から生まれたものであり、ヴィケリーが求めていた農地として使用できるものは開放すべきという認識が通用したものと考えられるだろう。ヴィケリーは農業経済学者としてアメリカの良心を体現した者であった。

2.3.3. 移住を提言した資源局調査団

1949（昭和24）年にはもう一つの調査団が派遣されている。自然資源局が派遣したドロシー・C・グッドウィンを団長とした調査団である。ヴィケリー同様、沖縄の特殊性として本土との比較（農地改革当時）では、耕作条件に

---

64 前掲、『米国統治下の沖縄農地制度資料』、第1巻群島政府期 p.472。
65 前掲、『米国統治下の沖縄農地制度資料』、第1巻群島政府期 p.472。
66 黙認耕作が事実上存在していることは、1955（昭和30）年に来日したメルビン・プライスの報告書にも記載されている。プライスの勧告書の後に「島ぐるみ闘争」が行われている。勧告の中のその他の勧告事項として「現在軍管理下にある17,000エーカーの農耕地の中、約6,000エーカーは現在認可制度で沖縄人が農耕していることと委員会は承知している。又6,000エーカーの中3,000エーカーは主として予備費工場、アンテナ用地、PLOタンク用地及び弾薬集積所からなっているので無期限に農耕できると信じるに至る理由があると承知している。沖縄人によって現在農耕されているこれらの土地の使用は、長く継続されるべきであり、且つその他の土地も与える限り使用させる様にすべきである」『琉球資料第4・5集』pp.384~393　琉球政府文教局 [1959]。

第 2 章　戦後沖縄の復興と農業制度の整備過程

表 2-2　農地改革に対する見解

発表年	名前	役職	農地改革に対する主張
1947 年	志喜屋孝信	県知事	農地改革が必要であり、そのために農地調整法を制定して耕作権を安定させることが重要 農地の取り上げが頻繁に発生してその対策が必要であった
1948 年	R・ヴィケリー	農業経済学者	土地所有権の安定が行われず長期にわたる農地への投資を行うことができない。農民は生産活動に貢献することができず地元自治体への納税が行われず現地政府の基礎が損なわれている
1948 年	D・グッドウィン	自然資源局	戦前は最低生活維持のための農地保有があったが終戦後にはそれにも程遠い状態である 引揚者の増加や軍用地として強制譲渡が原因、これを解消するために移住の研究をすべき

出所：本文より筆者作成

　おいて狭小な農地での耕作が行われ、その上で高い密度の人口を抱えていることの問題性を指摘している。

　まず農民の経営耕地面積であるが、「戦前は辛うじて最低生活を維持するだけあった土地保有面積が、現在では（戦前に）遥かに遠い 4 反」[67] という耕地面積で農業経営を行わなければならなかった（戦前の沖縄は本土との比較で六割八分という耕地面積の問題が有った）。しかも終戦後の沖縄では、「他に適当な職業がないために増加人口の負担は農業の上にかからざるを得ないため土地利用の方式ならびに条件に重大な変化が表れている」[68]。戦前と終戦後の比較では、「戦前は過剰人口による困難性は広く分散した土地所有によって緩和」[69] がなされていた。これが戦後に一変する。戦後の沖縄では、「特殊な問題を抱えている沖縄では、小作人は以前の 18.7%~47% 以上に増加した。この原因は、引揚者や軍事施設のため土地を奪われた人々に対する土地の強制譲渡である。これらの土地の譲渡は所有者が自発的に行ったものではないから、所有者の考えでは譲受人には法的な耕作権はない。これによって後に起ったのは土地取り上げであった」[70] のであり、米軍政下で行われた割

---

67 4 反は 40 アールで、約 1,200 坪。『沖縄県農林水産行政史』第 1 巻 pp.727 ～ 732 沖縄県農林水産部 [1991]。
68 終戦後に変わったのは軍での雇用が生まれたことである。前掲、『沖縄県農林水産行政史』第 1 巻 pp.727-732。
69 前掲、『沖縄県農林水産行政史』第 1 巻 p.728。
70 前掲、『沖縄県農林水産行政史』第 1 巻 p.728。

126

2.3. 農地改革を求める沖縄

当耕作制度による農地の分配が、新しい悲劇を生むことを予想したのである。

自然資源の調査の過程で別の問題も指摘した。沖縄が台風の常襲地帯であり「台風の被害によって荒廃した住宅が発生し、居住不能になるとこれらの地域の住民の移動によって耕地が削られる」[71] 問題がたびたび発生している。耕作地を追われた農民は「農業的利用が許されていた制限ゾーン」へ移動しなければならない問題である。この解決のために、当時では立ち入り制限が行われていた基地などの軍事施設周辺 1 マイル地域での耕作であった。現在、本島の基地周辺及び基地内で行われている黙認耕作に通じるものである。

当時の沖縄では根本的な改革を行う条件は存在せず、限られた条件の下で行われた改革の限界について理解しなければならない。あらかじめ限定された条件での解決策が模索されているのである。限定された条件を乗り越えなければならないものとして、解決するための方針が、新たな土地の開拓として移民政策の導入について報告書で述べられている。

グッドウィンは土地問題が人口問題と関連する問題であるとして、「琉球人を受け入れようとする地域に大規模に移民する場合に、アメリカが補助金を与えることを研究する」[72] ように提案するのである。さらに、「最初はアメリカの補助金で 25 万人ぐらいが移民したとしても、これによって戦前の人口の 90% のレベルに人口を下げ、しかも現在の問題解決にはこれで十分であろう」[73] と結論づけている。この二つの調査団の報告書は農業問題について十分な検討がされているが、ではどうして実行に移されなかったのか、これを解る者はいないだろう。唯一考えられるのは米軍基地の存在である。

アメリカが沖縄に派遣した二つの調査団は、実に農業の根幹について見識を持って調査していたことが十分理解できるものである。農業経済と自然資源局と言う立場は異なるが沖縄の困難性を見抜きながら提案を行っている。

---

71 巻末資料「ドロシー C グッドウィン報告書」を参照。
72 沖縄では戦前より南米やハワイへの移民を多く輩出していた。前掲、JICA 海外移住資料館。
73 前掲、『沖縄県農林水産行政史』第 1 巻 p.729。

最終的にグッドウィンが言うように移民に解決策を見出そうという提案は後に沖縄で実現される。それが八重山における開拓団の派遣である。当時の八重山、特に西表島はマラリアの問題が存在していたが、広大な農耕地や資源が認められていた事実がある。実際に戦後の移民政策が開始されるのである。

2.4. 開拓政策の展望

2.4.1. 八重山への移住政策

　移住政策に活路を見出そうとするのは、ある意味では沖縄の伝統の一つである「移民」[74] の導入によって、終戦の混乱が続く沖縄本島での社会生活の安定のため考えられたことであろう。事実、終戦の 1 年後には復員兵や移住先からの帰還者たちが帰島して、短期間に約20％を超える人口の増加があり、これが困窮していた沖縄経済をさらに悪化させた。米軍政府も沖縄住民の生活を安定させるため、割当土地制度の導入を行っているが、この制度自体が戦時下の緊急避難的措置であるため何ら解決のための方策となるものではなかった。こうした事情も重なり、緊急課題であった食糧・雇用問題の解決の一環として、戦前から行われてきた海外移住の傍らで八重山開拓問題が協議されるようになる。

　1946（昭和 21）年 12 月に八重山開拓調査団の石垣島訪問を皮切りに、軍政府カトリン大尉と民政府農林部長の石垣島訪問と知事による訪問が行われた。八重山開拓の開始のため必要なインフラの部分の提案があった。八重山地域は明治時代にも開拓団が組織されて移住が行われた歴史を持つ地域であったが、戦前の移住はマラリアによって成功するものではなかった。終戦

---

74 日本の海外移民事業は、戦前から戦後にハワイから南米にかけて数多くの日本人移住者を生み出している。戦後の移住事業は 1952（昭和 27）年から 1993（平成 5）年まで行われた事業であるが、最も移住者が多かったのが 1956（昭和 31）年から 1965（昭和 40）年である。中間年の 1960（昭和 35）年を例にとると 47 都道府県の中で移住者を最も輩出しているのが沖縄県で、この年の総数が 7,227 人で 2 位の高知県が 2,723 人と言う数である。沖縄県は人口 10 万人当たりおよそ 818 人が海外移住を行った。南米移住に関してはアルゼンチンへの移住ではその大部分を占めているのが沖縄県であり、海外でのウチナンチュウ（沖縄人を指す地元の言葉で本土の人間をヤマトンチュウと呼ぶ）として沖縄の文化圏を形成している。国際協力事業団資料 jomm.jp/newsletter/tayon26_02.html（2017/1/10）。

第 2 章　戦後沖縄の復興と農業制度の整備過程

後は避難所での収容生活が行われていたが、マラリアが蔓延した八重山地域の惨状は「耕地は荒れ果て、生産しようにも軍隊に取り上げられた牛や馬は帰ってこない。食うに蓄えはなく、おまけに避難地から土産に持ち帰ったのはマラリアだった。家族みんながマラリアにかかり一家全滅した家族も出た。食わんがための、生きんがための悪徳行為が白昼平然と横行、世の末を思わせる状況」[75] という有様だった。八重山地域一帯がマラリアの発生地域である。そのため駆除対策ができるまで全面撤退を余儀なくされた。八重山地域は、1945（昭和 20）年 12 月より行われる米軍の地域一帯での農薬の集中散布によるマラリア駆除が行われ[76]、やがて移住可能となり移住団が投入されるようになる。

　1947 年 1 月には沖縄県に開拓庁が設置され、同時に八重山地域でも内外からの引揚げ者に対して町村有地の払い下げが開始された。群島政府の公的な移住政策が展開されるにあたって、それに先立って自由移民の移住者たちが 1948 年 4 月に竹富町内の黒島と竹富島から由布部落[77] と、1948 年 10 月に集団的な移住の先駆けとして宮古島下地地区から開拓移住民が西表島住吉地区へ入り住吉部落を創設している。

　八重山地区、とりわけ面積の広大な西表島は戦後の開拓移住を行うことが可能なポテンシャルを持った地域と位置付けられていた。西表島では終戦後の 1947 年に米軍が復興用の木材の伐採のため一時森林開拓が中断されていた。西表島は森林が全島を覆うジャングルの島で、こうしたことから復興用木材が切り出され、同時に道路開発が行われ 1955（昭和 30）年から 1957（昭

---

75 当時の八重山では社会機能がマヒした状態の中で住民による自治組織として「八重山自治会」が誕生し、自治会に総務・文化・衛生・治安の各部を設けてマラリアと食料対策を緊急課題として自警団を組織して治安の維持に努め、実質的な自治活動が始動した。南風原英育『マラリア撲滅への挑戦者たち』pp.90-94 南山舎 [2012]。

76 米軍政府は米 250 袋・塩 50 袋・缶詰 660 箱・食油缶などの援助物資八重山支庁に、アテブリン 120 万錠を医師会に提供した。西表島では DDT の集中散布を行うことによって昭和 20 年代には駆除を終了している。マラリアは最終的には 1961（昭和 36）年 3 月に西表島での 5 名の患者発生を最後に撲滅宣言が行われている。前掲、南風原英育 pp.94-95。

77 西表島美原の前にある由布島を指している。一旦無人の島になっているが、現在では農業生産法人によるパイナップルの生産が行われている。

2.4. 開拓政策の展望

和32）年にかけて島内の主要な部分に輸送用の道路[78]が確保された。

八重山開拓民受入計画に就いて

案

経第六〇五号

一九五一年五月五日　知事名

各市町村宛　八重山開拓民受入に就いて

経済自立の基盤を培養確立することを目的として群島外及群島内の過剰農家からなる農事開拓民を中核とする各種開拓民を移住させ産業生産力の増大を期し全琉経済再建に資するべく政府は八重山開拓民受入計画の樹立を進めているのでありますが計画樹立をなす上に根基となるのは開拓農地に関する事項であり取り分け左記事項について市町村当局の財政其の他の面に至大の影響を及ぼす事と思惟致しますので貴下の御方針を承り度御照会致します。

一、開拓民受入地区の決定、農地の配分、部落用地の決定は当群島政府が開発期間（農林省、沖縄群島政府、八重山開拓委員会等）の諒解の下に管轄各市町と合議の上決定することにしたい。

二、農地は一戸に対し一町五反歩の配分を行ない部落用地は別に割当てる。

三、配分される土地は市町有地では三ヶ年無料で借地耕作させ、三ヶ年後に払下げることを原則としたい。

四、中央政府、群島政府、市町当局は移殖後三ヶ年間は行政制度の適用運営について特別の考慮を払い経費の負担公共事務の処理について開発地の実情に即応せしむると共に新農村建設への円満なる遂行を図るようにしたい。

八重山開発並に移民関係　　　八重山地方庁

---

78 西表島は河川が多いため架橋の建設が行われていて、仲間川・前良川・後良川の河川建設が1955年に終了し、古見から野原にかけての通称・オグデン道路（琉球米国民政府長官のオグデン少将の名前が付けられている）が1957（昭和32）年に完成をしている。

（原文のママ、出所、琉球資料第 8 集経済編　琉球政府文教局 pp.135~136[1988]）

八重山群島開拓移民募集について

一九五一年八月六日　経済部長

八重山群島の未開拓地に、土地狭隘にして人口緻密なる沖縄群島より移民を送出して資源開発にあたらしめ人口の調整と経済復興に寄与せしむる為、左の条件に依って移民を募集しますので各市町村民に其の主旨を徹底せしめ希望者を左記要領に依り調査の上、8 月 30 日迄報告下さい。

（一）送出計画

1、一九五一年 - 一九五四年迄三〇〇〇戸一五〇〇〇人を送出する。

2、移民は八重山群島に定住する意志強固にして素質の優秀なる成人労働者を有する農家より選出する。

3、移民団の編成は 10 戸 -30 戸毎に市町村に於いて縁故者を以て一団を編成し責任感旺盛なる代表者を選出する。

4、先遣隊制度を原則として家族呼寄は一年後とし、住宅建設と食糧自給体制確立の時とす。

（二）基本施設及資金

1、農道灌杯排水路、防潮防風林、猪垣、学校、診療所等、軍に予算接捗中

2、営農資金は復興金庫より融資の予定。

3、輸送費（沖縄 - 石垣港）沖縄群島政府負担とす。但し、集合地滞在中の食費並びに船中食費は自弁とす。

（三）土地払下について

1、一戸当耕地一町五反歩を保有せしむ。

2、土地払下について開墾後、土地代一坪一円〜三円程度

（四）其の他

1、開墾地山林立木の無償払下げ

2、開墾期間中食料衣料類配給の幹旋

2.4. 開拓政策の展望

表2-3　西表島移住計画1951（昭和26）年～1954（昭和29）年

予定地区	年次	開発予定面積			入植予定戸数		
		開田	開畑	合計面積	沖縄県内移民	都内移民	合計戸数
仲間	1年次	41	259	300	200		200
	2年次	29	171	200	133		133
	3年次	29	171	200	133		133
大原	1年次	16	134	150		100	100
	2年次	16	134	150		100	100
	3年次	18	129	147	36	62	98
古見	1年次						
	2年次	50	50	100	66		66
	3年次						
高那	1年次						
	2年次		128	128	85		85
	3年次		37	37	25		25
野原	1年次						
	2年次						
	3年次		20	20	13		13
ヨナラ	1年次						
	2年次	20	5	25	16		16
	3年次						
ホ子ラ	1年次						
	2年次		30	30	20		20
	3年次						
伊武田	1年次						
	2年次	50	100	150	100		100
	3年次						
上原	1年次						
	2年次		120	120	80		80
	3年次		80	80	52		52
船浦	1年次						
	2年次	81	69	150		100	100
	3年次	39	31	70		47	47
浦内	1年次						
	2年次						
	3年次	40		40	27		27
干立	1年次						
	2年次						
	3年次	80	40	120	80		80

出所：「琉球資料第八集経済編3」琉球政府文教局、1963(昭和38) 年10月20日より筆者作成。
　注 (1) 単位は面積／町 (約1ha)、戸数／1戸。
　　　(2) 沖縄県内移民は本島からの移民で郡内は本島以外の沖縄県 。

133

第 2 章　戦後沖縄の復興と農業制度の整備過程

3、公租公課負担の減免

一九五一年　産業課　　農事ニ関スル書類ヨリ

　　　　　（原文のママ、琉球資料第 8 集経済編　琉球政府文教局 p.135[1988]）

　インフラが整ったことによって移住計画が進められた。この移民募集を行
う前の 5 月 5 日に、「八重山開拓民受入計画に就いて」が知事より各市町村
に送られた。民政府事業として移住計画が公表されるのは 1951（昭和 26）
年 8 月 6 日付の各市町村宛に出された「八重山群島開拓移民募集について」
によって始められている。

　この事業は経済部長によって各市町村に移民計画の依頼が行われ、「八重
山群島の未開拓地に、土地狭隘にして人口緻密なる沖縄群島より移民を送出
して資源開発にあたらしめ人口の調整と経済復興に寄与せしむる為」[79] 移住
者を募るものである（表 2-3 と表 2-4 は西表島と八重山地区における移住計画の目
標を表にしたものである）。送出計画にあるように、「総戸数 3,000 戸 15,000
名の移住を予定し、意志強固にして優秀なる成人労働者を有する農家より選
抜し、10 戸から 30 戸の移民団を編成して、1 年後には家族を呼び寄せ住宅
建設と食糧の自給体制を確立」[80] することを目指した。計画では当初 3 年計
画で開始されたものであるが、マラリア駆除に成功したことにより 1957（昭
和 32）年まで続けられた[81]。

　一定の成果を残した移住の結果である。最終的に本土復帰を果たす以前
の 1966（昭和 41）年の集計では、自由移民を合わせた数とし石垣島と西

---

79 前掲、『沖縄県農林水産行政史』第 1 巻 pp.273-276。
80 前掲、『沖縄県農林水産行政史』第 1 巻 pp.273-276。
81 1952（昭和 27）年に本島の読谷村から移住した中学生の手記がある。「二、三年のうちは陸稲
　が良くできましたが、その後は十五センチぐらい伸びたところ害虫のため赤く枯れてしまい、当
　時は農薬も普及していなかったので、イモをうえるほかなかった。イモはイモで猪害が大きく、
　夜中にみんなが海の方から山へ猪の来るのを防いだそうです。ついに食糧難となり山道を馬に
　乗ってイモを買いに行ったりして過ごしたらしい。当時の交通は小さな山道を馬で行く、歩いて
　行く、または開発丸という小さな船を利用し、満潮時をみて船を出すという状態だった。急病人
　がでたらそれこそ大変だった」。村の発展の歴史が良く現されたものである。前掲、『沖縄県農林
　水産行政史』第 1 巻 pp.274-275。

2.4. 開拓政策の展望

表2-4　八重山地区移住計画

年次	1年次			2年次			3年次			八重山地域
開拓地域	沖縄県	郡内	合計戸数	沖縄県	郡内	合計戸数	沖縄県	郡内	合計戸数	合計戸数
石垣市	100	60	160	200	246	446	402	286	688	1,294
竹富町	200	100	300	500	200	700	366	109	475	1,475

出所：「琉球資料第八集経済編3」琉球政府文教局、1963(昭和38)年10月20日より筆者作成、単位は戸。

表島の移住部落は22、総戸数729、人口は4,280人に達して、当時の定着率は74%で1,800haの農地が開発された[82]。この成果は、サトウキビ年間35,000ドル、パイン44,000ドルの収入を上げ、2,000頭の家畜を飼育して今日の八重山地域の繁栄の基礎を作った[83]。これによって住環境の整備や道路のインフラなども完成している。

　米軍政府はこの時点で極東の地理的要衝（沖縄）を抑えた上で、自らの政策課題の達成にはとりあえず成功した。この八重山移住の中核をなしたのが、沖縄戦において最も本島での激戦が繰り広げられた地域の住民の中から送り出されている。沖縄戦と終戦の混乱による貧困は沖縄の住民たちを二重に苦しめた。沖縄本島では、なし崩し的に割当土地制度や割当耕作制度によって住宅地や耕作地を割当てられて、この地域が軍政府の都合に合わせて繰り返し土地の収用が行われた中心地域なのである。地域から漏れた者は離島へ送り出すやり方が地元住民に行われていたのである。本島で行われた割当耕地と比較すると、移住先は面積などの条件は整えられたように見られるが、移住者は耕地の分配を受けた後はすべて自立しなければならず、気象条件による変化などは計算に入れられていなかった。農業の一番の基礎的要件である、一経営体当たりの耕地の集積による売り上げの相関関係や技術指導にまで言及して政策が練られたものとは言えないだろう。八重山移住は、当時一定の成果を上げているが、本土復帰を果たす前後10年間に起こった著しい過疎化は何が問題であったか検討しなければならないだろう。

---

82 前掲、『沖縄県農林水産行政史』第1巻 p.274。
83 当時のレートで売上高はサトウキビ1,260万円、パイン1,584万円。前掲、『沖縄県農林水産行政史』第1巻 p.274。

終戦の混乱や移住等が一段落して束の間の安堵感の後、気象状況の急変によって農業経営が危機に瀕する状態が生まれるのである。意志強固な移住者の中からも脱落者が出始めてしまうのである。その結果、八重山地域には新たな問題が生まれるのである。

2.4.2. 考察 –「沖縄の農地改革」

沖縄の戦後復興は、焦土となった本島の復興であり、農業を主要な産業としていた沖縄の復興というものではなかった。当時を振り返ると、食糧難のところへ引揚者や外国からの帰国者による人口圧力が著しく増大していた。沖縄県の基礎的な構造は農業が地元経済を支える基幹産業であった。元来、耕地面積が狭小という問題が有り、生産性も低いものであった。作業現場も鍬や鋤による手作業で行われ効率とは無縁であった。狭い耕地に効率の低い生産性を補ったのが県民を海外や国内の他地域へ移住させることによって地元住民の食糧問題を解決させようと言うものであった。

本土の農地改革は小作農を経済的に自立させることに成功している。その中心にあるものが「耕作者の地位の安定」によって、農業生産を急激に回復させることに成功したことである。沖縄では戦災によって本島部分では住宅や耕地が壊滅的な打撃を受けていたため、極めて限定された範囲での施策を行うことで復興を図ろうとするもので、地図上で耕作地を分配する「割当耕作制度」によって事態の打開を図ろうとした。

一人当たり耕地面積が極めて狭小というハンデを持ちながら、耕作権も不安定であったのが沖縄であった。この状況を直視して解決を図ろうとした志喜屋孝信は、まさに農地改革に着目して耕作権の安定を図ろうとした。これによって食糧問題を解決しようとしたのである。農業問題はある意味では世界共通の認識が存在するものである。今回、アメリカから派遣された調査団によって、沖縄の農業問題がアメリカの農業経済学者や知識人から発言が行われている。ヴィケリーは本土と同様の農地改革の必要性を述べている。また必要のない基地や占拠している耕地については、地元農民に返還すること

2.4. 開拓政策の展望

や農地と軍用地の交換についてまで言及している。グッドウィンは食糧難の解決のため開拓移住を八重山で行うことを提言している。地元政府にアメリカが財政支援すべきことも述べている。

　この二人に共通するものは、農業が基幹産業であるという地域において、地域の農民の生活が安定した上でなければ、地域の基盤となる財政も安定することができず、結局地元の行政が成立しえないのである。

　アメリカの調査団の報告は、非常に感銘を受けるものであるが、現実的に基地が存在する沖縄本島では難しいものであった。二人の学説は八重山において一部が実現された。農地の新たな開拓は同じ沖縄県内の離島地域へ向かわされた。八重山地域への移住はこうした農業問題の解決として大きな期待を持たれたものとして行われた。離島地域は本島と比較すると耕地面積の規模は大きなものであった。

　現代の農業問題では、農地改革が否定的な点もかなり存在するが、終戦から 70 年を支えたのも農業制度においては、根幹は農地改革だろう。日本の戦後社会に対して、十分な効用を生み出したものなのである。農地改革後には農地法が制定され法制度から厳しい規制が農地に行われている。沖縄と本土では法制度が二重の基準によって行われていた時代を経験している。その時代に起きたことも検討しなければならない。

　農地改革が持つ意味について考えさせられるのが沖縄である。農地改革という制度的な施策が無かったがゆえに起こった事実が存在している。こうした点が耕作放棄地問題に対してどのような影響を与えたのか注視する必要があるだろう。

2.5. 沖縄の本土復帰

2.5.1. 本土復帰前後の離島地域

　西表島を含む八重山地域は、戦後の入植によって現在の各地域の主要部分が形作られ、一段落したのが1960年代である。本土では農地改革の成果として1952（昭和27）年に農地法が策定された。農地法では、農地は農家のみが所有することが許されるものであった[84]。沖縄は農地改革が行われず法整備が行われない地域であった。法整備の行われなかったところではどのような状況になるのか、典型的な事例が離島で発生している。離島地域では法整備のない状況の下で大量の農地売買が行われた（高度経済成長時代の後半には日本全国で企業による農地や山林の買収・買占めが行われているが、この場合、制度のない中で行われた沖縄の農地売買とは分けて考える）。八重山地域の代表的なメディアである八重山毎日新聞紙上では、当時行われていた農地売買について、事態を頻繁に伝えた。

　農地の売買は沖縄全域で行われていたが、離島地域では農地に限らず周辺部分の山林・原野なども売買され、島の主要部分が買収された。農地法の規制が存在しない沖縄では、農地も一般の不動産と同様に自由売買が行われ、本土復帰を目前にした1960年代後半から大量の農地売買が行われた。売買の根底には複数の要因が存在する。一つには内部的事情として農家自身の経済的理由によるものである。それは農業経営が上手く行かず経営撤退した農家によって、離農による移住地引揚げが農地の売買に大きく関係した。

　八重山地域の戦後は1948（昭和23）年の開拓団の入植から始まり、それが1957（昭和32）年に終了した。入植後20年を経過した時点で、退団者

---

84 その後の法改正によって現在では農業法人や企業も農地を所有することができるようになっている。

2.5. 沖縄の本土復帰

の続出が報告されている。戦後の開拓では沖縄本島・宮古島から八重山地域
（石垣島を含む）に 8,802 戸[85] が移住団に参加しているが、近年、退団や移
住地の引揚げが起こって問題化するのが 1968（昭和 43）年当時である。

理由として、「現金廻りのいい本島で稼いで子供に仕送りするためと、集
団就職や子供らの成長で残された家族が老齢化し、親せきや子供らに呼び戻
されているのがほとんどである。キビやパインだけの農業形態では現金収入
が少なく子供らの養育が出来ないというものが圧倒的。退団の場合は残され
た家族が老齢化し、旧態依然の農業形態に見切りをつけているのが多い」[86]
と言うものである。開拓当初の意思が挫ける原因は、「未開の地の開拓に闘
志を燃やし集団移転してきた開拓者がこれだけ転出または退団者が増えたの
は、肉体的、経済的、精神的負担が一貫性のない移住地政策に耐え切れず」[87]
であった。

移住政策の一貫性の欠如は、多方面から指摘されていたが、移住地の立地
条件が悪い上に、「基本施設や生産物の保護措置などが不十分で、開拓で入
植した耕地の条件が悪いうえに開拓農家の育成が杜撰」[88] だったことも要因
であった。高い志が挫折して行く過程は、原因を追究すると農業政策の根底
にぶつかった。それは、「①若年労働力の不足、②パイン・キビ一辺倒によ
る経営不振、③労働力の高齢化等」[89] が挙げられている。特に、パイン・キ
ビなどによる経営は現金収入が少なく、子どもの教育費が賄えない点に原因
があった。パインは缶詰用の原料のため、単価が安くコストを抑えても収益
を出すまでに至らず、キビは栽培の過程で労働力を大量に要すため、若年労
働力の不足した離島地域でこれを補うことが難しく、そのために収穫量が一
向に上がらない問題が起こった。

経済的な問題の発生は家族生活に直結して、その典型が子供の高校進学に

---

85 八重山毎日新聞 1968（昭和 43）年 7 月 9 日。
86 八重山毎日新聞 1968（昭和 43）年 7 月 9 日。
87 八重山毎日新聞 1968（昭和 43）年 7 月 9 日。
88 八重山毎日新聞 1968（昭和 43）年 7 月 9 日。
89 八重山毎日新聞 1968（昭和 43）年 7 月 9 日。

第２章　戦後沖縄の復興と農業制度の整備過程

八重山毎日新聞　1968年7月9日

八重山毎日新聞　1972年3月15日

2.5. 沖縄の本土復帰

あった。離島地域には高校が無く一旦中学卒業後に島外へ転出しなければならなかった。インフラである教育施設の不存在という根本問題は離島地域では家計を大きく圧迫するものである。

当時の離島での生活は、入植後の生活が決して楽な生活ではなかった。本土復帰目前には異常気象による干ばつも起こった。気象による災害は避けて通れない天災である。苦境に陥った農家が一番初めにとる対策は「農地の売却」[90]である。農地の売買に関しては60年代後半から大量売買の事例が起こり、復帰直前には駆け込み的に売買が行われた。農家では最終的な資金繰り策として農地を手放している。農地を売却する場合であるが、売却先は本土の大手資本である。地元の農民組合でも「土地の手放し」の問題性を熟慮しなければならない事態に陥っていた。

土地を手放す農家であるが、「借金の返済に追われて苦しまぎれの者が多く、しかも復帰後を目論む大手企業だけに、土地代も相場よりもかなり高めの設定」[91]がされたようである。借金を抱え災害で農作物の収入もなく、生活苦にあえぐ農家にとっては喉から手が出るような資金であっただろう。その日暮らしの者が通過する道である。もちろん開拓者のすべてではなかった。土地を手放さずに頑張る農家も多く、土地を手放す農家と決定的な相違は「経営規模拡大に成功してきた農家」[92]と言うことである。琉球政府の規制で、琉球人以外は土地売買ができない原則が簡単に破られ、多くの農地が第三者の手に渡った。

大半の農地の売買は、観光開発や住宅建設という大義名分の下で行われた。生活苦の農家と土地を求める業者の双方によって売買が行われ、長期的な地域の発展などの概念は存在しなかった。

沖縄返還実行の年に本土では未曾有の土地ブームが起こった。全国のあら

---

90 八重山毎日新聞 1972（昭和47）年3月15日。
91 八重山毎日新聞 1972（昭和47）年3月15日。
92 八重山毎日新聞 1972（昭和47）年3月15日。

第 2 章　戦後沖縄の復興と農業制度の整備過程

ゆる地域が「投資対象」[93] として企業による土地買収が行われていた。返還前の沖縄でも本土の土地ブームの影響が甚大だった。西表島では復帰後に国立公園[94] に指定を受ける地域が本土資本[95] の手で買収されようとして、竹富町当局が必死に広報で住民を説得したが、効果が上あがらなかった。町当局の「土地は万代、金は一時」[96] という広報活動の文字が空しいものである。

　このように本土復帰を前にして起った大量の農地売買は、干ばつなどの発生によるものもあり「不運」と言うべきこともあるが、制度的な不備、農地法の不存在によって可能になったことについて、検討しなければならない。自然環境の厳しさは覚悟の上での開拓であり、本島に比べて広大な農地が用意された上での開拓であった。しかし、具体的な農業経営の指導が無く、収益の向上も見込めず困難にぶつかったとき、土地を最終的な財産として売却せざるを得なかった。いわば農地売買は農業経営の失敗などによる人災なのである。行政当局についても「日常活動の重要性」について、認識に欠けていたと批判せざるを得ないのである。「営農指導」は農家を守る基本である。それなくして農地を守ることは難しいことなのである。農地が国民の食糧生産を行う場であり、農家はそれを独占的に使用するため様々な規制によって保護されてきた。本土と沖縄の「農地制度の違い」が顕著に表れたのが「本土復帰前の農地売買」の事態なのである。本土復帰を前にして、観光開発などの先行投資として農地を購入した企業や、経済的苦境から農地を手放した農家など、それぞれ立場は違いながら法制度の不備を前提に行った取引なのである。この両者によって、離島地域の景勝地の大部分が売買され、現在で

---

93 田中角栄元総理大臣の著書「日本列島改造論」によって全国各地に産業都市を作る構想が発表され、それに合わせて企業が全国各地の土地買収に向かった。当時の背景であるが、大工業基地の建設を中心として、新しい拠点開発方式の地方開発が構想された。田中元首相の農業政策が述べられている。田中角栄『日本列島改造論』[1972]pp.173~183「農工一体でよみがえる近代農村」。
94 1972（昭和47）年 4 月 18 日に琉球政府立公園として「西表政府立公園」に指定され、復帰後の 5 月 15 日に国立公園として「西表国立公園」に指定されている。沖縄大百科事典、上巻 p.247。
95 楽器メーカーである Y 社などの企業が頻繁に来島して個人所有の多い東部地区の土地買収を目指していた。八重山毎日新聞 1972（昭和47）年 5 月 6 日。
96 八重山毎日新聞 1972（昭和47）年 5 月 6 日。

は耕作放棄地として残されている。

2.5.2. 離島農村の社会問題

西表島を含む離島地域は、戦後に入植した開拓移住者が、農業で生活基盤の確立を図った地域であり、程度の差はありながら成功を収めてきた。今後の住民生活の安定に、道路など公共インフラの実現・整備という点に期待が寄せられた。移住者が日常生活で行っている農業生産の点で、復帰前後で大きな転換が出現する。終戦後行われた農地改革の成果である農地法に対する地元住民の反応である。本土復帰後には本土の諸政策が沖縄県においても全面適用となり、農地法についても全面適用となることが決定されていた。

沖縄は、終戦後に米政府当局の施政下に入り、日本の法律適用がなされなかった。その下で農地の売買・集積が行われてきた。本土復帰後に農地法の適用となることが、現地の農家に大きな混乱を起こした。戦後の混乱期に計画移民として開拓団が組織され、開拓の行われた八重山地域では、一定の面積を持って農業経営が行われていた。こうした農家も琉球政府下での生活環境、経済環境の下で暮らしてきた者には、逆に農地法の適用による規制が、自分たちの生活を脅かすものと考えられた。沖縄の状況は、「大地主（この場合製糖会社を指している）や不在地主がほとんどそのまま残っており、復帰後本土の農地法が全面的に適用されることに反対」[97] と言うものが主流であった。しかし復帰とともに農地法の全面適用になる。戦後の沖縄では、一貫して自作農を促進する政策がとられることがなく行われてきた農地政策のなかで、小作地所有制限に関しては弾力的 [98] な適用を示唆している。農地法が適用されるのは、「農地の売買・賃貸借の制限、転用の規定、賃貸借の権利関係の調整、小作料に関する規定」[99] などである。

---

97 八重山毎日新聞 1970（昭和 45）年 5 月 23 日。
98 小作地所有制限については農地保有の実態が明らかでないという点と、大農家経営を促進する立場に逆行するなどの理由から復帰後 3 年間から 5 年は適用外とすることが行われた。八重山毎日新聞 1970（昭和 45）年 5 月 23 日。
99 八重山毎日新聞 1970（昭和 45）年 5 月 23 日。

地元の農家にとってはこれまでの慣例、「農地でも自由に売買」ができ、いつでも現金にできる制度を守りたいという意識が強かった。地元の農家では農地法の適用後のいくつかの問題に関して懸念していた。一番強かったのが農地の強制買収[100]である。それと貸地の取り上げと自由な利用（住宅などの建設）への懸念である[101]。この懸念は後には解消される。一部では、間違った情報で混乱が発生したが、制度の空白期間は大きなもので、27年間を埋めることが容易ではないことが知らしめられた。

八重山毎日新聞　1970年5月23日

　八重山支庁の農林部も本土復帰を挟んで行われた農地売買について、本来は行うことのできない売買がかなり含まれているという認識を持っていた。本土復帰直後に実態調査が行われているが、「違法な農地売買」[102]について取締りも行われた。本土復帰後に農地法が施行されているが、趣旨が十分に理解されていないのが実態であり、農地の売買が引き続き繰り返された。八重山支庁では無視できない案件であるために実態調査へ至っている。

　一例として、観光会社に売却された土地が農地でない前提で売買が行われた事例がある。名目は防風林であるが、防風林を伐り倒すと地域の農業は成り立たず、防風林は必要不可欠のものというのが当局の考え方である[103]。そのため農地の転用は認められない。農家にはすでに決済代金が支払われていて、業者は登記を待つ状態であるが、法解釈上当局から登記できないことが

---

100 農地改革では政府買収方式から強制譲渡方式へ移行されている。
101 自分の耕作地が取られてしまうのではないかという懸念である。前掲、『沖縄県農林行政史1』
102 西表島東部のヤッサでの売買に関しては無効とするものであった。ヤッサは仲間川河口に位置する小島で、無効となった後に農地が買い戻され、県の公社から地元の農家に売り渡されている。前掲、『沖縄県農林行政史1』。
103 八重山毎日新聞1972（昭和47）年6月19日。

2.5. 沖縄の本土復帰

伝えられ、転用できなければ何も使用することができない。実際に西表島で
いくつもの売買案件があり、ホテル建設を目的として売買された[104]。

八重山地域では経済的苦境から、農家が次々と農地を本土の大手資本に売
却していることが報道されている。琉球政府の法令では、琉球人以外[105]が
沖縄の土地を買うことができないため、地元の仲介者を通して売買されてき
た。復帰後は直接取引ができるようになった。原則として農地売買は復帰後
にはできなくなった。しかし違法と脱法の狭間で農地の売買が繰り返された
離島地域である。すでに海岸線の景勝地の主要部分は買占められている。農
家の生活苦に乗じた観光開発名目の土地買収の実態が明らかにされたのであ
る。

---

104 ここで言われている問題は、売買が不成立となった場合に土地代金の返還などが起こった時に、
　農家が返金を履行できない可能性が指摘されていた。八重山毎日新聞1972(昭和47)年6月19日。
105 1965 (昭和40) 年琉球政府立法百十号。

第 2 章　戦後沖縄の復興と農業制度の整備過程

2.6. 農地売買と土地投機

2.6.1. 規制制度のない沖縄県での土地投機

　沖縄において発生した本土復帰前後の混乱した状況の中で行われた農地売買の実態を明らかにしよう。

　本来、農地は国民全体や地域住民のために食料生産や自然涵養のために提供されるものであることを前提としている。これらの事業が適正に運営されれば農業経営に参加する者は誰でもよい。沖縄で起こった本土復帰前の土地投資（投機）の実態とは、自然環境の厳しさが干ばつという形で地域に現れた時[106]、農業制度（農地制度や農業経営）の不備が地域にどのような影響を与えたか、戦前の小作農制が、凶作[107]の発生のため最終的に追い込まれてきた時と、同じ軌跡をたどった事例なのである。その影響は農村地域に最も現れている。生活して行くために都市部に離島地域から職を求めて押し寄せる人々によって人口が膨張し、逆に離島地域では大幅な人口減少となった。地域社会の基本である「集落を支える」ための学校や医療などのインフラが破壊されることになる。沖縄の離島地域（八重山地域など）は、本土復帰前後の約 10 年間にどこも大幅な人口減少から過疎化が一段と進行した。

　本土復帰を前に大量の農地売買が行われたが、農地改革以降、本土では農地売買の規制が続いていた。なぜ規制が必要なのかといえば、この答えは企業による農地売買にあるだろう。沖縄の売買実態から見て、農地所有の動機の部分が農業経営ではなく、農地転用による利潤追求という短期的な投資（投機）として行われた事例である。農地も不動産である以上、市場での価格動

---

106 沖縄では、台風と干ばつが自然災害として頻発する問題が有り、実際に離島ではこれが原因で
　過疎化を招いている。
107 特に東北や北陸地方では米の不作から婦女子の身売りが相次いだ。

146

向や、その他への転用による利用が考えられるものである。価格が安ければ価格高騰への期待が生まれる。沖縄での農地価格は、農業用地の価格から大きく乖離したもので、転用価格によって農地価格が変動していた。誰もが価値（美しさや景観）を認めるものならば十分購入の動機となる。沖縄は地域全体が、美しいサンゴに彩られた海で囲まれた地域で、この美しさは世界的にも最高のものだろう。ハワイやタヒチのような世界的なリゾートと比較して決して劣るものではなく、同等のリゾートとなることを予感させても不思議ではない。事実、1980年代後半以降のバブル経済の下、全国的なリゾート開発が行われ、本島では広大な面積を使用した高級リゾート施設が相次いで作られた。

　沖縄本島よりもさらに人の手の入らない八重山などの離島地域にも開発が波及して、各地域でホテル建設や本土からの移住名目の別荘建設などが行われている。八重山地域はリゾート開発未開の地であり、石垣市や西表島・竹富島[108]を抱える竹富町では、リゾートへの期待と関心が集中的な土地投機へと発展したのである。

　なぜこのような土地投機が可能であったのだろうか。これが沖縄の土地制度の結果として起こったことである。終戦後から本土復帰までの27年間、農地制度も本土の法体系では農家以外の者が自由に売買することは不可能であったが、規制のない沖縄では自由な売買が行われた。この制度の下で起こった実態を明らかにしよう。

2.6.2.　土地投機の実態

　沖縄は琉球政府時代より、土地売買に関する制度として、「非琉球人による恒久的土地取得」[109]について立法を行って、外部からの土地取得を規制する制度が確立されていた。ただし、すべてすり抜けてきたのが実情である。

---

108 後に石垣島では川平湾などが西表石垣国立公園になり、西表島はイリオモテヤマネコが特別天
　　然記念物に指定され、竹富島は重要伝統的建造物群保存地区に指定されている。
109 1965（昭和40）年9月10日琉球政府立法百十号（巻末添付資料に全文掲載）。

第 2 章　戦後沖縄の復興と農業制度の整備過程

この規制の許可を得た土地取得は、「非琉球人が取得した土地は 1971 (昭和
46) 年 10 月までに 233 件 380.3ha、うち日本人 (本土人及び本土企業) に
よるものは 165 件 87.2ha」[110] に過ぎなかった。しかしこの規制は、「本土
の企業や個人の土地取得は本土復帰後に補正することを条件に琉球法人ある
いは沖縄県民を表面にたてることで脱法的」[111] に行われたのが大半だった。
復帰後に規制がなくなり、その結果、農地に対する規制は農地法だけになり、
さらに山林・原野などが買い進められた。

　土地の買い占めが発生したのは、旧法体系が温存されていた復帰前に集中
した。特に資金力を持っている本土企業は、地元企業と結び付く形によって
売買を行うといった手法をとった。また地元有力者を役員に抱え込んだもの
も多い。自治体が組み込まれることもある。たとえば地域開発の名目で企業
が積極的に売り込みをかけ、ホテルなどのリゾート開発で雇用を提案するこ
とで自治体と共同で開発を行ったケースなどである。この土地の買い占め行
為に等しいものであるが、本土復帰後に沖縄海洋博が予定された現地では
開発に対する期待が海洋博ブームと重なり、「1971 (昭和46) 年 5 月から
1973 (昭和48) 年 5 月までの 2 年間に 12,123ha の土地が売買されており、
うち法人によるものは 52.7%、6,393ha に達している。この 12,123ha の土
地の地目別構成は、農地 3,047ha 山林・原野その他 9,076ha であって、全
体で県土総面積の 5.4%に達する広大」[112] なものであった。買い占めの特徴は、
本島は海洋博会場の本部半島と那覇へ向かう沿道と宮古島・石垣島・西表島
などの八重山地域の離島に集中している。開発業者には先行投資の意味合い
が強いものである。

　土地投機について言及しよう。土地投機は土地の値上がり利益に対する期
待を根底にしたものである。また地域で受け入れられるものもある。リゾー
ト開発で地域総体での展望を持った開発を目的としたものなどもある。沖縄

---

110 前掲、石井 pp.104-108。
111 前掲、石井 pp.104-108。
112 前掲、石井 p.105。

2.6. 農地売買と土地投機

表 2-5　復帰前農外資本による竹富町土地買い占め件数と面積

地目	農地		山林		原野		宅地		その他		法人・個人合計面積	
種別	件数	面積	件数	面積	件数	面積	件数	面積	件数	面積	件数	面積
法人	42	82,691.0	41	94,772.0	470	1,327,067.0	37	36,108.4	52	129,511.0	642	1,661,149.4
個人	11	18,462.0	8	11,267.0	177	656,655.0	19	19,926.3	1	1,844.0	216	707,154.3
種別合計	53	101,153.0	49	106,039.0	647	1,983,722.0	56	56,034.0	53	131,355.0	858	2,368,303.7

出所：沖縄県農業会議「沖縄県における農外資本による土地買い占め調査報告書」より筆者作成。
　この報告書は1972（昭和47）年5月15日より1974（昭和49）年12月31日を調査対象期間として登記がされている土地に関して行った調査による数字である。
注 (1) 面積の単位は㎡。

表 2-6　農地の復帰前の売買契約として登記された件数と面積

企業によるものと思われる農地の売買と判別できたもの									
1972 年 (昭和 47 年)		1973 年 (昭和 48 年)		1974 年 (昭和 49 年)		1975 年 (昭和 50 年)		総計	
件数	面積	件数	面積	件数	面積	件数	面積	件数	面積
19	16,462.0							19	16,462.0
農地の本土復帰前の売買契約として登記された件数と面積 (農外資本であるかどうか判別できない個人によって買われた農地)									
1972 年 (昭和 47 年)		1973 年 (昭和 48 年)		1974 年 (昭和 49 年)		1975 年 (昭和 50 年)		総計	
件数	面積	件数	面積	件数	面積	件数	面積	件数	面積
72	174,347.0	10	10,388.0	1	895.0			83	185,630.0

出所：沖縄県農業会議「沖縄県における農外資本による土地買い占め実態調査報告書」より筆者作成。
　この報告書は1972（昭和47）年5月15日より1974（昭和49）年12月31日を調査対象期間として登記がされている土地に関して行った調査による数字である。
注 (1) 面積の単位は㎡。

で最も多いのは景勝地を利用した観光開発である。これを達成するため、景勝地の土地が必要であり、ホテル・別荘・住宅などを建てて売買することが目的と考えられた。この需要を満たす土地は主に海岸線部分であるが、海岸線を含む地域の土地買収は、沖縄の人々にとって年中行事などが行われる特別の地域であり、将来に問題を残すことになるのである。

　本土復帰を挟んで行われた開発には成功したものもある。それによって地元雇用が創出され地域住民から感謝されている事例も少数ではあるが存在している。ここで企業が買収を行った場合の問題点を考えてみたい。企業の土地の買収後であるが、これまで当たり前のように利用してきた海から得られる産物の採収や、沖縄で行われてきた年間を通しての祭礼行事に関して支障

第2章　戦後沖縄の復興と農業制度の整備過程

が出るようになる。地元住民が海岸から締め出される事態が起こっている。沖縄県は祭礼行事の多い地域であり海岸や浜を利用して行う場合が多い。土地買収後には、残された地域の土地が最終的にスプロール化されているのである[113]。

　企業による農地の大量買収によって進展したものは、農地の荒廃であり、それとともに広大な山林などが買収された結果として、地域の荒廃であった。

　八重山でも企業による本土復帰前の土地買収は激しく行われたが、最終的にリゾート施設として完成されたものはほとんどない。西表島では、最も美しい景勝地である宇奈利崎で行われた開発が、施設建設後数年で破綻している。ここに企業買収の一番の問題点が凝縮されている。企業が破綻した場合、責任は最終的に企業にあるが、法的に破綻処理された時点で企業の責任は宙に浮いてしまう。西表島では自然や耕作条件の厳しさから離農によって放棄される農地が存在する一方で、リゾート開発の失敗による未利用地が多く存在している。西表島では農地の他、山林・原野が買収されている。それを行った中心が農外資本といわれる農業と関連のない企業、多くの場合は不動産開発の企業である。破綻の跡は現在も点在している。西表島は八重山地域では歴史のある離島で、島の耕地面積は約5％程度のものである。ジャングルに覆われた未開の島というのが本来の西表島であるが、本土復帰を挟んだ土地買収の結果として、耕地面積と同じ規模の面積が買収されている。西表島は本土復帰前には土地買収の最前線の地域であった。

　土地買収を数値から考えてみよう。沖縄県農業会議[114]が復帰前後からの売買に関する数字を表したのが表2-5であるが、これは竹富町だけのものである。3年間の法人・個人の総計が858件である。本土復帰前の離島地域で、いかに集中的に不動産への投資（投機）が行われてきたか一目瞭然である。表2-6は判明している農地の農外資本による売買を表したものである。西表

---

113 前掲、石井 pp.105~106。
114 全国の農業委員会に関連する組織として全国農業会議所があり、各都道府県に農業会議所が組織されている。沖縄県の復帰前後の土地売買では復帰後に調査を行っている。

2.6. 農地売買と土地投機

表2-7　西表島での大規模土地買い占め案件

場所	取得者	利用目的	買収等予定面積	地目
西表島浦内	A氏	ビーチ建設用地	55,731坪	田・畑・原野・砂地
備考	すでに買収済み、坪/40セント 宇奈利崎で計画中の文化村との関連でビーチを建設、竹富町議会は町有地 21,000坪をA氏が建設する文化村に対して貸す旨の決議を行っている			

場所	取得者	利用目的	買収等予定面積	地目
竹富町内離島	K氏 (Rバス役員)	観光開発	約260,000坪	牧場
備考	竹富町の町有地を買収、竹富町は干ばつ対策のため売却			

出所:総理府沖縄・北方対策庁調整部「沖縄における土地売買の状況等に関する調査報告書 1971 (昭和46) 年11月」
より筆者作成。

島がジャングルなどで利用が不可能な部分があることを勘案すると、利用可能な土地の面積に対する割合はかなり高いものであろう。

　買収に関してはセンサスによる統計的資料は存在しない。多くの土地売買の手法は、企業に代わって個人名で行われ、企業名が隠されて表に出ない手法が取られている。復帰前の琉球政府時代に違反転用やリゾート開発などに関する事情聴取の際にまとめられたものがある。西表島では問題となった2件の大型案件がある（表2-7）。この2件の案件のうちA氏[115]の案件は西表

---

115 A氏について触れておかなければならないだろう。なぜならばA氏は本土復帰を挟んだ時期に西表島のほとんどの開発計画に顔を出す地元では有名な存在であった。A氏については伝説的な部分もあるが、いくつかノンフィクションとしてまとめられているものがある。A氏は1934（昭和9）年に沖縄本島北部の本部の歯科医の長男として生まれている。本来であれば家業である歯科医を継ぐべき跡取りであったが、高校に進学したものの学業が肌に合わずプロボクサーになることを夢見ていたA氏は、那覇から徒歩で沖縄本島北端の辺戸岬に向かい本土に密航した。当時の沖縄は米軍の施政下にあり、本土に渡るためにはパスポートの取得が必要であったため家出同然であった。漁師に頼んで小さなサバニ（木をくり抜いて作った船）を出してもらい、二日半かかって喜界島（鹿児島県）に着き、そこから奄美大島へ渡り鹿児島経由で大阪へ出た。大阪ではボクシングジムに通いながら魚河岸の日雇いや電気配線工などで日銭稼ぎをして、密航後一年で関西代表として試合に出場しフェザー級6回戦で優勝を果たした。ところが練習中の怪我がもとでボクシング選手を断念せざるを得なくなった。その時、琉球政府からボクシングの指導者としての招聘状が舞い込んできた。学歴がないA氏には、教員免許などあるはずがなく、私立高校のモグリの体育教師として指導に当たった。A氏によれば「沖縄の全高校にボクシングジムを作り、沖縄Tジムを設立して沖縄のボクシング全盛時代を築くことができた（具志堅用高もその一人）」。その後は興行師として地元紙の社会面にヒーローとして登場。1964（昭和39）年には那覇市の外資製製造業の労働争議にも介入し組合側との協議に参加しストを収拾させた実績もある。A氏の西表島での最大の実績は、1966（昭和41）年に西表島に「太陽の村」と言う会員制

第2章 戦後沖縄の復興と農業制度の整備過程

島の誇る美しい景観の宇奈利崎地域にリゾート施設が建てられたが、20年以上前に破綻してその後所有者が変わり廃屋になっていた。A氏は沖縄本島の出身者であるが、果たしてA氏本人の単独の事業なのか、又はパートナーとの共同事業なのであるかは本人以外に知る者がいない。A氏はこの他の西表島での開発関係についてほぼすべてに登場する人物である。破綻したままの施設であったが、今回、竹富町による公園整備の一環で更地に戻されて、現在では当時の痕跡をうかがわせるものはない。

K氏の案件は西表島の白浜沖合の離島である。この島は戦前・戦中に石炭の埋蔵があったため、企業によって炭鉱開発が試みられた島である。現状は無人島で当時の炭坑跡に観光客が訪れる程度である。最近では東シナ海の一部の諸島[116]での領有に関する問題や、国境に近いため、外国人による島の買収が話題として取り上げられている。

最終的に復帰前の沖縄県で行われた企業を中心とした土地買収である。20,000m^{2}以上買収した企業の案件は7,634件、20,000m^{2}未満は1,714件、面積は36,039,153.7m^{2}と1,714,009.8m^{2}である[117]。農地の買収は20,000m^{2}以上が2,248件、20,000m^{2}未満が329件で、面積は8,764,867.6m^{2}と

保養施設の建設に乗り出したことである。この時A氏は32歳であった。1972（昭和47）年に沖縄が日本に返還されることを見込んでの大規模開発で沖縄が日本最大級の高級リゾート地になることを見越しての開発であった。この開発では、地元住民とのあいだに地域にある御嶽の木を伐採したことによって問題を起こしている。この騒動の時に岡本太郎氏との交流ができるようになり、スポーツ界や芸能界との交友関係などから伝説的な部分がさらに形づけられている。太陽の村の構想は資金面でつまずき頓挫する。この窮地を救ったのが、80年代から90年代のバブル時代にリゾート開発に乗り出したT氏のSグループである。Sグループもバブルによって業績不振になり西表島から撤退し、A氏が構想し建設に取り掛かった太陽の村は、ホテル・レストランやミニゴルフ場などの施設が廃墟となって、西表島の最も美しい景勝地に無残な姿として残されていた。その後、廃墟は取り壊されて現在では公園の計画があり、当時の様子はすっかり消えている。これがA氏の業績である。佐野眞一『されど彼らが人生　新忘れられた日本人』より「モズク養殖を営む元超武闘派ヤクザ」「沖縄初のプロボクサーの数奇な人生」pp.63-80 毎日新聞社 [2011]。

116 尖閣諸島の領有権に関する問題について日本が国有化を行って以降、中国との問題が起こっている。現代用語の基礎知識、自由国民社 [2015]p.67。

117 沖縄県農林水産部『沖縄県農林水産行政史第1巻第2巻』、数値は本土復帰後に沖縄県農業会議が調べたものである。

152

377,575.0m^2 である[118]。買収された土地は主に海岸線や海を眺めることができる丘陵に集中している。

2.6.3. 土地投機がもたらした問題点

　日本では農地は投資の対象となるものではない。農地改革の後に策定された農地法によって厳しく農地の取得が制限されてきた。これは本土において実践されてきた。沖縄は、制度的に本土と異なる基準が適用されてきた地域である。そのために農地の取得が企業などでも可能であったために農地取得の問題が発生している。

　沖縄で行われた農地の売買は、明らかに土地の値上がりを見込んだものである。何故ならば開発に至ったものが極端に少ないのが現実である。八重山の離島地域は沖縄本島に次いで農地・山林・原野の買収が行われた地域であるが、開発に至ったのは本土復帰後に小浜島で完成されたホテルのみである。西表島でも地元資本で開発されたものが1件あるがすぐに経営破綻している[119]。

　農地の取得が厳しい規制に置かれている意味を考えなければならない。農地は農業のための生産財であり、地域を面として利用し地域の共有財産の役割も担うものである。そのため農業を行う者のみに農地の取得が認められている。この規制がすべて正しいものでない。しかしこの規制がなかった場合どのような弊害が起こるのだろうか。その典型的な例が本土復帰を挟んだ沖縄で行われた農地などに対する売買の過程で起こっている。

　西表島を例に考えて見よう。本土復帰を挟んだ時期に竹富町で行われた売買件数が858件記録されている。西表島の人口は当時約1,500名である。離農者が続出して過疎化が最も進行した時代である。西表島で行われた農地の売買は、明確な目的を持った売買というものは見当たらず、明らかに値上がり益重視の投機と考えられる。目的がはっきりしない売買の後に起こるの

---

118 前掲、『沖縄県農林水産行政史第1巻第2巻』。
119 2000年代に入って西表島で大型ホテルが開業している。

第 2 章　戦後沖縄の復興と農業制度の整備過程

表 2-8　本土と沖縄の終戦から耕作放棄地の発生まで

本土	農地改革実施 - 農地の分配 - 自作農の確立 - 農地の自家保有 - 兼業化 - 農地の資産化への期待 (都市部の農地転用への期待) - 過疎化の進展 (後継者不在) - 農地の耕作放棄へ (主として中山間地域)
沖縄	農地改革不在 - 移住による開拓 - 割当耕作制度 (借地による経営) - 経営不振による離農・農地の転売 - 島外への転出・過疎化の進展 - 土地投機の集中 - 企業の所有農地の荒廃化 - 耕作放棄の拡大

筆者による作成

表 2-9　沖縄と本土の戦後農業制度

	沖縄	本土
1945 年～ 1960 年 昭和 20 年～昭和 35 年	終戦後の混乱の時代 使用権によって混乱を乗り切ろうとする 本島から未開の地であった八重山地域への 開拓移住団が組織される	農地改革の実施により耕地分配から 自作農主義の確立 兼業化へ流れる農民が急増、経営耕地面積 の問題から大規模化への志向
1961 年～ 1975 年 昭和 36 年～昭和 50 年	開拓移住は経営的にも一定成功をおさめた が自然災害の多発によって離農が始まる 土地の投機が西表島で頻発する。出稼ぎ等 による離島での本格的な過疎化が始まる	兼業化の進展が農地の流動化を阻害する 規模拡大が進まない 都市部での地価高騰が農村地域にも波及 農地の資産化、転用期待
1976 年から現在まで 昭和 51 年以降	ほとんどの離島地域は最盛期の人口の半分 近くまで減少、1980 年以降になり離島 ブームに支えられる形で移住者が生まれだ す。耕作放棄地と荒廃農地が問題となる	中山間地域を中心として農地の耕作放棄地 が増大 後継者不在が深刻化する 農地法の改正から本格的な所有と利用の分 離が始まる、企業参入も始まる

筆者による作成

は農地の耕作放棄である。これは全国的に明らかな事実であり、当時の西表島での売買の痕跡は現在まで続く耕作放棄地となっている。耕作放棄が行われることによって農業生産が低下し、地域経済が脆弱化することによって、地域から人口減少が起こると言うものである。地元の自治体も財政不安になるのである。

　西表島で行われた農地売買は沖縄県農業会議の資料からも農地の取得として正当性が見られるものは無いだろう。企業も社会の一員である以上地域を利用する場合は、社会的責任として地域に対して応分の負担を当然求められる。単に資金的なものにとどまるものではない。農地の価値に対する応分の負担である。農地は食料生産や環境保全、自然涵養などの目的を達成するため維持管理して行かなければならない地域共有財産である。ところが西表島では農地売買の弊害が如実に表れているのである。

　企業が所有している農地は、現在、耕作放棄地となっているが、農業利用

2.6. 農地売買と土地投機

に生かそうとするものは残念ながら見当たらない現状である。

もう一点は、地域経済の脆弱性が土地投機の引き金になっていることも考えなければならない。地域全体の問題として農業経営の不振に対して効果的な政策が行われた形跡はない。その結果として、本土復帰を挟んだ時期に大きな人口減少の発生が地元の新聞にも連日取り上げられた。地域で行われていた農業制度の問題点が指摘されるが、最終的に個々の農家が農業経営を担う者である。行政の役割はその側面的な支援策を行うことである。それは営農に関するものや自然災害から守ることなどが考えられるだろう。

土地投機の問題点はその点がすべて欠落してきたことである。西表島でも耕作放棄地は深刻な問題となっている。一刻も早くこの弊害を取り除く行動をすべき時であろう。

156

第 3 章
西表島とは

3.1. 西表島の創成期

西表島は、人の手が入らない秘境の地といわれ、古くから伝わる祭礼も行われ、独特な文化風習が残る地域である。西表島は江戸幕府誕生の頃より、薩摩藩の島津氏から琉球王国が侵攻され変わり始める。当時の琉球王府が島津氏に降伏し、王府は自分たちの権力基盤の維持に向かわざるを得なかった。その矛盾は先島と呼ばれる現在の八重山地域に持ち込まれた。当時について語り続けられるのが過酷な徴税体制として人頭税の存在である。17世紀から始まった税制度が終了するのは実に明治時代の終盤である。

薩摩による琉球支配の時代、最南端の離島地域でいったいどのような歴史が繰り広げられてきたのか、その一端を述べたい。

徴税が社会経済の問題ならば、自然環境の問題として、風土病のマラリア（蚊）も無視できない。中世から近代に何度も開拓が試みられたが、その試みは自然環境の前に挫折した。明治時代には西表島で炭鉱開発が行われ、本土資本による採炭が行われたが、開拓と同様に劣悪な自然環境の前に最終的に閉山となった。西表島など八重山地域が、マラリアの蔓延する地域から開拓へ道筋がつけられたのは、米軍によるマラリア駆除の成功である。

そして戦後の開拓時代を迎えた。終戦後に焼け野原の本島を救うため、移住者を受け入れたのが八重山地域である。1948（昭和23）年に八重山の離島部を統合する形で戦前に誕生した竹富村で町制が敷かれ竹富町が誕生する。本島の復興用の建設資材の調達先として、終戦直後の八重山に向けて、西表島の木材調達のため伐採隊が組織された。1960（昭和35）年にアメリカより資源調査隊が派遣され、同年、日本国内の調査機関においても西表島の資源調査が行われた。この時の調査で自然資源の豊かな島として西表島が認識された。

3.1. 西表島の創成期

開拓の島として、西表島は戦後に入植が行われているが、開拓間もない頃より長期的な過疎化状態になっていた。特に西表島に限らず八重山地域の離島では軒並み人口減少が起こった。最も減少したのが 1965（昭和 40）年から 1975（昭和 50）年の 10 年間である。竹富町の人口は半減し西表島の人口も約 3,000 名から 1,500 名程度まで減少した。

西表島も戦後 70 年を経過して新しい時代を迎えようとしている。しかし島内の各所では、戦後の政策上の問題から、本来なら緑を湛えた美しい農村地域が、荒廃した農地・山林に埋め尽くされている。なぜ終戦から本土復帰を経て安定する時代にこのような現象が起きたのか、この原因について問題の端緒を明らかにして、これまでにはない「西表島の歴史」と新しい統計を明らかにしよう。

3.1.1. 薩摩藩による琉球征伐

西表島は日本の最南端に位置する八重山諸島の中で中核を占める島である。西表島の歴史は、沖縄地域が大きな激動を迎える 17 世紀の頃からである。当時の沖縄は独立した「琉球王国」として存在していたが、薩摩藩の島津氏の侵攻から大きな節目を迎える。日本の歴史の中で現在に至るまで、第二次世界大戦の本島の地上戦とともに、本土に対する沖縄県民の微妙な感情の発端として、薩摩による琉球支配の開始とそれにともなう八重山地域に対する徴税制度の開始である。当時の記録が次のように残されている。

「1609（慶長 14）年 3 月、薩摩藩主の島津家久によって琉球への侵攻が開始されている。これが薩摩による琉球征伐と呼ばれるものの開始である。琉球征伐の命を受けた総大将の樺山久高は約 3,000 の兵とともに琉球へ侵攻し、およそ 1 か月後には首里に進撃して琉球王国を降伏に至らせている。島津氏の琉球征伐であるがいくつかの動機によるものである。重要な動機として、琉球を通じて明との貿易を行うこと、藩の財政問題の解決のために領地の拡張の一環として考えられたことが言われている。4 月 5 日には

第3章　西表島とは

薩摩軍が首里城を接収し5月15日に琉球国の国王である尚寧[1]を薩摩へ
連行し、島津家久は尚寧を伴って徳川家康に謁見を行っている。また、徳
川幕府の創立当初より贈り物の献上を要請した。その後、将軍が交代する
ごとに慶賀使を江戸に派遣することがならわしとなった。その結果として、
島津家は琉球の支配権を徳川秀忠から得た」[2]

　島津氏による琉球の統治は、当時の琉球王府のあった現在の沖縄本島まで
直接的に支配するものであった。宮古や八重山といった先島諸島に対する統
治ではなかったものの、琉球王府の統治が開始された当初から「過酷」な体
制へ変化を遂げて行くのは、背後に薩摩や徳川の力の存在が当然考えられる
ことである。最終的に過酷な統治は、八重山などの離島へ持ち込まれたので
ある。それが「人頭税」と呼ばれるものである。

3.1.2.　人頭税の時代

　初めに人頭税であるが、17世紀の宮古・八重山地域の住民に対して徴税
が行われた当時の税制である。当時（17世紀頃）の沖縄には地租が行われ
ていなかった。徴税がどのように行われたかというと、税が必要になると人
間の頭の周りに稲を束ねて一束にして納入させた[3]。これが人頭税の始まり
と言われている。当時では土地の私有は認められていなかった。そして人頭
税導入の前提となる人口調査が1637（寛永14）年以降に4回行われている。
課税の対象は人であり王府が地主で全農民が小作という構図であった[4]。

1　琉球王国第二尚氏第7代目の国王。在位は1589（天正17）年から1620（元和6）年で、この
　間に薩摩藩の島津氏に侵攻され降伏し、以降は薩摩藩と明の二国に所属し1613（慶長18）年に
　は薩摩藩に奄美諸島を割譲した。沖縄大百科事典、中巻 p.429。
2　出所、沖縄公文書館資料 www.archives.pref.okinawa.jp/publication/2014/03/post-168.html
　（2017/1/10）。
3　丸杉孝之助『沖縄離島物語』[1994]pp.65～66、当時収められたものとして、米、粟などの穀類、
　換納としての反布納をはじめ、海産物（なまこ・ところてん・貝柱・海鳥）陸産物（きくらげ・
　菜種油・綿花・牛革・煙草など）船具（シュロ縄・船材）などが貢納の対象とされた。
4　前掲、丸杉 p.69、1771（明和8）年当時の八重山地域の人口は28,992人と王府に報告されている。

3.1. 西表島の創成期

　人頭税が過酷であり非人道的なものであったのは、人を課税対象としているため、どのような場合であっても課税が免れないというシステムを構築したことにある。実際に人頭税が実施されるのは 1637（寛永 14）年の人口調査が行われた時からである。このシステムが本格的に稼働しだすのが蔡温の時代からと言われている。

　蔡温[5] は名宰相という評価がありながら、実際に過酷な徴税を稼働させた宰相なのである。それは蔡温の作った農務帳[6] によると、八重山住民に対する生活のすべて、農業・林業・船づくりまで生活の細部について王府の名において指令が行われたもので、徴税にすべてを直結させたものであった。人頭税は男女を問わず対象とされたものである。労働管理に関する現場の督励方法として、西表島では朝 4 時に番小屋で拍子木を鳴らし、係の役人は農民を耕作の責任者に引き渡し、遅刻者には革鞭五回が加えられた。農民は芭蕉布の着物一枚で重ね着は許されず、晩方の寒さと鞭が骨身にこたえた[7]。

　まるで奴隷を扱うかのような税の徴収法である。これが八重山で一般に行われていたものであり、当時、徴収された税では人件費を賄うことができず、非効率性のみが残されたと言われている。このような税の徴収体系は日本が明治維新によって新しい統治体制へ踏み込んだ後にも続けられている。この非人道的な租税体系が終了するのは 1903（明治 36）年のことである。

　八重山で行われていたこの惨状を目の当たりにしたのが笹森儀助である。笹森が目にした実態について後に一冊にまとめられたものが「南嶋探検」である。

---

5 1682（天和 2）年～ 1762（宝暦 12）年、農業政策に功績が認められていて、農民に耕地の永久耕作権を付与し農業用水路の整備を行い干ばつ台風に対する備蓄制度を充実させた。農民に連帯責任を負わせ、これが沖縄独特の協働作業であるユイマールの基礎を作った。沖縄大百科事典、中巻 pp.169-170。

6 1734（享保 19）年農業指導のために琉球王府が布達した蔡温農務帳で耕地管理・年間作業の次第など細かな労働過程について農業指導がなされたものである。沖縄大百科事典、下巻 pp.168-169。

7 前掲、丸杉 pp.68-69。

3.1.3. 笹森儀助が見た西表島 – 明治時代の調査「南嶋探検」

笹森儀助であるが、笹森は 1845（弘化 2）年に弘前藩の武家の家に生まれ 1915（大正 4）年に 71 歳で世を去った人物である。当時の弘前藩、現在の青森県の官吏であり 1903（明治 36）年からは青森市長に就任している。政治に身を置く人間であったが、当時の日本で最初の南北両地域の探検を行った人物である。1893（明治 26）年に内務大臣の井上馨から「産業振興の可能性」[8] を探るために、沖縄地方の探検を依頼され同年 5 月に弘前を出発した。情報通信のない時代の未開地への渡航であり、生死をかけたものであることは推測できる。

記録によると笹森がたどった沖縄の地域は、本島を皮切りに慶良間諸島・宮古島から八重山へ行き、最西端の与那国島へ渡って奄美を経て帰国すると言うものであった。特に笹森は西表島を探検した日本人（内地の人間）のパイオニアの一人と考えてよい者であろう。笹森は 1893（明治 26）年 5 月 10 日に弘前を出発して西表島には 7 月 15 日に到着して島内の巡回を行った。7 月 31 日まで巡回が行われ笹森は西表島から与那国島に渡っている。

八重山で行われていた人頭税の過酷さが、実際にどのようなものであったか、笹森は西表島で人頭税の問題を直視することとなる。本土では明治時代の中盤に入っていた時に八重山では引き続き人頭税が行われていた。過酷な徴税制度とともに、住民を苦しめていたのが「有病地」としての実態である。笹森の 7 月 18 日の記録がある。

「此赤貧ナル高那村七戸ニ当ル賦課ハ、実ニ恐ルヘキハモノアリ。其概略左ノ如シ。・・・男女十五歳以上五十歳迄、右ノ分頭税ヲ免ルルハス。男

---

8 井上が笹森に依頼したのは、「輸入糖を減じ国産の増進を図るため、南東糖業拡張の必要性を説き、その可能性の探求についての依頼」という点と、笹森自身の探求したい点として「農耕・牧畜・植林・水産等の実状調査から開墾可能原野や着手すべき事業の発見に努める」というものである。西表島の外離・内離島での炭鉱現場も訪れている。東喜望『笹森儀助の軌跡』pp.72-73、法政大学出版局。

162

3.1. 西表島の創成期

ハ終年耕セトモ唐薯尚ホ飽ク能ハス。女ハ終年織ルモ襤褸尚ホ身ヲ掩フ能
ハス。古人伝フ。一夫所ヲ得サレハ、是レ我ノ罪ト。今ノ政治家、此赤子
ヲ如何トスル。」

「高那村枝村野原村ヘ十二時着。野原村ハ島ノ東海岸ニ接シ、海面ヨリ高
キ事丈余。・・・戸数六、人員十二（男九人　女三人）。村長ニ問フ。丁壮
ノ男多クシテ婦人少ナシ、何故ニ他村ヨリ婦人ヲ迎ヘサルヤ。答。迎度ハ
山々ナレトモ、有病地ノ故ヲ以テ、来レハ死スルト為ス。故ニ無病地各嶋
ノ婦人ニシテ、誰一人来ル者ナシト。」

「又タ医者ノ有無ヲ問ヘハ、一昨年来西表島字祖納ニ病院アルヲ廃止セリ。
爾来巡廻医員アルモ、昨年八月頃一回巡視アルノミニテ、本年ハ未タ一回
モナシト伝フ。有病地ニシテ病院ナシ、医員ナシ。予、西表嶋十四ヵ村
一千二百十四人ノ有病地、則、避病院人民ニ代リテ、天下ニ訴フ。嗚呼、
経費節減ノ弊爰ニ至ルカ。識者猛省スル所アレ。」

（原文のママ、『南嶋探検』（笹森儀助 1982）平凡社 pp.208~214）

　笹森が目にしたものは、徴税によって生涯働いても十分食べることができ
ず、「ボロ」をまとって過ごさなければならなかった地元住民の姿であった。
当時の西表島が、さらに悲惨な状況を有していた事実として、マラリア（蚊）
の蔓延した地域と言うことにあった。これが島全体として「有病地」として
笹森が記述した部分であろう。当時の西表島の行政の中心地であった祖納で
は、病院が廃止されて以降は医者による巡廻も十分されていなかった。西表
島の十四か村というものが、マラリアの蔓延地域であるにもかかわらず、病
院もなければ医者もなしという有様であった。笹森はこれについて、役人が
住民のことを顧みない姿勢を批判している。日本が明治維新を経験して経済
的に大きく飛躍しているときに南端の地域で起こっていたことである。

　笹森はこの南嶋探検に4か月を費やして自らの生命の危険を顧みず踏査を
行っている。村々での体験も重要なものであるが、7月23日と24日には西
表島のジャングルを南北に縦断している。西表島の御座岳の踏査を行ってい

るがおそらく最初の踏査と思われる。現在でも「笹森ルート」として案内に
記載されている。

　マラリアが蔓延して、人間が住むことに決して馴染むことがなかった地が
西表島であった。それが 19 世紀の終わりに笹森によって明らかにされた当
時の西表島の様子である。

　本来であれば、不毛の地であった西表島が終戦後には戦災によって機能マ
ヒに陥った本島の住民を救うのである。終戦後にマラリアの駆除に成功して
本格的な移住の時代を迎え、西表島にとって新しい歴史を迎えている。

3.2. 終戦後の西表島 - 入植の経過と状況

　竹富町の前身は、1914（大正3）年に八重山村から分離した4ヵ村の一つである竹富村である。竹富村は竹富・黒島・新城（あらぐすく）・小浜・鳩間・西表・波照間の7つの行政区でスタートした。終戦後の1948（昭和23）年7月に米軍政府より許可を得て竹富村は竹富町に昇格して町制が施行された。

　西表島は戦後の開拓によって現在の主要な部分が作られた島である。島内の地区は統計や地理的な分布で分けられ、大原港から上原港までが東部地域で、上原港から白浜までを西部地域と区分けしている。中間地点の上原は夏季シーズンには最も賑わう地域である。戦後の西表島は沖縄本島や周辺の離島からの開拓移住者によって築かれ、現在の東部地域の仲間川を挟んだ地域を中心として開拓が行われた。開拓は次の地区に入植している。

　入植が行われた東部地域には、500年以上の歴史を持つ西表島で最古といわれる古見の集落がある。古見は西表島が以前に「姑彌島（こみ）」と称されていた時代に島の中心地であった。古くから港があり造船所も設けられ当時の八重山四大村の一つである。1615（慶長20）年当時の古見村という呼称は四集落[9]の総称で、現在の地区より広く、居住地は川と川に挟まった地域に集まっており、人口は223人であった。その後の人口の推移は、1771（明和8）年に大津波[10]で151人が溺死し、1873（明治6）年に143人、1945（昭和20）年に90人で、1954（昭和29）年に戦後の開拓団37戸の移住があり世帯数・人口は78戸・390人となった[11]。古見に隣接する美原と高那には、広大な牧草地が広がり、一時、牧場が置かれたが現在は荒廃地である。最も

---

9 大枝、平西、三離、与那良の4集落。
10 3月10日に石垣島を大津波が襲った記録が残されている。沖縄大百科事典、下巻 pp.649~650。
11 「九州森林管理局調査報告書」p.24。

第 3 章　西表島とは

歴史を有する地区であるが人口減少が著しい地区になっている。

　大原・大富は戦後の開拓団の入植によって作られた地区である。1952（昭和27）年 8 月の西表島仲間地区開拓の大富団入植（68 戸 238 人）を皮切りに、次いで 1953（昭和 28）年、西表島地区の開拓のための豊原団（47 戸 193 人）の入植が行われた。大富団は沖縄本島のコザ・具志川村・大宜味村・八重山の石垣市・竹富町などの出身者によって構成され、豊原団は奄美大島・城辺町・北谷村・仲里村・大宜味村・伊江村と宮古の平良市・竹富町からの出身者によって構成されている [12]。

　大原から海岸線に沿って上原港まで行くとそこから西部地域となる。西部地域は上原港から西の部分である。西表島の東西の中心である上原港近隣の上原地区から中野・住吉・浦内・干立・祖納や白浜 [13] までを西部地域と呼んでいる。西表島の戦後の歴史は開拓とともにあるが、開拓は上原地区からはじまっている。上原近隣の住吉は、1948（昭和 23）年 11 月に宮古島の下地地区の住民によって組織された住吉団として入植した開拓団が拓いた集落

12「八重山要覧平成 20 年度版」p.155。

13 最西端には船で結ばれている舟浮集落があり現在約 20 世帯が暮らしている。すでに廃村になっている崎山集落もあり、その中で研究等のための滞在が行われている。竹富町 https://www.town.taketomi.lg.jp/（2017/1/10）。

14 戦後沖縄の一時期における各群島別の住民側統治機構。1950（昭和 25）年 8 月 4 日に公布された米国軍政府布令第 22 号「群島政府組織法」は、戦前の沖縄本島・宮古郡・八重山郡・鹿児島県大島郡に相当する区域に法人格を与え、それぞれ沖縄群島・宮古群島・八重山群島・奄美群島と称した。各群島は布告・布令・指令などに基づいてその区域内の公共事務を処理し、行政事務を行うものとされた（第 2 条）。群島政府の知事（群島知事）・議会（群島議会）はともに公選であり、住民の意思を反映しうる組織であったが、あくまで軍政の範囲内であり、その権限の及ぶ範囲はきわめて限られていた。1952（昭和 27）年 4 月 1 日琉球政府の発足にともない、群島政府は残務整理を残してすべての部局の職務・活動・運営を琉球政府に移管した。わずか 1 年半ほどの命脈であった。沖縄大百科事典、下巻 p.588　pp.693~694。

15 八重山在宮古郷友会「戦後、琉球政府は焦土と化した本島の復興に、広大な自然を有する八重山諸島への計画移住を実施した。1952（昭和 27）年から 57（昭和 32）年にかけて政策として行った入植は、世帯数 762 戸、人口にして 3,253 人、集落は 23 にも及ぶ。一方、自由移民は 59 年を最後に 449 世帯 2,106 人、集落数は 21 といわれる。宮古からの移住はほとんどが自由移民で西表島や裏石垣に集中、未踏の密林に分け入り、山野を切り開き農地を造ることから始まった。空腹とマラリア、毎年やってくる台風、こうした苦悩と困難を団結と忍耐によって今日の生活を築いた。今では二世、三世の代に代わり、新たなふるさとづくりが展開されている」。宮古毎日新聞、2013（平成 25）年 2 月 16 日。

166

3.2. 終戦後の西表島 - 入植の経過と状況

である。この開拓団の特徴は、土地開拓事業の一環として、宮古・八重山両群島政府[14]の斡旋で宮古より入植した自由移民[15]によって開拓が行われている[16]。これが八重山地域のみならず沖縄県における戦後開拓の先駆けとなった[17]。この開拓団は後に竹富町農業委員会の初代委員長となるY氏を隊長として29名の隊員によって開拓が行われている[18]。

上原は西表島の西部地域で二大村の一つに数えられた江戸時代からの集落である。全盛期には、世帯数260戸を数え1771（明和8）年には人口676人と記録されている。江戸末期から明治以降は人口を減らし、ほとんど衰滅に瀕していた。1943（昭和18）年に戦時下の食糧事情悪化に耐えられなくなった鳩間島からの移住があった。女子と子供を含めて180人の移住があったが、そのうち72人がマラリアでなくなっている。戦前に行われていた石炭採掘事業が上原地区の山手で1951（昭和26）年に再開され、宮古島と鳩間島から人員が投入された。1960（昭和35）年に設立された上原の製糖工場が1964（昭和39）年に倒産して、製糖工場の倒産による従業員の島外流出のため人口減少が起こった。製糖工場を代替するものとして、パインアップル工場の設立があり、かろうじて農家経済が維持された[19]。

西表島の西端にはこの島の最も古い地区である祖納と干立がある。この地区は歴史に富んだ地区であり戦後の開拓とは無縁の地区である。およそ450

---

16 住吉集落には入植当時について石碑が立てられている。「第二次大戦による郷土の荒廃と食糧難はその極に達し復員、引揚者の職もなく、混沌たる世相であった。時の宮古民政府は、宮古群島での公共施設、住宅等の建築資材を獲得するため伐採隊を派遣し、併せて食料補給隊として当地区、宇奈利崎一九五番地の利用権を得て、ここに開拓隊を入植せしめた。その後、琉球政府でも八重山各地に計画移民を行ったが住吉部落はそのはじまりであった。マラリアやジャングルと戦って住吉部落の基礎を作った開拓隊員の名を記して記念とする」。

17 この入植は他の入植と当初の目的を異にしていた。「入植当初は宮古の戦災復興に必要な材木を確保するのが目的であったからだ。船浮地区の国有林をもらい受け、伐採隊を派遣して各種用材を切り出すことになっていたその伐採隊への食糧を補給する基地が必要となり、住吉地区に国有地を借り受け、下地町から農業移民団29人を送り出すことになったのである」。三木健『八重山合衆国の系譜』[2010]pp.148-149 移住者の二世としてその後に竹富町長がこの地区から輩出されている。

18 Y氏のご家族より2009年7月聞き取り、下地町からはその後に入植者を頼って個人で新たに入植して来た者もいたそうである。

19 前掲、「九州森林管理局調査報告書」pp.24-25。

第3章　西表島とは

年前の16世紀頃、大竹祖納堂儀佐[20]という豪勇が記録されていて、1705（宝永2）年頃に編纂された「大竹御嶽由来」によれば、この豪勇が与那国を征伐したと記されていることから、祖納は古くから栄えていたことをうかがわせている。祖納地区の人口は1771（明和8）年の大津波前に1,210人と記録されている。古くから西表島西部の行政を司る中心地で、伝統文化が発達して、数多くの民謡が今も謡い親しまれている。干立の地区とともに五穀豊穣を願う節祭[21]が有名である。干立は祖納に隣接し、西表島で最も古い地区の一つである[22]。

　二つの地区は伝統的な集落として、地区内は石垣に囲まれた家が多く残され、琉球の伝統的な景観が健在な地区である。この地区は浦内川の河口に広がり、川沿いに水田[23]が開かれていた。炭鉱事業[24]が盛んな時代、この集落から米や蔬菜類などが炭鉱に販売されとても潤った地区であった。

　西表島は海岸沿いに55キロの県道があり終点が白浜となる。この地区も入植とは無縁で、地域の特徴は明治時代には石炭採掘の中心地域であった。

---

20 大竹祖納堂儀佐は15世紀ごろ、大陸方面より鉄を輸入し、鍛冶をしていた。一夜にして与那国まで船を漕いで戻ってきたといわれており、与那国島を支配下に置くことに成功したとされている。祖納部落の神行事のすべては大竹御嶽を中心に催されている。竹富町指定史跡文化財。竹富町島じまの文化遺産の伝承・活用協議会。

21 西表島の節祭は今から500年前から伝承されたと言われる、豊作の感謝と五穀豊穣、健康と繁栄を祈願する祭り。毎年、旧暦10月前後の己亥に行われ、祭り2日目には芸能や船漕などの催しものが披露され、神々へ豊年祈願する。祭りの日は地元出身者が多数、里帰りして祭りを盛り上げている。西表の「節祭」として国の「重要無形文化財」の指定を受けている。竹富町 https://www.town.taketomi.lg.jp/（2017/1/10）。

22 前掲、「九州森林管理局調査報告書」pp.26~27。

23 浦内川中流域にあった稲葉集落はすでに廃村になっている。竹富町 https://www.town.taketomi.lg.jp/（2017/1/10）。

24 当時の丸三炭鉱宇多良鉱業所の建物が浦内川沿いに残されている。この炭鉱跡は昭和10年代に隆盛を極めたもので、炭鉱夫が300人ほど作業に当たっていたいといわれている。三木健[1986]『西表炭鉱』pp.47~57 ニライ社。

25 三井による石炭採掘は、当初、県内の囚人をもってはじめられた。明治政府は1882（明治15）年、太政大臣の布達によって、沖縄県に限り徒刑流刑者を八重山に送るようになっていたが、明治政府はその囚人を石炭採掘に使役することを考えた。内務大臣・山県有朋は1886（明治19）年に九州から奄美・沖縄・宮古・八重山と各地を巡視しているが、この時西表島まで足をのばし西表炭鉱を視察している。沖縄巡視を終えた山県有朋は復命書を明治政府に提出し、八重山に集治監を設け、囚人を西表石炭の採掘に当たらせるよう建言している。囚人労働の人数や規模などについてははっきりしていない。前掲、三木健 pp.15~18 。

168

3.2. 終戦後の西表島 - 入植の経過と状況

1885（明治18）年に三井物産株式会社が採炭事業[25]を開始した。石炭採掘は、白浜地区の眼前の外離島（そとばなり）・内離島（うちばなり）を中心に明治の中頃より全盛を極め、以後、経営を転々と換えたが戦後になって一時採掘事業が盛んになったが、結局、事業中止となった[26]。採炭事業の最盛期には3,500トン級の船が台湾との間に週1便の定期船があり、1,500トン級の船は毎日入港し、港には倉庫・売店・事務所が建ち並んだ[27]。現在では廃村になった崎山や船浮集落[28]は白浜から船で結ばれていた。

　このような形で戦後の西表島の入植は行われた。入植した方々の生業は農業であるが、亜熱帯の自然環境は台風と干ばつの襲来のため非常に厳しい環境で行われた。27年間の米施政下から本土復帰を果たしたが、その過程で開拓者の離農や農地の売却が行われている。原因は様々な点に求めることができるが、総じて政策当局から的確な指導が無いために起こったと考えられる。

　本土復帰後には、しばらく沈滞する期間が訪れるが、1980年代以降は日本中が「癒し」に注目する沖縄の時代を迎える。では、沈滞していた時代の西表島とは、どのような状況にあったのか統計資料より検討しよう。

---

26 終戦と同時に西表の諸権益の一切が米軍に接収された。戦争によって事業停止に追い込まれた炭鉱は、戦後数年間は荒廃するに任せていたが、1949（昭和24）年米軍政府の直営で採炭が再開された。1951（昭和26）年、米軍政府は旧権益者である東洋産業に対して、旧権益を返還する用意があると伝えてきたため、数次にわたる調査と交渉の結果、社長の山内卓郎は日琉合弁資本による琉球興発株式会社を1952（昭和27）年6月に設立し、米軍が投入した西表採炭所の一切の設備の払い下げを受けて1月から坑夫百人余で採炭を再開した。しかし、莫大な負債を抱えて1954（昭和29）年事業を停止し破産した。前掲、三木 pp.105-108。

27 前掲、「九州森林管理局調査報告書」pp.26-27。

28 舟浮集落は船で白浜と結ばれた集落で、集落には小学校が設置され離島留学として町の内外から児童が集められている。世帯数は20から30で学校関係者や真珠の養殖関係者が居住している（竹富町統計情報）。舟浮港は避難港（暴風雨やしけが発生した際に、航行中の小型船舶が避難するための港。港湾法第2条第9号に基づいて36の避難港が指定されている、国土交通省、全国避難港ポータルサイト）にも指定されている。

3.3. 統計から見る現代の西表島

3.3.1. 竹富町の離島と面積

　日本の最南端に位置する竹富町は、石垣市を中心とする八重山諸島を与那国町（日本の最西端）とともに構成する1市2町の中の自治体である。西表島は戦後に開拓者を受け入れ、移住者の島として開かれたが、今日ではその様子が大きく変貌している。西表島は面積では本島に次いで県内で二番目に大きな島である。行政区としての竹富町は石垣島の南西に点在する16の島々から構成され、総面積は334.02km^{2}で沖縄県市町村中、最も広い面積を有している。16の島のなかで有人島は10島あり、それぞれの面積は西表島289.30km^2、波照間島12.77km^2、黒島10.02km^2、小浜島7.85km^2、竹富島5.43km^2、新城島（上地）1.76km^2、新城島（下地）1.58 km^2、鳩間島0.96km^2、嘉弥間島0.39km^2、由布島0.15km^{2}の順である[29]。

　人口減少が問題となる現在であるが、沖縄県は2000（平成12）年から2005（平成17）年の人口統計の結果は、3.3%の人口増加があり全国平均の0.7%を大きく上回り、2010（平成22）年に行われた国勢調査でも3.8%増という結果である。人口減少が問題とされている現在でも人口増加を続けているのが沖縄県である。その沖縄で最も注目を集めているのが八重山地域である。

　八重山の中心地の石垣市は、2013（平成25）年3月の新空港開業[30]に伴

---

29 前掲、「八重山要覧平成20年度版」p.12。

30 1979（昭和54）年に計画発表されたが、当初案の白保海上案は自然保護団体の反対が強く1989（平成1）年に計画が撤回され2000（平成12）年3月にカラ岳陸上案が決定され、2013（平成25）年3月7日より供用が開始された。計画発表から20年以上を経過して完成した。沖縄県新石垣空港対策室 pref.okinawa.jp/shin-ishigaki/newsishigaki/koremade/index.html（2017/1/10）。

3.3. 統計から見る現代の西表島

表 3-1　竹富町離島面積

	西表島	波照間島	黒島	小浜島	竹富島	新城島	鳩間島	嘉弥間島	由布島
有人島	289.3	12.77	10.02	7.85	5.43	3.34	0.96	0.39	0.15
無人島	内離島	外離島	仲御神島	ウ離島	鳩離島	赤離島			
	2.1	1.32	0.22	0.05	0.01	0.01			

出所：沖縄県離島統計より筆者作成。
注 (1) 単位は㎞。
　　(2) 新城島は上地と下地に分かれている。
　　(3) 新城島は上島と下島の二つを一つにしている。

い LCC[31] の効果などもあり、日本全国、又、海外からも多くの人々が訪れ非常に活気があふれる「人気の島」である。インフラ整備の進展が地域経済の活性化を生み出した好例といえる。

　竹富町の役場は他の行政区域である石垣市にあるため、石垣市とは行政も含め町民の生活がすべて一体となる珍しい関係である。人口 4,000 名足らずの竹富町の島々にも年間 100 万人の観光客が訪れている。

　西表島は自然動植物の宝庫と言われている。注目を集めるのが西表島の「奄美・琉球」の世界自然遺産[32] としての指定問題だろう。竹富町内には日本最南端の島として波照間島[33] がある。南十字星を見ることのできる島として有名で、農業生産では地域的な特殊性として、沖縄独特の集団性を持った形態が残されている。集団性については、今後の地域農業に関して集落を再生させるための重要な手掛かりが含まれている。

　西表島の人口・気象・産業の各数値、特に産業に関しては産業別就業者・物価・所得等について可能な限り統計から得られる部分を明らかにする。これによって西表島で起こっている問題の出発点、この地域の特性について理

---

31 ローコストキャリアの略で、コストを削減することによって既存の航空会社に比べて格段に安い運賃を提供する航空会社を一般的に指している。現代用語の基礎知識 2015、pp.526-527。

32 世界遺産は、地球の生成と人類の歴史によって生み出された、かけがえのない人類共通の遺産を守るため、1972（昭和 47）年 17 回ユネスコ総会で採択された世界遺産条約によって定義されている。世界遺産は文化遺産・自然遺産・複合遺産がある。今回の場合は、環境省と林野庁が「世界自然遺産候補地に関する検討会」を共同で設置し、自然遺産の新たな候補地として推薦候補地として検討し、日本で 5 番目の自然遺産として当該地域の推薦準備が進められている。日本ユネスコ連盟、環境省「奄美・琉球の世界遺産暫定一覧表への記載について」。

33 波照間島は日本の最南端の島であるが「うるま」はサンゴ礁を意味し、最果てのサンゴ礁の島という意味である。沖縄大百科事典、下巻 p.230。

第 3 章 西表島とは

解していただけるだろう。

3.3.2. 沖縄県と八重山地域の人口変動

　沖縄県と八重山地域の人口動態の統計が表 3-2 である。自然増加と社会増加について表したもので、出生から死亡を差し引いた自然増加が順調であり、社会増加である移住など県外からの転入も増加している。ただし、毎年県内外への転出等も同数近くある。

　沖縄の場合は本島の那覇市などの都市部への人口集中が顕著であり、周辺の離島地域の人口を吸収して離島地域が過疎化している。そのため沖縄県全体の人口は右肩上がりを続けて周辺離島部が人口減少している。離島地域として堅調な人口増加をしている竹富町でも、1980 年代までは人口が右肩下がりであった。米施政下にあった 27 年間、本島では基地に支えられた「基地経済」による雇用が安定し、それと対照的なのが終戦の混乱期を支えた八重山などの離島である。本土復帰までの 27 年間に、離島地域の産業構造に大きな変化が生まれることがなく、人口が流出する事態が生まれている。産業構造の問題は雇用問題であり、経済問題から過疎化現象が始まったものと考えられる。最も解決しなければならない地域の活性化による振興は模索中のようである。政策の重点は、社会増加の部分である移住者等の定住をどのように維持できるかという、明快な点にあるだろう。

　八重山圏域の中心である石垣市には移住者の関心が集まり、その他圏域の離島地域にも移住者の発生が起こっているが、目に見える形で行われているものとは言えないだろう。竹富町の人口回復も傾向は明らかであるが、地域での様々な要因によって変動があり、統計的な数字として顕著な値を示すまでの状況には至っていない。

　この数年の八重山郡の人口の社会増加はマイナスが続いている。八重山圏域の中心部である石垣市も、人口増加は鈍化しているが、2013（平成 25）年 12 月の沖縄県統計によれば石垣市人口は 47,038 人で 2010（平成 22）年国勢調査から人口増加をしている。

172

3.3. 統計から見る現代の西表島

表 3-2 沖縄県及び八重山郡の人口動態数

沖縄全県

| 年代 | 人口増加数 | 自然動態 | | | 社会動態 | | | | | | |
| | | 出生数 | 死亡数 | 自然増加 | 転入 | | | 転出 | | | 社会増加 |
					県外	県内	その他	県外	県内	その他	
2007年	5,259	16,756	9,359	7,393	29,539	45,973	1,770	31,659	46,019	1,738	△2,134
2008年	1,124	13,703	9,354	4,349	28,221	45,989	1,864	31,566	46,002	1,731	△3,225
2009年	8,535	16,880	9,938	6,942	30,773	45,144	1,914	29,413	45,176	1,649	1,539
2010年	7,392	17,082	10,129	6,953	27,936	45,484	1,656	27,477	45,472	1,688	439
2011年	9,456	17,037	10,689	6,348	29,975	45,482	1,782	27,044	45,649	1,438	3,108
2012年	8,096	17,174	10,535	6,639	28,982	45,573	1,848	27,646	45,630	1,670	1,457
2013年	6,543	17,166	10,931	6,235	28,533	46,538	1,781	28,043	46,893	1,608	308
2014年	6,990	16,867	11,224	5,643	30,435	45,818	1,677	29,081	45,922	1,580	1,347
2015年	6,347	17,158	11,617	5,541	30,478	46,716	1,780	29,579	47,028	1,561	806

八重山郡

| 年代 | 人口増加数 | 自然動態 | | | 社会動態 | | | | | | |
| | | 出生数 | 死亡数 | 自然増加 | 転入 | | | 転出 | | | 社会増加 |
					県外	県内	その他	県外	県内	その他	
2007年	11	81	63	18	390	334	47	343	431	4	△7
2008年	△63	85	51	34	318	348	5	321	442	5	△97
2009年	△92	72	50	22	296	288	46	293	399	52	△114
2010年	△2	70	42	28	265	370	17	269	399	14	△30
2011年	△11	76	50	26	300	306	14	286	365	6	△37
2012年	△34,	79	62	17	310	277	10	234	398	16	△51
2013年	56	66	48	18	342	295	13	262	342	8	38
2014年	△1	54	49	5	439	281	9	377	353	5	△6
2015年	257	74	65	9	607	339	6	340	357	7	248

出所：沖縄県統計資料より筆者作成。
注 (1) 社会動態のその他は海外の転出入や住居が不明になっている分の増減分。
　 (2) 社会動態の県内の転入転出は、それぞれの地域内の市町村間での社会増減 (移動) も含まれている。
　 (3) 自然増加＝出生数 - 死亡数。
　 (4) 社会増加＝転入の合計 - 転出の合計。
　 (5) 人口増加数 = 自然増加 + 社会増加。
　 (6) 八重山郡は竹富町と与那国町の 2 町。
　 (7) 単位は人、現在まで公表されている数値に基づいて作成している。

　このところ八重山圏域では観光などにインパクトを与える行事は一段落している。飛行場の完成で、本土などからの来訪者の増加は確実な状況であるが、移住から定住という地域にとって最もよい状況には至っていない。定住の問題についても八重山圏域では、地域ごとの居住環境の違いがあるため石垣市には毎年一定の定住者が見込まれているが、竹富町で定住へ向かわせることは現状では難しいようだ。生活インフラの点から、石垣市と竹富町の間には大きな隔たりがある。人口政策も圏域全体ですり合わせが必要だろう。

3.3.3. 竹富町の人口変動

竹富町の人口であるが、過去、最も多かったのは1950（昭和25）年の9,908人で、その後減少が顕著になり、沖縄が本土復帰目前の1965（昭和40）年を境に急激に落ち込み、復帰後の1975（昭和50）年には3,468人となり、1990（平成2）年以降なだらかに増加に転じ2005（平成17）年国勢調査では4,192人まで増加している[34]。その後はほぼ横ばいで推移しているが[35]、2008（平成20）年に起ったリーマンショックによって2010（平成22）年国勢調査では3,859人で、1980年代から回復基調にあった町人口が減少に転じている（表3-3）。竹富町の戦後の歴史では、人口の大きな移動は自然環境や外部からのものなどいくつかの要因がある。

竹富町の有人島の国勢調査における人口数及び増加率は表3-3である。竹富町はすべて離島で構成され、それぞれが特徴のある顔を持った島である。

西表島は面積では沖縄県第2位の島で、1960年代のイリオモテヤマネコ[36]の発見以来、自然保護の観点から絶えず注目を集めている。観光の分野では竹富島と観光客を集める原動力になっている島である。近年では外国人来訪者の増加もあり、西表島と竹富島の2島で100万人近い年間来訪者があり、西表島は竹富町のなかでは、島外からの移住者を最も生み出している地域である。西表島は自然環境が注目される島で天然記念物の保護なども話題に

---

34 前掲、「八重山要覧平成20年度版」p.12。

35 2009年11月1日現在の竹富町の人口は4,077人で世帯数は2,169世帯である。竹富町統計。

36 現地ではヤママヤー（山にいるネコ）ヤマピカリャー（山で光るもの）として知られていたもので、これが一般に知られることとなったのは、沖縄の本土復帰に先立つ1965年3月に動物文学作家の戸川幸夫が琉球大学の高良鉄夫の協力の下、標本を入手することができこれによって研究がすすめられ、1967年に生け捕りに成功し、国立科学博物館動物部長の今泉吉典によって新種として命名され学会発表された。現在の推定生息数は100頭前後といわれている。1972年に琉球政府指定天然記念物、1977年に国指定の特別天然記念物の指定を受けている。西表島には野生生物保護センターが置かれ、保護・観察のためにスタッフが配置されているが、詳しい生態系が完全に明らかにされているものではなく、環境省と琉球大学による数次の調査が行われている。イリオモテヤマネコの存在は島にとって、島をアピールするための大きな存在になっていると同時に、自然保護と開発、自然保護と農業の問題など、新たな問題を絶えず生み出すものとなっている。沖縄大百科事典、上巻pp.250-251。

3.3. 統計から見る現代の西表島

表 3-3　竹富町島別人口の移り変わり及び人口増減率

(人口)

	1955 年	1960 年	1965 年	1970 年	1975 年	1980 年	1985 年	1990 年	1995 年	2000 年	2005 年	2010 年	2015 年
竹富島	1,054	789	480	336	352	356	308	273	262	279	330	303	359
西表島	4,027	3,496	3,287	2,302	1,515	1,533	1,641	1,711	1,887	1,976	2,318	2,197	2,345
鳩間島	567	432	220	69	33	36	70	54	45	54	64	43	60
由布島	0	0	106	68	8	9	6	14	30	32	28	21	16
小浜島	1,054	934	825	560	410	456	488	503	486	447	648	579	575
黒島	1,242	1,052	675	443	280	215	221	209	193	199	208	194	209
新城島	0	135	110	62	15	9	12	15	9	8	10	16	14
波照間島	1,322	1,422	1,323	1,064	855	760	721	687	595	551	581	499	538

(増減率)

	1955 年	1960 年	1965 年	1970 年	1975 年	1980 年	1985 年	1990 年	1995 年	2000 年	2005 年	2010 年	2015 年
竹富島		74.9	60.8	70.0	104.8	101.1	86.5	88.6	96.0	106.5	118.3	91.8	118.5
西表島		86.8	94.0	70.0	65.8	101.2	107.0	104.3	110.3	104.7	117.3	94.8	106.7
鳩間島		76.2	50.9	31.4	47.8	109.1	194.4	77.1	83.3	120.0	118.5	67.2	139.5
由布島		-	-	64.2	11.8	112.5	66.7	233.3	214.3	106.7	87.5	75.0	76.2
小浜島		88.6	88.3	67.9	73.2	111.2	107.0	103.1	96.6	92.0	145.0	89.4	99.3
黒島		84.7	64.2	65.6	63.2	76.8	102.8	94.6	92.3	103.1	104.5	93.3	108.0
新城島		-	81.5	56.4	24.2	60.0	55.6	120.0	50.0	166.7	120.0	160.0	87.5
波照間島		107.6	93.0	80.4	80.4	88.9	94.9	95.3	86.6	92.6	105.4	85.9	107.8

出所：国勢調査資料及び竹富町総務課資料より筆者作成
注 (1) 単位人口 / 人、増減率 /%

　なっている。西表島の戦後の成り立ちは、開拓者による移住によるものであり、島内の旧集落とともに、戦後に開かれた集落による人口が島内の大きな部分を占めている。

　移住が行われたことから分かるように、西表島は島内がジャングルに囲まれた地域が多く、潜在的な開拓の余地が残されている。西表島は農業の島として戦後出発し、開拓移住者の入植により作られた地域であるが、当時より長期的な人口減少の中にあった。短期間に人口減少が顕在化したのが本土復帰前であった。本土復帰後、1975（昭和 50）年に戦後最低の 1,515 人という人口を記録しているが、その後人口を増やし、竹富町の中心地域となっている。西表島の人口回復は、沖縄県の価値が日本国民に認識されてゆく過程と同じものである。緩やかであるが移住から定住へ向かう人々も確認されている。

　竹富島は歴史的な資産として、島内中心部が重要伝統的建造物群保存地区[37]

---

37 1975（昭和 50）年の文化財保護法の改正によって伝統的建造物群保存地区の制度が発足し、城下町・宿場町・門前町など全国各地の歴史的集落・町並みの保存が図られるようになった。国は市町村から申し出によって、日本にとって価値が高いと判断したものを重要伝統的建造物群保存地区に指定した。2015（平成 27）年 7 月現在 110 地区が指定されている。文化庁「伝統的建造物群保存地区」。

第3章　西表島とは

の指定を受けていて観光的に注目される地域である。この数年では、竹富島の来島者数が年間50万人を超え、西表島を上回る来島者数がある。町制が敷かれて以降、一貫して減少していた竹富島の人口も下げ止まっている。

　小浜島は農業の島であるが、本土復帰後に最初の本格的な大規模リゾート施設が作られた島である[38]。リゾート施設が稼働して以降は人口減少に歯止めがかかっている。黒島の農業は畜産を中心としたものである。「地域ブランド」[39]として注目される「石垣牛」の子牛を生産する「繁殖農家」[40]の島として定着しつつある。由布島と新城島は定住人口がわずかに確認されているが、これらの島は農業生産のためのスタッフの住民登録によるものと考えられる。由布島は島全体で農業生産法人のパインアップル栽培が行われている。新城島は牛の放牧が行われている島である。竹富町の波照間島は日本の最南端の島で、島全体がサトウキビの一大生産地で夜空の星が話題になる地域である。

　竹富町で近年人口を増加させている地域は、産業構造の転換が行われていて、主として増加する観光客へのサービスを提供する事業が増加している地域である。サービス提供に伴うインフラ施設も比較的に整備されていることが支持を受けた要因と考えられる。典型的な例は小浜島に見られるリゾート施設の開業である。小浜島には1970年代末にリゾート施設の開業によって地域に雇用の場が作られている。沖縄県にとっても本格的なリゾート施設として開業当初より注目されていたものであり、評価通りの結果を地域にもた

---

38 1979（昭和54）年にヤマハリゾートによって作られた高級リゾート施設「はいむるぶし」で沖縄県内でも草分け的な本格的リゾートホテル。現在はヤマハリゾートから経営が他社に代わっている。はいむるぶし https://www.haimurubushi.co.jp/（2017/1/10）。

39 地域ブランドは「地域団体商標」と呼ばれるもので、地域の事業者が協力して地域特産の農産物などにブランドを付けて生産販売を行う場合、第三者に使用されることを防ぐ制度。そこで「地域名＋商品・役務名の文字から構成される商標でも一定の条件を満たせば商標登録できるようになった。「地域団体商標制度」は2006（平成18）年から導入され、事業協同組合、商工会、商工会議所 NPO 法人などが出願できるようになった。特許庁「地域団体商標制度の紹介」石垣市では行政主導で取り組まれている。

40 畜産のカテゴリーとして子牛を生産する繁殖農家と、その後の成牛を育てる肥育農家に分かれている。離島地域で行われている畜産は主として子牛を生産して出荷する形態で行われている。

176

3.3. 統計から見る現代の西表島

らしている。小浜島の従来の産業は畜産を主力とする農業の島であったが、来訪者の増加による産業構造の変化は、就業先の多様化によって収入の安定に貢献し、地域経済に変化をもたらしている。

2008（平成20）年のリーマンショックによる経済状況の変動で観光客の減少から、移住者の減少が重なり順調に回復していた島の人口が減少した。竹富町の人口の回復を支えてきたのは、農業や観光業の構造の転換によるもので雇用機会が増加したことが要因であるが、同時にその弱さも考えかなければならない。観光業の特徴は外部の環境に非常に左右されやすいのが特徴で、その時々の経済状況を反映して地域に影響を与えるものである。

3.3.4. 離島の困難性を物語る気象条件

西表島などの八重山地域は、亜熱帯海洋性気候に属し、石垣島の年平均値気温は24.0度と暖かく、湿度は77%と高い。八重山諸島周囲を流れる黒潮の影響で年間の気温変化は小さい（表3-4）。年間降雨量の年平均値は2,061mm（石垣島）と多く、特に梅雨期と台風時に集中し、その時期に降雨が少ないと干ばつになりやすい。また、八重山諸島は台風常襲地帯として知られ（表3-5）、7月から9月になると年中行事のように度重なる台風の来襲を受けて、毎年大きな被害が発生している[41]。

沖縄県の歴史では、自然環境の厳しさが絶えず経済状況に影響を与えてきた。干ばつなどによって、自然環境のなかで生産活動が行われる農業の危機的な状況が生まれている。

八重山地域ではこれまで数度の長期間の干ばつ被害に見舞われたこともあり、それによって集団的な離農などが起こった。本土復帰を目指した60年代後半から70年代初頭は、異常干ばつが発生し離農者（離島者）が大量に生み出されている。台風の発生は農業生産に特に影響を与えた。気象の問題が、八重山地域の産業や人口減少に与えた影響は無視できない。特に1971

---

41 前掲、「八重山要覧平成20年度版」p.2。

第 3 章　西表島とは

表 3-4　地域別年間累計気象平均値・1971（昭和 46）年～ 2000（平成 12 年）年

	東京	鹿児島	那覇	石垣島	西表島	与那国島
平均気温℃	15.9	18.3	22.7	24.0	23.4	23.6
日最高平均気温℃	19.7	22.4	25.3	26.6	26.4	26.0
日最低平均気温℃	12.5	14.5	20.5	21.9	20.9	21.6
降水量 m	1,466.7	2,279.0	2,036.9	2,061.0	2,342.3	2,363.5
日照時間 h	1,847.2	1,918.9	1,820.9	1,852.6	1,536.3	1,577.4
平均相対湿度 %	57	71	75	77	81	78

出所：気象庁 HP、石垣島気象台資料より筆者作成

表 3-5　台風の発生と接近数の累計値・1951（昭和 26）年～ 2008（平成 20 年）年

月	1	2	3	4	5	6	7	8	9	10	11	12	年間
台風の発生数	25	13	22	44	62	99	224	327	283	222	145	71	1537
那覇	-	-	-	4	9	19	40	60	50	23	13	-	218
名護	-	-	-	4	9	19	38	60	51	22	10	-	210
久米島	-	-	-	3	8	20	43	62	44	22	12	-	212
宮古島	-	-	-	2	11	20	42	61	51	23	12	-	219
石垣島	-	-	-	3	12	25	51	70	56	20	11	1	242
西表島	-	-	-	3	9	24	48	65	55	18	11	-	228
与那国島	-	-	-	3	7	21	44	61	52	7	11	-	210
南大東島	-	-	-	2	15	15	32	60	50	29	19	1	215

出所：沖縄気象台 HP、石垣島地方気象台資料より筆者作成。
注 (1) 各島への接近とは、台風の中心が各地方気象台から 300km 以内を通過することをいう。

表 3-6　西表島の最高気温・最低気温・平均気温（℃）

	1 月	2 月	3 月	4 月	5 月	6 月	7 月	8 月	9 月	10 月	11 月	12 月
最高気温	20.1	22.4	22.9	24.6	27.7	30.5	32.1	31.7	30.7	27.5	25.4	21.5
最低気温	15.4	17.1	17.6	19.1	22.3	25.6	26.5	26.2	25.6	23.6	21.4	17.1
平均気温	17.6	19.6	20	21.7	24.8	27.7	28.8	28.7	27.9	25.3	23.3	19.2

2009(平成 21) 年から 2011(平成 23) 年の 3 年間の統計、気象庁データより作成。

（昭和 46）年の台風と干ばつである。長期間の沈滞を余儀なくされた重大な要因は 27 年間の米施政下での農業施策にある。インフラとして農業の維持に関する水の問題など解決されてこなかった。自然災害の常襲地域でありながら備えが無かった。

　本土復帰を翌年に控えたときに発生した自然災害は改めて離島地域の問題を知らしめるものとなっている。

　「毎年来襲する台風や数年ごとに発生する干ばつに豊作の夢は打ちひしがれ、生活や学資に追われて文化的生活すら望めない農家が増加していった。

3.3. 統計から見る現代の西表島

去った 10 年間に区切ってみても 1962（昭和 37）年から 63（昭和 38）年の長期干ばつ、1969（昭和 44）年の大型台風 19 号、その後に今回の異常干ばつである。島の農民はなす術を知らず、政治の欠陥を恨んで黙々と土地を愛しんできたのである。農家は一回の災害毎に入るべき収入の道を閉ざされ、それが借金となる可能性が大きい。災害で受けた被害を克服するためには 3 年から 5 年かかるといわれ、特に生産性が低く回転度が遅い甘藷、パインアップル栽培農家が 9 割以上を占める八重山ではその打撃が非常に大きかった」。[42]。

自然災害が厳しいにもかかわらず、それに対するインフラがなかったことが裏付けられる事実である。この時ばかりは米軍による人口降雨作戦も考慮された [43]。生活が破壊された農家の取った行動は収入確保への道であった。

干ばつ被害を受けた当時の状況が八重山職業安定所の季節労務者就職白書に残っている。

「1 月から 6 月までに 200 人余りの季節労務者が本土に流出していて、例年よりも非常に多い数字であり干ばつ次第では大幅に増加することを予測している。1972（昭和 47）年 5 月 15 日の祖国復帰を控えて中小企業をはじめあらゆる階層の人々が経済的不安を負って動揺している最中であった。それらの不安に拍車をかけるかのように干ばつが異常に長引くだろうと予測されたことと相まって先島では田畑を売り払って本土へ引っ越す家族も増えはじめて過疎化への道をたどっていた。特に農家の受ける経済的不安は大きかった。6 月中旬現在でサトウキビはすでに 50% 以上の干害を受けていて当分雨が望めないことから、サトウキビの収入にほとんど見切りをつけて離農する人や本土へ農業収入に代わる収入を得るために出稼ぎに行く人、あるいは農業から他に転業する人等、さまざまな現象が出はじめた。そのことは政

42「干ばつと台風 1971 年災害の記録」[1973]p.35 沖縄県八重山支庁、八重山支庁農林水産課。
43 7 月 20 日、アメリカ軍のヘイズ少将は屋良主席からランバート高等弁務官に要請のあった人口降雨について 20 日中に人口降雨を行う用意をしていると発表した。前掲、「干ばつと台風 1971 年災害の記録」p.35。

第 3 章　西表島とは

府が干ばつ対策に具体的施策を講じていなかったことも農家の不安を大きく
する要因であったという見方もされた」[44]。

　八重山地域では、本土復帰直前の 1971（昭和 46）年に現代史上最悪の干
ばつと台風を同時に経験している。災害発生後に八重山毎日新聞に掲載され
た社説である。

　「六か月続いた干ばつで徹底的に打ちのめされた農家は台風 28 号でとどめ
を刺されたように、サトウキビ、パイン、水稲、野菜などが一つとしてま
ともに収穫できるものはない。というほどの惨たんたる被害をこうむり、
今後の農家経済が憂慮される事態におちいっている。琉球政府を通じ本土
政府へ要請した営農、旧債の償還延長、利子補給などは今のところメドが
つかず農家を不安におとし入れている。長い干ばつでサトウキビの夏植え
をあきらめていたが 27 号台風通過後畑を整理し莫大な資金と人手を要し
て植え付けた。サトウキビはその後来襲した 28 号で徹底的に痛めつけら
れ再植え替えをしなければならない羽目に陥った農民あるいはパインを植
え付けた生産者は土砂に埋まった圃場でなすすべを知らず、あれからちょ
うど一か月を迎えたがその人々は出稼ぎか、村を捨て、家族ぐるみの移転
を考えている。これは政府の確たる救援対策が打ち出されないからであ
る。・・・・・・・・・・・沖縄の農民ほど気の毒なものはいない。何ら
農業の基本施設が完備されないまま三百年の歴史をたどる糖業を支えてき
ている。あるときには増反、またある時期は減反を強いられて今日になっ
ている。戦後飛躍的に発展した本土の農家に比べみじめであり、政治の恩
恵が届かぬ島々の農民である。これまでにちゃんと灌排水施設が完備され、
資金面でも長期低利の融資制度が確立されていたなら、こんどの干ばつ台
風で農作物や住家に被害はなかった、といっても過言ではないはずだ。し
たがって、またこのような被害を出さないためにも政府としてはこれを契

───────────────────────────────
44 前掲、「干ばつと台風 1971 年災害の記録」pp.43-45。

180

3.3. 統計から見る現代の西表島

に根本的な施策を打ち出してほしいのである」

（八重山毎日新聞、1971（昭和46）年10月23日）

八重山地域の各離島は本土復帰を挟んだ10年間にどの地域も大幅な人口減少を記録している。これは自然災害の厳しさの前に、インフラの整備の欠如から人口減少の要因になった部分である。農業の壊滅的な状況は住民を経済的に追い込む結果となった。生活苦になって地域からの転出へ向かった人々はいわば人災の犠牲者と言えるだろう。社説は最後に「一般民もひとり農家の問題と見捨てることなく協力をしてほしい、それが将来の八重山を豊かにし過疎化の歯止めにもなることだろう」と結んでいる。

農業は自然環境との共生の上に成り立つものであるが、1960年代後半は入植からすでに15年近くが経過しているにもかかわらず、「台風と干ばつ」の前に「無防備なまま」立たされ続けていたのが開拓のために入植した移住者であった。

3.3.5. 竹富町の産業別就業者数

竹富町の産業構造は、主力の農林水産業を中心とする第一次産業から第三次産業へと変化している。農業を主産業としてきた地域であったが、沖縄県全体の変化と同様に就業者数は観光などのサービス業に主役の座を奪われている。竹富町に限った現象ではなく、離島全体の特徴と言えるものである。離島でも観光業は盛んになっているが現場では労働力不足が深刻になっている。不足する観光業の人員を補っているのが島外からのアルバイト従業者など外部労働力によって支えられているのが現状である。この点に関して、今後の地域の発展を目指すとき、どのような地域を創造してゆくべきか、伝統や地域性を重んじることが重要であるが、観光業などに就業する新しい住民のニーズを十分考慮しなければならない問題だろう。

竹富町は地域によって農業用水の問題などから農業に適しない地域があり、農業を振興できる地域は西表島や波照間島、繁殖牛の産地の黒島・小浜

第 3 章　西表島とは

表 3-7　竹富町島別産業別就業者数

島名	町計		竹富島		西表島		鳩間島		黒島		小浜島		新城島		波照間島	
区分・年代	2005年	2010年	2005年	2010年	2005年	2010年	2005年	2010年	2005年	2010年	2005年	2010年	2005年	2010年	2005年	2010年
総数	2,513	2,267	189	157	1,417	1,323	33	23	110	122	429	366	4	5	331	271
第一次産業	555	407	18	9	243	189	1	0	44	55	77	54	4	4	168	96
農業	505	369	8	3	215	171	1	0	43	53	68	46	4	4	166	92
林業	5	3	0	0	5	3	0	0	0	0	0	0	0	0	0	0
水産業	45	35	10	6	23	15	0	0	1	2	9	8	0	0	2	4
第二次産業	224	174	13	6	142	105	0	0	3	3	28	11	0	3	38	25
鉱業	0	0	0	0	0	0	0	0	0	0	0	0	0	0	0	0
建設業	130	75	6	2	92	70	0	0	3	0	17	2	0	0	12	1
製造業	94	78	7	4	50	35	0	0	0	3	11	9	0	3	26	24
第三次産業	1,734	1,574	158	139	1,032	953	32	22	63	59	324	270	0	1	125	130
電気・ガス関連	6	9	0	1	1	0	0	0	0	0	0	0	0	0	5	8
情報通信	15	2	0	0	10	2	1	0	3	0	0	0	0	0	1	0
運輸業	142	200	9	33	112	140	1	1	2	3	8	13	0	0	10	10
卸・小売業	153	140	11	10	108	90	2	1	2	3	8	16	0	0	22	20
金融・保険業	1	0	0	0	0	0	0	0	0	0	0	0	0	0	0	0
不動産業	2	32	0	5	2	23	0	0	0	2	0	1	0	0	0	1
飲食・宿泊	645	645	59	59	313	320	11	10	25	20	207	173	0	0	30	43
教育サービス	77	199	4	6	52	131	0	9	3	16	8	15	0	0	10	22
医療・福祉	222	86	19	6	135	56	11	0	17	5	14	7	0	0	26	12
複合サービス	23	17	3	0	9	9	0	1	3	3	3	1	0	0	5	3
その他サービス	406	245	50	18	257	170	6	0	9	7	71	42	0	1	13	7
公務	27	19	1	1	20	12	0	0	2	2	0	2	0	0	2	4

出所：2005（平成 17）年、2010（平成 22）年国勢調査、2008（平成 20）年、2014（平成 26）年沖縄県離島
　　統計より筆者作成。
注 (1) 単位は人。
　　(2) 就業者の対象は 15 歳以上。
　　(3) 現在まで公表されている数値に基づくもの。

島などである。これらの島の就業者数は多い地域で 50% 弱が農業に就業し
ているが割合は下がっている。鳩間島は実質的に農地がなく、新城島は牛の
放牧がおこなわれている島で、就業人口がわずかに確認されているのはその
ための要員としての人口である。西表島が顕著な例であるが、農業就業者が
20% 以下まで減少しているが、兼業化がより進んだ結果でもある。民宿ある
いは観光業との兼業が目立って多くなっている。農業にとって大きな転換が
行われている点として果樹類の直接販売が伸びている。今後、地域ブランド
の確立が叫ばれている中で、大きな力になるものと考えられるだろう。

　離島地域の振興上で欠かせない点は、人口の流動性や島外からの人口流入
が必要となる。一時的な居住であるか、又、定住を目指して移住してくるも
のなのかを問わず、移住者を受け入れるための様々なインフラが必要になる。
インフラ整備では居住スペースの確保の問題や島内の情報について整備しな
ければならないだろう。最大の問題は、島外からの一時的な居住者を定住者
とするために、重要となるのが地域での雇用を創出することであろう。離島

3.3. 統計から見る現代の西表島

地域は小さいながらも、活性化に成功した地域、あるいは人口増加などに成功している地域がある。成功している地域に共通な点は、島外者の受け入れのためのインフラ整備をしている地域である。そのために竹富町でも必要となるのが雇用を生み出す産業のあり方である。その点を就業構造から理解すべきものと考えられる。

3.4. 離島の生活事情

3.4.1. 離島の暮らし – 物価指数

離島地域の住民の暮らしの中で、日々の生活に欠かせない日用品等の価格について現されたものが表3-8である。これは那覇市を100とした指数で現したものである。あらゆる面で離島地域の生活の問題として物価の高さが指摘されている。一般的には離島地域の輸送コストの高さが問題にされている。実体経済の中で離島地域の物価とはどのようなものであるか示したい。

統計から明らかなことは、沖縄本島と比べて石油製品がかなり高額になっている[45]。2009（平成21）年の原油高の際に、西表島で一時最高でガソリンが1リットル250円まで高騰した。西表島の島内には3か所の給油所があり、石垣島から定期的にタンクローリーで給油施設に補充されている。食料品類は、魚類は地元で消費する分は地元の漁師から直接購入している。西表島の島内には鮮魚店は存在しない。魚類は季節ごとにとれる魚を消費するのが地元での食生活である。そのため価格は安価なものである。同じ生鮮品の野菜類は竹富町の中で格差がある。西表島のように農業が確立されている地域は地元での供給が行われているが、その他の地域では石垣島や本島から供給されている。野菜類の指数が一部で高いのはそのためと考えられる。食生活に必要な最低限の生鮮食品は、西表島の島内で自給されているようである。生鮮食品は限度があるものの十分入手可能のようだ。

基本的に本島と比べて一部の生鮮食品を除いて、食料の加工品や日用品まですべて指数は100を超える状況にある。加工食品は集落にある商店で購入できるが、すべて島外から送られてくるもので、これらの商品の指数は高く

---

45 沖縄県には「沖縄の復帰に伴う特別措置に関する法律」によって燃料1リットル当たり5.5円の補助が行われている。沖縄県 www.pref.okinawa.jp/（2017/1/10）。

3.4. 離島の生活事情

表 3-8　沖縄県離島地域主要物価・物価指数 (1)

品目群	肉・卵類						魚類		野菜・果物類									
品目銘柄	牛肉 外国産ロース		豚肉 県内産ロース		鶏卵 Mサイズ		まぐろ きはだ		玉ねぎ		人参		キャベツ		大根		オレンジ	
単位	100g		100g		1p		100g		100g		100g		100g		100g		100g	
市町村名	価格	指数	価格	指数	価格	指数	価格	指数	価格	指数	価格	指数	価格	指数	価格	指数	価格	指数
伊平屋村	149	92.0	142	79.3	229	127.2	250	60.8	19	76.0	33	91.7	25	113.6	18	100.0	56	130.2
伊是名村	234	144.4	165	92.2	212	117.8	286	69.6	25	100.0	30	83.3	23	105.6	19	105.6	58	134.9
伊江村	200	123.5	146	81.6	183	101.7	301	73.2	24	96.0	29	80.6	21	95.5	17	94.4	42	97.7
北部平均	194	120.0	151	84.4	208	115.6	279	67.9	23	90.7	31	85.2	23	104.5	18	100.0	52	120.9
粟国村	221	136.4	125	69.8		0.0		0.0	20	80.0	27	75.0	25	113.6	18	100.0	47	109.3
渡名喜村	230	142.0	146	81.6	300	166.7		0.0	25	100.0	30	83.3	26	118.2	16	88.9		0.0
座間味村	210	129.6		0.0	250	138.9	319	77.6	23	92.0	32	88.9	24	109.1	20	111.1	55	127.9
渡嘉敷村	262	161.7	196	109.5	214	118.9		0.0	34	136.0	39	108.3	25	113.6	18	100.0	58	134.9
久米島町	179	110.5	124	69.3	201	111.7	167	40.6	23	92.0	28	77.8	27	122.7	21	116.7	54	125.6
北大東村	207	127.8	113	63.1	279	155.0	83	20.2	27	108.0	29	80.6	26	118.2	20	111.1	58	134.9
南大東村	211	130.2		0.0	227	126.1	130	31.6	23	92.0	31	86.1	24	109.1	21	116.7	52	120.9
中南部平均	217	134.0	141	78.7	245	136.2	175	42.5	25	100.0	31	85.7	25	114.9	19	106.3	54	125.6
宮古島市	178	109.9	158	88.3	197	109.4	214	52.1	24	96.0	31	86.1	22	100.0	19	105.6	42	97.7
多良間村	171	105.6	146	81.6	217	120.6	210	51.1	25	100.0	32	88.9	24	109.1	20	111.1	44	102.3
宮古平均	175	107.7	152	84.9	207	115.0	212	51.6	25	98.0	32	87.5	23	104.5	20	108.3	43	100.0
石垣市	154	95.1	162	90.5	200	111.1	256	62.3	23	92.0	32	88.9	21	95.5	17	94.4	46	107.0
竹富町		0.0		0.0	260	144.4	177	43.1	27	108.0	32	88.9	20	90.9	22	122.2	63	146.5
与那国町	186	114.8	133	74.3	358	198.9		0.0	34	136.0	41	113.9	29	131.8	22	122.2	58	134.9
八重山平均	170	104.9	148	82.4	273	151.5	217	52.7	28	112.0	35	97.2	23	106.1	20	113.0	56	129.5
離島平均	192	118.5	145	81.0	227	126.1	222	54.0				88.9	24	109.1	19	105.6	43	118.6
那覇市	162	100.0	179	100.0	180	100.0	411	100.0	25	100.0	36	100.0	22	100.0	18	100.0	43	100.0

品目群	加工食品								日用品		石油製品類					
品目銘柄	食パン 無漂白		みそ ハナマルキ		しょうゆ キッコーマン		食用油		精製糖 グラニュー糖		洗濯用洗剤		灯油 店頭価格		ガソリン レギュラー		軽油 店頭価格
単位	1p		1kg		1L				1,500g		1.1〜1.2kg		1L		1L		1L
市町村名	価格	指数	価格	指数	価格	指数	価格	指数	価格	指数	価格	指数	価格	指数	価格	指数	価格	指数
伊平屋村	192	112.9	378	124.3	328	125.2	400	99.8	229	117.4	479	137.6	103	102.0	162	114.9	139	113.9
伊是名村	195	114.7	411	135.2	334	127.5	479	119.5	240	123.1	480	137.9	106	105.0	153	108.5	131	107.4
伊江村	192	112.9	365	120.1	297	113.4	375	93.5	228	116.9	456	131.0	102	101.0	161	114.2	133	109.0
北部平均	193	113.5	385	126.5	320	122.0	418	104.2	232	119.1	472	135.5	104	102.6	159	112.5	134	110.1
粟国村	190	111.8	381	125.3	316	120.6	418	104.2	236	121.0	477	137.1	98	97.0	154	109.2	128	104.9
渡名喜村	193	113.5	581	191.1	359	137.0	520	129.7	300	153.8	547	157.2	96	95.0	148	105	135	110.7
座間味村	191	112.4	479	157.6	349	133.2	478	119.2	271	139.0	567	162.9	102	101.0	159	112.8	129	105.7
渡嘉敷村	190	111.8	409	134.5	338	129.0	380	94.8	248	127.2	436	125.3	100	99.0	157	111.3	130	106.6
久米島町	190	111.8	352	115.8	298	113.7	380	94.8	229	117.4	389	111.8	108	106.9	163	115.6	141	115.6
北大東村	231	135.9		0.0	362	138.2	461	115.0	269	137.9	631	181.3	108	106.9	160	113.5	132	108.2
南大東村	195	114.7	408	134.2	364	138.9	468	116.7	262	134.4	470	135.1	100	99.0	161	114.2	128	104.9
中南部平均	197	116.0	435	143.1	341	130.1	444	110.6	259	133.0	502	144.4	102	100.7	157	111.7	132	108.1
宮古島市	208	122.4	328	107.9	278	106.1	393	98.0	193	99.0	446	128.2	102	101.0	159	112.8	138	113.1
多良間村	220	129.4	424	139.5	322	122.9	424	105.7	242	124.1	524	150.6	101	100.0	160	113.5	139	113.9
宮古平均	214	125.9	376	123.7	300	114.5	409	101.9	218	111.5	485	139.4	102	100.5	160	113.1	139	113.5
石垣市	204	120.0	332	109.2	266	101.5	383	95.5	180	92.3	397	114.1	102	101.0	163	115.6	135	110.7
竹富町	196	115.3	455	149.7	330	126.0	447	111.5	260	133.3	493	141.7	116	114.9	167	118.4	142	116.4
与那国町	236	138.8	491	161.5	372	142.0	470	117.2	284	145.6	606	174.1	119	117.8	169	119.9	139	113.9
八重山平均	212	124.7	426	140.1	323	123.2	428	108.1	241	123.8	499	143.3	112	111.2	166	118	139	113.7
離島平均	202	118.8	384	126.3	320	122.1	425	106.0	237	121.5	481	138.2	104	103.0	161	114.2	136	111.5
那覇市	170	100.0	304	100.0	262	100.0	401	100.0	195	100.0	348	100.0	101	100.0	141	100	122	100.0

出所：沖縄県企画部地域・離島課、離島関係資料2009(平成21)年1月より筆者作成。
注(1) 単位は価格は円で指数は那覇市を100としている。

第 3 章　西表島とは

表 3-9　沖縄県離島地域主要物価・物価指数 (2)

| 市町村名 | 品　目　・　区　分 | | | | | | | | |
	肉類・加工肉類	乳卵類	魚介類	野菜類	果物類	穀類・加工食品	日用雑貨・衣服	飲料類	医薬品等
伊是名島	113.5	133.6	123.0	136.6	123.9	127.0	140.4	163.5	151.3
粟国島	106.5	120.5	109.0	127.9	98.6	131.2	143.6	166.1	185.9
座間味島	102.1	127.7	136.4	156.8	101.4	144.0	181.6	191.7	
久米島	107.3	135.3	94.0	130.6	131.0	120.2	132.8	176.0	119.2
北大東島	119.0	149.2	116.3	146.2	140.2	159.3	133.3	176.8	
宮古島	103.8	108.5	106.2	108.2	104.0	116.0	127.8	121.2	100.7
多良間島	114.1	130.0	100.2	138.7	118.8	135.0	134.9	170.6	141.0
石垣島	104.7	109.9	101.6	113.1	113.4	116.7	114.1	140.4	100.7
西表島	107.8	117.2	124.4	159.2	119.0	127.7	138.3	179.0	158.9
小浜島	104.7	136.2	157.0	182.3	124.3	137.2	152.4	192.2	192.3
波照間島	95.4	139.6	97.3	169.6	132.5	136.6	119.1	191.1	
与那国島	113.4	133.5	105.9	188.8	138.0	148.9	136.6	192.1	157.7
離島の平均	107.9	125.4	111.2	136.2	120.4	131.4	138.2	170.8	128.3

出所：沖縄県企画部地域・離島課、離島関係資料 2014(平成 26) 年 1 月より筆者作成。
　　1989(平成 1) 年から 2013(平成 25) 年まで沖縄県では毎年、離島統計を公表しているが 2007(平成 19) 年に調
　査した資料について、2009(平成 21) 年離島統計において個別産品の地域別価格と指数が初めて公表され、それ
　に基づいて筆者が作成している。(2) は 2011(平成 23) 年に調査が行われた資料より 2014(平成 26) 年に公表さ
　れた資料より筆者が作成している。個別産品の地域価格と指数が調査・公表されたのは 2007(平成 19) 年のみで
　ある。
注 (1) 単位は % で指数は那覇市を 100 としている。

なっている。西表島の商店にも石垣市から送られてくる加工品が豊富で冷凍
食品もほとんどのものが置かれている。種類の豊富さに問題があっても、日
常生活で必要とする商品はほとんど手に入れることができるのが西表島であ
る。商店で入手困難なものは書籍類や医薬品類などの専門分野の商品は手に
入れることが難しい。レンタル商品を扱う店舗もない。日用品以外は価格も
高めである。

　宮古島や石垣島と言った圏域の中心となる島には、すでに大型スーパー[46]
が作られていて、消費物資に関しては、沖縄本島や本土とほぼ変わりなく商
品が置かれ、日常生活で不便を感じるものは無いだろう。スーパーでの価格
も本土などの大都市と変わらない価格で提供されている。しかし、その先の
離島地域への輸送はコストがかかるものと推測できる。

　竹富町の中では人口規模が大きい西表島でも、島内には大型のスーパーな
どはなく、また全国の町中にあるコンビニエンスストアなどもない。集落ご

---

46 石垣市には、本土系の大型スーパーであるイオングループの店舗や、沖縄本島のサンエーやか
　ねひでなど地元を代表する大手スーパーがある。コンビニエンスストアも 20 店舗以上の店舗が
　作られている。

3.4. 離島の生活事情

とに地元資本による雑貨店と呼ばれる一応の日用品に関してすべて取り揃え
ている商店がある。現在の西表島は、来訪者や季節によって増加する観光客
などの流動的な人口があるため、商店の利用者数が増加している。基本的に
は商店は地区に一軒の割合で、大原から白浜まで地区ごとに点在している。
またこれとは別に、ホテルや民宿などでも土産物・日用品などを扱っている。
食堂・居酒屋などの飲食を提供するも店も、商店と同様に地区ごとに数件ず
つ営業している。西部の上原地区では、マリンレジャーの専門会社が多くあ
る関係で夏場には来訪者が多く、期間限定で観光客向けに本土からやってき
て営業している飲食店や土産物店もある。

　離島の暮らしの問題点として、物価の高いことがイメージとして織り込ま
れていて、その点から暮らしの困難性というものが定着している。実際には、
現在のようにインフラとして高速船が常時運行される状態の下で、台風によ
る気象の問題が発生しているときを除くと、物資の流通はほとんど本土の都
市部と変わらないくらいまで発達してきた。日常生活の消費を支えるインフ
ラは十分機能するまでに整備されているというのが今日の西表島の「流通事
情」なのである。

　西表島住民の消費生活は民間の商店によって守られてきた。これと形態は
同様であるが、沖縄県独特の施設が西表島にもある。沖縄県では本島をはじ
めほとんどの離島地域で、集落の住民が資金を出し合って運営も集落住民の
手で行う「共同売店」[47]の仕組みがある。形式的には雑貨店あるいはミニスー
パーと言ったものである。

　共同売店は沖縄を語るときには取り上げなければならない必須のものであ
る。沖縄本島の村の共同売店100周年に際して琉球新報に掲載された記事である。

---

[47] 日本全国でも過去には「結い」という形で集落内のことについて集落を構成する住民によって
家の補修から農作物の採り入れなどが行われていたが、沖縄では集落の流通を支え物品の供給の
ために集落の中に住民が出資して作った共同の売店がある。これは今でも沖縄県各地域に存在す
るものである。沖縄本島国頭村奥の共同店が最も有名であるが、生活環境の厳しさなどから集落
一丸で住民を守ってゆくという発想が根本にある。現在では集落人口の減少から、地域で売店を
維持させることが難しい地域が出始めていて、そうした売店は運営を外部に委託しているところ
がある。実際に消滅した共同店もある。沖縄大百科事典、上巻 p.894。

187

第 3 章　西表島とは

大富集落の共同売店店舗で毎日 7:00-20:00 まで営業していて、日用品から農業用品まではすべてそろうようになっている。(2009 年 6 月 25 日、筆者撮影)

「独特の互助精神で山村集落の暮らしを守り、コミュニケーションの拠点としての役割も担ってきた国頭村奥集落の共同店が創立 100 周年を迎えた。共同売店の歴史をたどってゆくと、沖縄本島国頭村の奥集落で始まった住民らが共同出資して運営する共同売店の第 1 号店がおよそ 100 年経過する。奥集落では地域資産の材木の共同集出荷、船舶所有による海運流通事業など多様な機能を担ってきた。小売店にとどまらず、区や各種団体への補助、住民への貸し付けなど生活全般にわたる互助組織として発展してきたのが特徴で、北部圏域（本島）に拡大して 1980 年代には 100 店舗を超えていたという。現在は約 70 店に減ったが、ここにきて独特の仕組みが全国から注目されている。過疎に悩む宮城県丸森町の集落が奥の共同店を手本に「なんでも屋」を開設し、奥の新茶と丸森の新米を届けあう交流も企画された。"陸の孤島"が生み出した知恵が、結いの心と地域力を取

3.4. 離島の生活事情

り戻してくれている」。

(琉球新報2006(平成18)年10月9日「奥共同店1世紀・『地域力』再生のモデルに」)

過疎化の問題が叫ばれている地方都市では地域の再生の観点からぜひとも検討したいシステムであろう。

西表島には大富集落に共同売店が設置され現在でも運営されている。共同売店は地域住民の運営が基本だが、西表島では集落住民の運営が難しくなり、第三者に運営委託され地域住民は店舗運営から離れている。時代の流れで従来の島民生活を支えていた共同売店は衰退している。島民の生活を支えていた共同売店は、ここでも過疎化の影響を受けている。沖縄県内には現在でも共同売店は数多く存在しているが、結局、流通や生活様式の変化が住民の生活を変えた結果として、こうした共同売店も消えようとしている。

今後も時代とともに流通事情は変化をするだろうが、離島の住民にとって最もよい形態とはどのようなものであるか、もう一度考える時期に来ているというのが現在だろう。

3.4.2. 離島住民の生活を支える流通制度

西表島を初めとした離島地域の経済状況や地域住民の生活は約30年の間に大きな変革を遂げている。島外からの人口流入の点ではインフラとして高速船による離島のネットワークが完成され、観光客の誘致に大きく役立っている。西表島では、なだらかに人口回復が図られているが、この背景には生活環境の改善があることは間違いないだろう。快適な生活環境の提供は「移住や定住」[48]を促進するためにはもっとも基本的なことだろう。

---

[48]「日本では国をあげて地方と中央が抱える問題への取り組みが始まっています。その一つが「移住」。喧騒の都会から自然に囲まれた田舎暮らしへといったことだけではありません。移住促進センターは一人でも多くの新しい住民を迎えようと真剣に取り組んでいる自治体、そしてより良い暮らしを地方に求め、「あ、ここで暮らしたい」と一歩踏み出そうとしている首都圏の人たち、その二つをつなぐ場所になります」東京八重洲に「一般社団法人生涯活躍のまち推進協議会の事務所が2015(平成27)年に開設されている。http://www.ijyu-center.jp/ (2017/1/10)。

第3章　西表島とは

　全国の地方自治体では、移住者や定住者を増やして過疎化の抑止から人口増加を図ろうとしている。観光で訪れた人々の中には、移住を考える者も生まれだしているのが今日であるが、日常生活を支えるインフラの整備状況は、移住地を選ぶ場合のポイントとなる点であろう。西表島は約20年以上前から人口回復を達成してきた地域である。背景としては沖縄県全体がリゾートとして全国的に注目されている中で、西表島を含む竹富町が未だに最南端の秘境の地として高い人気を保っていることにあるだろう。

　観光で訪れた方々の中から移住や定住へ向かう人々が現れている。こうした現象は長期に渡るものであり、西表島の生活環境の改善と無縁のものではない。離島の生活は謎に包まれている部分も多いが、西表島の生活を支えている流通システムは格段に向上している。大きく変わろうとしている西表島で行われている流通について明らかにしよう。

　八重山地域では、日常生活を支えるための流通として、石垣市内の大手スーパーから日用品の調達が行われている。西表島では地区ごとに商店があるが、島の商店だけで日用品のすべてを賄うことはできないため、買い物をする場合は船で石垣市内まで出かけて行くことになる。そこで石垣市内で購入された商品の竹富町内への流通実態について触れておきたい。

　沖縄県は離島で構成される島嶼の地域であるため、人の移動と物の移動に関して細かく地域間のネットワークが作られている。様々な生活物資が地域の中継地点からの船の輸送によって成り立っている。八重山の離島地域での日常の生活物資の輸送は、実は離島航路を運航している旅客用の高速船を使ったものである。

　では、それぞれの輸送実態である。八重山圏域の中心である石垣市内には、本土資本や沖縄本島の流通業の大型店舗が複数あり[49]、これらの店舗には必ずサービスカウンターがあり、このカウンターで離島居住者の購入物資の配送手続きが行われる。具体的には居住地の離島に向けて、離島行きの旅客船

---

49 本土のイオングループの大型スーパーのマックスバリューと沖縄本島のサンエーとかねひで、ホームセンターのメイクマンなどには専用のデスクが設けられている。

3.4. 離島の生活事情

石垣市の離島ターミナルより各離島を結んでいる旅客用の高速船で写真は船の最前部のスペースを使って日用品の輸送が行われている。(2009 年 8 月 27 日、筆者撮影)

上原港に到着後の離島桟橋で行われる荷捌きの状況の写真でその場に立ち会っている者全員で船から荷物を降ろし桟橋に荷物は置かれる。(2009 年 8 月 27 日、筆者撮影)

第 3 章　西表島とは

の便[50]に乗せるサービスが行われている。業者間で行われる取引に関する荷物の運送は基本的に有料になっている。運賃は最低料金が140円からであるが、商品を購入した本人が船に同乗する場合は無料になっている。ただし、スーパーなどの量販店では、「同乗する」という形で旅客船の便名を申請すれば無料の扱いで各離島まで輸送するサービスを受けることができる。荷物はすべて船の前部に乗せ、「こわれもの」などの扱いはなく、荷物の毀損が起こった場合、船会社は責任を持つものではない。

　もし高額品を送ろうとする場合は、貨物専用の船が別に運航されているのでそちらに乗せることになる。業者間の物資や重量物も同様である。この場合、高速船に乗せて送るよりもかなり日数はかかる。旅客船での輸送は、基本的には翌日の午前中に到着するような手配になっているが、石垣市内での購入が午前中であるならば、購入後2~3時間後には各離島の桟橋に荷物を到着させることができる。石垣市内のスーパーでは離島ターミナルと店舗の間を送迎するサービスも行われている。現在、竹富町の離島地域の間はすべて高速船で結ばれ、最も長い航路である石垣 - 波照間が70分で結ばれ、西表島には大原と上原の二つの港があり，それぞれ40分と50分である。離島間の人と物の往来はこのような形で行われ、離島地域の重要なインフラを形成している。

　各離島に到着した旅客船では、乗客の下船開始と同時に高速船の前部に積まれた荷物を降ろすことになる。離島のターミナルでは、船に積まれた荷物は桟橋にいる全員が、自分の依頼した荷物であるかどうかにかかわらず、全員の協力によって荷降ろしが行われる。降ろされた荷物はそのまま桟橋に置かれ、桟橋から各家庭へは運送を依頼した本人が自分の荷物を取りに来なければならない。

　これが八重山地域での離島間を結ぶ生活物資の輸送実態なのである。これがやがて地域振興にとっての重要な流通を支えるインフラに繋がっている。

---

50 安栄観光と八重山観光フェリーの2社が協力して行われている。

3.4.3. 離島地域の所得

　全国の都道府県ごとの所得に関する統計では、沖縄県は全国の中で最下位にランクされている。2001（平成13）年から2010（平成22）年までの沖縄県の離島地域の市町村ごとの年間所得を現したものが表3-10である。これは沖縄県の離島統計を基に作成したものである。所得金額と沖縄県全体の平均を100とした指数であるが、平均所得で沖縄県全体が200万円を少し上回った状況で、離島市町村では200万円を下回る地域も数多い状況である[51]。

　沖縄県は島嶼によって成り立っている地域であるため、産業などの状況もすべて島ごとに異なった条件によって行われている。離島は農林水産業を中心として地域の経済が成り立ってきた。すでに観光化が進展して産業構造が大きく変わっている地域や、農業の専業地域など様々である。これについて具体的な数値の成り立ちについて比較検討を試みた。

表3-10から分かるようにどの地域も所得の低さが目立っている。近年では離島に限らず日本全国において、働く貧困層といわれる低所得者層の増大が、この数年話題になっている。これは年収200万円未満の労働者数が1,000万人を超えてワーキングプア[52]と呼ばれる貧困層の社会問題を指している。

　離島地域では脆弱な地域経済について一貫して問題が指摘されてきた。問題の所在が地域経済の構造自体にあることが考えられ、簡単に転換できるものではないだろう。

---

51 この中で、南北大東島の所得の高さが目を引くところであるが、この二つの島はサトウキビ栽培の島である。平均所得が他の市町村よりも非常に高い所得を示している。二つの村であるがともに専業農家の割合が非常に高い地域であり、主作物はサトウキビ栽培を行っている地域である。サトウキビ栽培については、沖縄ならではの作物であり、収益構造は助成によって成り立っているものである。サトウキビが砂糖の原料であるため、国際的な相場に左右される面も考慮しなければならない問題で、当局の政策次第によって収益も大きく左右される側面がある。井上壮太朗「沖縄県におけるさとうきび作と製糖業の現状と課題」農林水産政策研究 [2006]、第12号。

52 これまでの日本の雇用・賃金体系は終身雇用制度を背景とした体系であったものが1990年代以降、これまでの正社員から派遣型社員の体系に切り替えられて以降、賞与がないことや手当等が大幅に切り下げられることとなり、同一労働同一賃金から大きな後退をしたことによって働きながらも低賃金労働から抜けられない層ができてしまっている。企業ではコスト削減の一環として派遣型労働は増加している。現代用語の基礎知識2015、p.4477。

第3章　西表島とは

表3-10　沖縄県離島市町村1人当たり所得推移

市町村名	2001 年度		2002 年度		2003 年度		2004 年度		2005 年度		2010 年度	
		所得水準		所得水準		所得水準		所得水準		所得水準		所得水準
伊平屋村	2,139	102.1	1,929	94.5	1,738	86.0	1,724	86.9	1,632	80.8	1,613	79.7
伊是名村	1,705	81.3	1,715	.84.0	1,911	94.5	1,842	92.8	1,869	92.5	2,062	100.0
伊江村	1,869	89.2	1,855	90.9	1,906	94.3	1,848	93.1	1,908	94.4	2,022	99.9
渡嘉敷村	2,769	132.1	2,494	122.2	2,559	126.6	2,225	112.1	2,237	110.7	2,526	124.7
座間味村	2,599	.124.0	2,390	117.1	2,685	132.8	2,208	111.2	2,186	108.2	1,956	96.6
粟国村	2,154	102.8	1,827	89.5	1,770	87.5	1,690	85.1	1,631	80.7	1,886	93.1
渡名喜村	2,335	111.4	2,257	110.6	2,529	125.1	2,540	128.0	2,294	113.5	2,321	115
南大東村	3,306	157.7	3,145	154.1	2,817	139.3	2,801	141.1	2,808	138.9	3,476	171.7
北大東村	3,147	150.1	2,997	146.8	2,704	133.7	2,853	143.7	2,861	141.6	3,968	196.0
久米島町	1,898	90.6	1,818	89.1	1,869	92.4	1,830	92.2	1,910	94.5	2,002	98.9
宮古島市	2,014	96.1	1,923	94.2	1,908	94.4	1,836	92.5	1,881	93.1	1,922	94.9
多良間村	1,980	94.5	1,916	93.9	1,750	86.5	1,734	87.4	1,878	92.9	1,972	97.4
石垣市	2,190	104.5	2,178	106.7	2,212	109.4	2,109	106.2	2,167	107.2	2,054	101.4
竹富町	2,326	.111.0	2,409	118.0	2,611	129.1	2,298	115.8	2,283	113.0	2,129	105.1
与那国町	2,633	125.6	2,523	123.6	2,646	130.9	2,614	131.7	2,742	135.7	2,497	123.3
離島平均	2,106	100.5	2,047	100.3	2,063	102.0	1,977	99.6	2,026	100.2	2,025	100.0
県全体	2,096	100.0	2,041	100.0	2,022	100.0	1,985	100.0	2,021	100.0	2,025	100.0

出所：沖縄県企画部、2009(平成21)年離島関係資料、2014(平成26)年離島関係資料より筆者作成。
注 (1) 単位は千円で所得水準は沖縄県全体を100としたもの。
　　(2)2014(平成２６)年現在公表または判明している分から作成している。

　離島地域の場合、どのような主産業によって地域経済が担われているのか、という点を考えなければならないだろう。現在の沖縄県では多くの離島地域が農林水産業などの第一次産業からサービス業を主体とする構造に転換してきているが、各島によってその進展や内容は異なるものである。竹富町の就業構造を見ると、西表島のようにある程度の人口を擁している地域では各産業に分散しているが、地域によってはほぼ観光業だけになっているところや、今でもおよそ半分の住民が農業に従事しているところがあるなど、就業人口の分布が様々である。鳩間島などは島の面積が狭い上に観光のみによって成り立っている地域である。農業の生産基地としての機能で島が維持されているところもある（新城島）。

　したがって竹富町では、就業構造によって所得状況も地域ごとにかなり異なっていることが考えられる。

　現在では第三次産業に就業者が流れているが、竹富町の農業の特徴についてとらえておきたい点がある。開拓当初はサトウキビ栽培によって地域農業が担われてきた地域である。サトウキビはこの地域においては、作物の特性

3.4. 離島の生活事情

から他に代替することができない基幹的な作物として栽培が行われてきた実
状がある[53]。それゆえにモノカルチャー的な構造から抜け出すことが難しい
ものになっている。現在では収益構造が助成によって安定してきている。近
年では西表島の農業も果樹栽培などにより収益が大きく改善される状況にある。

　沖縄県全体がいまだに低い所得水準にあり、離島では事業所数や雇用自体
が少ない上に業種も限られている。所得状況の改善は、自治体に税収増をも
たらし、自治体の財政状況改善に結び付くものである。所得状況の改善は、
地域の経済状況の改善であり、雇用の改善によって、地域の人口増加につな
がることである。離島地域は過疎化の循環に支配されてきたが、一旦、過疎
化の負の連鎖をどこかで断ち切らなければならない。業種にかかわらず、好
循環を生み出すならば地域で受け入れられるだろう。

　竹富町の就業者数は、主力であった第一次産業から第三次産業（宿泊など
の観光関連や運輸）に人員がシフトしている。全体として所得は横ばいで、
指数の状況では 100 を上回り、状況の改善が少し見られる。今後、所得の改
善を目指すことによって、地域人口の回復が図られるものと考えられる。西
表島の状況を見るならば、長期にわたって人口の回復が見られている。人口
増加は経済状況の改善や雇用の改善と見てよいだろう。2000 年代以降、竹
富町の平均所得は沖縄県全体の指数を超えるようになっている。

3.4.4. 小括 – 現代西表島の課題

　西表島が現代史に登場するのは戦後の開拓移住地として選定された時から
始まる。本島が機能を喪失している時に、食糧難の解決や膨張した人口の解
消のために、多くの開拓者が海を越えて西表島に来た。西表島の現代史のス
タートである。

---

53 表 3-10 の中で南北大東島の数値の変動について説明が必要だろう。特に北大東島の 2005（平
　成 17）年と 2010（平成 22）年の数値が 100 万円近い差があるが、これは 2005 年がサトウキ
　ビの不作の年で生産高が約 6,000 トン、金額にして 12,000 万の売り上げに対して、2010 年は
　約 17,000 トンで 34,000 万の売り上げであった。南大東島も同様である。数値の変動はそれに
　よるものである。収穫高、金額は北大東島総務課で確認。

終戦後は日本が敗戦からのスタートということで激動した時代であった。本土で行われた農地改革はこれまでになかった農業制度として行われたが、沖縄では行われることが無かった。小規模性の問題が温存されながら行われたのが沖縄での「割当耕作制度」と呼ばれる農地制度改革であった。

沖縄では開拓によって小規模性から規模拡大の現場となったのが西表島であった。まさに沖縄の農民にとっては画期的な事態であったと考えられる。しかし制度は人間が作ることが可能であっても、自然環境の厳しさから逃れることはできるものではない。開拓移住から15年ほどたつ頃より離農者が生まれだし、中でも本土復帰を挟んだ10年間には企業に農地を売却して離農し島外へ出るものが大量に発生している。営農指導の不十分性や農業インフラの不備など色々と指摘されている。

本土復帰前後の事態を考えて見よう。不運なこととしては異常気象の発生だろう。半年間続いた干ばつやその後を襲った台風によって地域が壊滅的な被害を受けている。結局、農業経営から撤退せざるを得なくなった者たちは、農地の売却を選択せざるを得ない状況に追い詰められ、そして島外へ流出したというのが当時の状況である。農家が残していった農地や、企業がいったん買収しながら手つかずにされた農地などが大量に存在しているのが西表島である。その量は西表島の耕地面積を超えるものである。

こうした現実からいかに地域を立て直して行くのかというのが西表島の課題である。西表島は面積と人口規模から竹富町の中心であり西表島の問題は竹富町の重要な問題と認識しなければならない。

荒廃した農地は耕作放棄地として西表島の県道沿いを覆っている。農業が西表島の産業において重要な点は相変わらずであるが、国内はもとより外国からも大勢の観光客が訪れる現在、農業を中心に観光客に対してもアピールできるだけの地域づくりをしなければならない。

最も沈滞した人口減少の時代には経済活動の沈滞から島外へ移転せざるを得なくなってしまった住民も多く存在しているだろう。地域に住む人々が活気を持ちながら生活する環境整備に何が重要であるか、自然と答えは出るも

のである。なだらかな人口回復が図られ、訪れる者は毎年その前年を上回る
状態にある。

　地元自治体はもとより、地域住民が考えなければならない課題は、平成時
代を新たな出発点として、地域の様々な分野に活性化が浸透してきた事実を、
発展させて行くための最良の方法を一丸となって検討することである。すで
に一部で始まっている西表島の地域活性化の取り組みが、新たな農業の展開
によって地域に活気と潤いを取り戻すために開始されている。西表島の農業
活動と地域経済がどのように展開されているか、実態を明らかにしよう。

198

第 4 章

西表島の農業活動と地域経済

4.1. 西表島調査の目的と背景

　耕作放棄地の存在は、日本の農業に悪影響をもたらしているが、西表島は農地利用の改善が顕著である。なぜ西表島では耕作放棄地が減少しているのだろうか。西表島で耕作放棄地の発生が抑止されていることについて調査することが第一の目的である。

　調査の主たるフィールドは沖縄県竹富町西表島である。終戦後から現在まで発生した耕作放棄地に関していくつかの特異な歴史を有する地域である。終戦後に農業のための開拓移住が行われたが、離農者の発生によって地域で極端な過疎化が起こった。この過程で「人の空洞化」と「地域の空洞化」から大量の耕作放棄地が発生した。

　耕作放棄地の大量発生という事態において、抜本的な制度改革のため、農林水産省によって全国で 2006（平成 18）年から 3 年間に渡り耕作放棄地の実態調査が行われた。西表島においても耕作放棄地の実数が公表されている。これまで統計上の数値として耕作放棄地の増加が、いかに膨大なものであるか伝えられていたが、その詳細な数量や発生原因が明らかとなることはなかったのが実情である。

　調査では、西表島の地区ごとの耕作放棄地の状況を、直接現地で実態を見ながら調査を行った。5 年ごとに行われる農業センサスの統計では西表島現地の耕作放棄地は減少に向かっている。全国で難航している耕作放棄地の解消を、西表島ではどのような取り組みによって成し遂げているのか、この点に着目するのである。西表島の農業生産や耕作放棄地の削減に向けた様々な取り組みについて、各地区での事例を明らかにするものである。

　現地調査では、農家からの聞き取りを中心として、今後の西表島での耕作放棄地の解消や農業の活性化を通して、地域が経済的に潤い移住者が増加し

4.1. 西表島調査の目的と背景

て賑わいを取り戻して再び「活気ある島」にするために必要な調査として行った。この現地調査の結果から、終章において西表島の活性化にとって必要な課題と展望に繋げて行くものである。

4.1.1. 西表島の各地区の現状 – 人口動態

西表島は古見岳（標高 469.5 m）テドウ山（標高 441.2 m）御座岳（標高 420.4 m）の三峰で構成されている。この山は島の周辺部にあり、島全体が山で覆われているのではなく平地は島周辺に僅かにあるが、広く連続していない。仲間川と浦内川[1]という沖縄県内でも有数の河川があり、急斜面の箇所もあるため河川には滝も多く観光にも重視される景観の素晴らしい島である。あらかじめ各地区の基本的な部分として人口動態を押さえておきたい。

調査に当たっては、人口動態などは竹富町が作成した統計を用いるが、農業に関するものは農林水産省が農業センサスで使用する農業集落の単位を使用する。はじめに竹富町の 2010（平成 22）年と 2015（平成 27）年の人口動態から、それぞれの地区がどのような状況にあるか現在の様子からお伝えする。

西表島を東西に分けると東部地域は人口数と世帯数が微増という状況である。サトウキビ中心の農業地域であるため、専業農家も多く、戦後の開拓以来の農家が未だに農業を続けている地域である。地域に西表糖業があるため、島全体のサトウキビの集積地になっている。全体としてなだらかな平地になっていて、広大な地域にサトウキビという、現在では非常に少なくなったかつての沖縄の農業景観を見ることができる地域である。大原港という島のメインゲートがあるため、人の賑わいが途切れることが無いのが地域としての特徴であろう。東部地域で一番の景勝地である由布島には大勢の観光客が立ち寄り、西表島の最大の観光スポットである。

そして上原港から白浜までの西部地域である。2010（平成 22）年から

---

1 沖縄県最長の河川でこの上流に西表島でも有数の観光スポットになっているマリュウドとカンピレーの二つの滝がある。河口から船に乗り徒歩にて滝まで行くというものである。

第 4 章　西表島の農業活動と地域経済

表 4-1　西表島地区別人口動態、2010（平成 22）年〜 2015（平成 27）年の増減数

年度	2010(平成 22) 年				年度	2015(平成 27) 年				2010 年 /2015 年	
地区名	男性人口	女性人口	合計	世帯数	地区名	男性人口	女性人口	合計	世帯数	人口増減	世帯増減
大原	161	145	306	155	大原	151	149	300	161	△6	6
豊原	96	91	187	90	豊原	103	96	199	92	12	2
大富	147	138	285	148	大富	159	130	289	161	4	13
古見	47	26	73	30	古見	40	27	67	29	△6	△1
美原	14	13	27	12	美原	18	25	43	19	16	7
由布	13	4	17	11	由布	13	8	21	18	4	7
高那	10	4	14	14	高那	8	7	15	14	1	
西表東部地区	488	421	909	460	西表東部地区	492	442	934	496	25	36
船浦	117	95	212	134	船浦	122	105	227	141	15	7
上原	119	117	236	124	上原	116	104	220	113	△16	△11
中野	92	79	171	102	中野	104	115	219	120	48	18
住吉	113	114	227	122	住吉	117	131	248	141	21	19
浦内	50	46	96	44	浦内	62	49	111	52	15	8
祖納	83	78	161	79	祖納	68	67	135	75	△26	△4
干立	58	50	108	53	干立	59	56	115	62	7	9
白浜	64	65	141	65	白浜	75	67	142	69	1	4
船浮	22	17	39	23	船浮	24	23	47	26	8	3
崎山	0	1	1	1	崎山	0	0	0	0	△1	△1
西表西部地区	718	662	1380	739	西表西部地区	747	717	1,464	799	84	60
西表島合計	1,206	1,083	2,289	1,207	西表島合計	1,239	1,159	2,398	1,295	109	88

出所：竹富町統計より筆者作成。

2015（平成 27）年にかけて西表島では約 100 名の人口増加が記録されているが、この増加は地域的には西部地域での人口増加である。統計上、上原港近隣の中野・住吉・浦内などではすべて人口増加である。これに対して旧集落である祖納では 20% 近い人口減少になっている。西部地域は戦後の開拓移住では、最初に移住者によって開拓されたのが住吉地区である。西部地域の人口増加について要因を検討してみると、農業では果樹栽培地域としてパインアップルとマンゴーの生産拠点として活況を呈する状況である。約 30 年をかけて缶詰原料であった時代から生果実として販売できるようになり、果樹栽培農家が地域で上層農家を形成している。高額所得を生み出す経営者も登場している。このような地域農業にあって、新規に就農を目指す移住者が現れている。これが一つの要因である。他方、観光業の分野でも自然資源に恵まれた地域特性を生かして、マリンレジャーを営む地元の法人や農家の兼業で観光に進出する者がある。

　観光では地元だけではなく島外から業者が集まりだしている状況にあり、

4.1. 西表島調査の目的と背景

競争も激化している。こうした循環が西部地域の人口増加に結び付いていることが考えられる。

西部地域の弱点は夏場と冬場の来訪者数にある。冬場の上原航路は風の影響から高速船の欠航が多くなる航路である。そのため夏と冬の差が生じている。

西表島でも移住者の定住が課題であるが、人口が一定増加している地域はインフラとして、アパートなどの住居施設が整えられているところである。西部地域では中野や住吉にアパートなどの住居が建てられている他、干立などには一戸建ての住居が建設されている。東部地域でも同様であり、大原港近隣にはアパートが立てられている。宿泊ばかりではなく長期滞在者に対するインフラとして飲食店などの整備も始められている。

比較検討すべき地区として西部地域の祖納という西表島の最も古い集落を取り上げて見よう。祖納は人口減少が著しい地区である。祖納地区は西表島の発祥の地で、今も伝統文化が引き継がれ、全国的な注目を絶えず集めている。この地区は人口の流動化の極めて少ない地区である。新規の移住者もいない高齢化した地区が祖納である。町並みは石垣に囲まれた美しい地区であるが、アパートなどは無く新規の移住者を受け入れるスペースは無いようである。

人口動態から見た西表島の東西の地域と各地区の状況である。人口が増加して島内にも活気が生まれ始めているが、地域の状況によってインフラの進み具合、流動性の人口、農業と観光業の実態など、かなり発展の度合いが異なるものである。

4.1.2. 西表島の耕地と耕作放棄地の分布

西表島の耕作放棄地の調査にあたって使用する基本資料が、竹富町農林水産課で作成された図4-1で、西表島の農地と耕作放棄地の分布を表した地図である。

図4-1の地図を見ると、海岸に沿って黒く記されている部分が耕地で、①

203

第 4 章　西表島の農業活動と地域経済

図 4-1　西表島耕作地・耕作放棄地分布地図

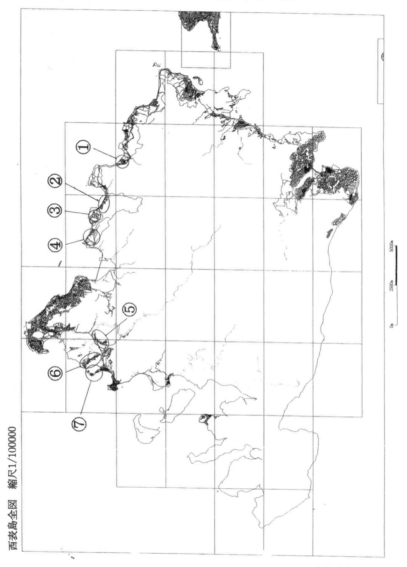

出所：竹富町農林水産課

4.1. 西表島調査の目的と背景

〜 ⑦の矢印の部分[2]は、2006（平成18）年から2008（平成20）年の3年間に農林水産省の指示により行われた竹富町農林水産課の調査にて判明した耕作放棄地を示している。西表島の現在の土地利用状況は、林野の面積が271.98 km^2（94%）でその内訳は国有林が255.11km^2（88%）、民有林16.87 km^2（6%）である。耕地面積は田・畑・その他樹園地等の合計が5.67 km^2（2%）である[3]。その内、農地の耕作放棄地として認定されている面積は0.521　km^2（52.1ha）という結果である。耕地面積の中で耕作放棄地が占める割合は9.1%である。耕作放棄地の分布は地図上の ①から ⑦までが発生地点で、地区名では①は高那である。①から④は島の東西の中心部の上原（伊武田）の地域で、⑤から ⑦までは干立・祖納を指している。これが西表島の耕地と耕作放棄の分布である。

　ここでは西表島の統計から解る、農地の耕作放棄の発生について、一般に理解されている高齢化や後継者問題と、それぞれの地区ごとの歴史や地理的な問題に関連して発生していることについて触れておきたい。

　西表島の耕作放棄地の地区ごとの概要について明らかにする。高那のヨツンと隣接する上原の伊武田の農地はほとんどが耕作放棄という現状である。ここの農地は歴史的な要因について解明しなければならない地区である。上原の伊武田と呼ばれる地域は、農地に関しては全域が、耕作放棄地に認定されている。長期間に渡って耕作放棄されてきた。

　西表島のもう一つの耕作放棄地の発生地域は、西部地区にある皆星とサーチという地区に集中している。この地区は最も歴史のある祖納・干立の地区にあり、発生要因でいうと本土の中山間地域と同様な地区である。ここも現状は、長い間放棄されていたため一見して過去に農地であったことを伺わせるものがない。皆星は土地改良の議論がされているが実現には高いハードルがある。サーチの農地は近所の住民が自給用に農作物を作っているが、その

---

2 この地図の耕作放棄地は農業センサスの統計上に表されている耕作放棄地と竹富町の調査で判明している荒廃農地が混在して記入されているものである。
3 九州森林管理局、「平成19年度西表島における人と森林との歴史に関する報告書」、pp.17~18。

第 4 章　西表島の農業活動と地域経済

他に手が付けられている様子はない。

　東西の二つの耕作放棄地はともに量的に膨大であり歴史もある。ではこれ以外の西表島の耕作放棄はどのような状況なのだろう。

　開拓によって作られた豊原・大原・大富地区にもかつては耕作放棄された農地や荒廃地が存在していた。しかしこの三地区では耕作放棄が抑止され西表島の耕作放棄地の減少に貢献するものとなっている。

　もう一つは西表島で最も賑わいのある地区、中野・住吉地区周辺の状態について触れておこう。この地区も戦後の開拓移住者によって作られた地区である。この地区には宇奈利崎という西表島の景勝地があるが、一時は耕作放棄地が相当数存在する地区であった。この二つの地区は、若者などの流動人口があり雑多な人間がいることで、地元の人々が「合衆国」という言葉で表現している。農業と観光業による活気に溢れた地域である。放棄されていた農地も、特産品のパインアップルやカボチャ畑に姿を変えている。

　東西に耕作放棄地が大量に存在する西表島にあって、耕作放棄地を減少させている地区が存在していることに、西表島の特性が考えられるのである。

　耕作放棄地の問題は根深いものであるが、西表島の農村集落は地区ごとに様子が大きく異なっている。どのような取り組みと理解によって耕作放棄地問題に対処しているのか、地区ごとに詳述して行く。

4.2. 特異な歴史を持つ耕作放棄地

　西表島では、大原港から上原港までを東部地域と一般的に呼んでいるが、島内の道路に沿うように耕作放棄地が広がっている。一部では土地改良が行われ水田として使用されている部分もあるがほとんどが手つかずの状態になっている。

　ここで歴史的事実を明らかにしておこう。近隣の離島から船で耕作に通っていた者の存在である。これは西表島ならではのもので、島の東部一帯は道路に沿って耕作放棄地になっている。これがなぜ発生したか、どれくらいの量的な存在があるか明らかにしよう。

　西表島の東部地域は戦後の開拓移住によって地区と耕地の開拓が行われた地域である。歴史ある古村もあるが主に終戦後作られた地区である。地区として開拓団が入植した仲間川の河口付近に豊原・大原・大富の3地区がある。これに隣接するのが高那のヨツンと上原の伊武田である。竹富町が実施した耕作放棄地の調査で判明している内訳は、①の高那が 78,325m^2（7.8ha）で筆数が 57 筆、②から ④ までの伊武田が 137,865m^2（13.7ha）で筆数が 157 筆で、合計面積が 216,190m^2（21.6ha）で合計筆数が 214 筆という量である。竹富町農林水産課の調査から判明している資料から作成した表 4-2 から表 4-5 が耕作放棄地の実数である。これは判明している実数で、さらに多くの耕作放棄地が予想されている。

　歴史的な経過について述べておこう。西表島の周囲には、竹富島をはじめ新城島・鳩間島などいくつかの島がある。それぞれの要因は異なる点があるものの、歴史的な事実として「船を使った通い」の形による水田の耕作をしていたことが、記録として残されている。その一つとして、大原から上原までのおよそ 30 キロの道の両側に、現在は未利用になっている一見しただけ

第 4 章　西表島の農業活動と地域経済

では分からない、ジャングル状態の荒廃地がある。亜熱帯気候の西表島では、植物の成長が速いためわずかの期間に植物が繁茂する。この植生の中で、約半世紀の間、利用されてこなかったのがこの地区の荒廃地である。この荒廃地がかつて耕作されていた水田の跡である。

　笹森儀助の調査後の著作の中に「合宿」による耕作について記述がある。これが「通耕」と呼ばれるものである。近隣の島々の農民が、船に乗って通い水田の近辺で、寝込みながら耕作を行っていた。笹森が記した「南嶋探検」には以下の記述がある。

　「南風見村ハ戸数九、人口二十九、内（男十六人、女十三人）ナリ。其他農夫男女数十人合宿居スルヲ見ル。皆是レヨリ距ル五、七里、新城嶋・黒嶋等ノ水田ナキ為メ、当村内へ割当田地ヲ耕シ来ルモ、此台風雨二テ食料尽キ、困難セルモ如何セン。数日来引継キ、風雨ノ為メ刳船ノ便ナク、空シク滞留セルナリ。嗚、我カ同胞中ニ己カ居嶋ニナキ水田ノ貢租ヲ納ル人民アルヲ知ルヤ否ヤ。」

　「海路ヲ距テ西表嶋ニ行テ耕作ス。余、通耕ノ際、稲草苅取済ミ運搬最中ニテ、数艘ノ「ヤンハラ」[4]船へ稲ヲ山ニ積、帆ニ任セテ往来セリ。南方習慣、出テハ耕スハ、独リ此嶋民ノミナラス、八重山郡嶋ノ人民モ、近クモ数海里、遠クハ拾海里以上モ距リタル処ニ就テ、耕作ニ従事ス。税法ハ、該嶋ノ如キ所在毫モ水田ナキ村落ト雖トモ、皆文頭税ヲ課スルナレハ、不得止西表ノ水田ヲ分与シテ貢納ニ充テシム。其出張耕作ニ従事スルヤ、山野二小屋ヲ作リテ宿ス。」

（原文のママ、『南嶋探検』（笹森儀助 1982）平凡社 pp.206~216）

　当時の南風見村は仲間川河口に作られた集落である。気象が非常に厳しいことを伝えているが、「合宿」の記述は、南風見村の集落での耕作が南風見

4「ヤンハラ」船は「山原」船と呼ばれるもので沖縄本島北部から島内各所へ物を流通させるための帆船のことを指しているが琉球全体で使用されていた。沖縄大百科事典、下巻 p.765。

4.2. 特異な歴史を持つ耕作放棄地

村の住民でなく、外から来た（近隣離島から来た）人間が行っていたことを述べている。その住民とは現在の新城島の住民であり、刳船に乗ってきて行われていた。刳船とは当時、八重山で一般的に使用されていた船で、大木を刳り抜いて作られていた。地元ではこれをサバニと呼んでいた。

　米の栽培は、西表島の住民ではなく、船に乗ってやってくる近隣の島の住民たちに担われていた。「山野ニ小屋ヲ作リテ宿ス」というのは「田小屋」と呼ばれるものを作り、これは「合宿」の時に過ごす小屋を指している。笹森が表現したものが八重山地域で行われていた「通耕」と呼ばれる耕作の形態である。現地での聞き取りでは、終戦後も行われ主として新城島や鳩間島の住民がサバニに乗って耕作をしていたようである[5]。距離的には数海里という記載があり、近隣住民によって行われていたことを伺わせる記述がある。

　近隣から船に乗って西表島まで耕作に来た要因を考えて見よう。第一に考えられるのは、西表島はマラリアの発生地帯[6]であったが、危険を冒して耕作した要因は次のようなものである。マラリアの発生地域であったため、人々は「無病地」の近隣離島に居住した[7]。近隣の離島と西表島の状況を比較すると、西表島はジャングルのためマラリアが蔓延していて、当時ではマラリアの被害を避けるために新城島が居住地にされていた（現在の新城島は無人島に近い）。たとえマラリアの蔓延地であっても、当時では新城島や鳩間島の人間にとっては、米の栽培が西表島でなければ耕作することができな

5　鳩間など耕作地のないところから通いで耕作が行われた。これはマラリア対策でもあった。当時について上原在住M氏より聞き取りしたものである。「私は鳩間の生まれで17,18の頃から親と通いで西表に来てたさ。その頃は戦争もあったし鳩間じゃ隠れるところもないからさ西表のジャングルに隠れたさ。でもジャングルの中はマラリアとハブがあったから本当に怖かったよ。サバニで来るから全部風任せだから岸が見えても何時つくかわかんないんだよ。ひどいときなんか鳩間から西表まで3日かかったことだってあったんだ。田小屋を作って農業するけど食べるものがなくてひもじかった。何日かするとサバニで鳩間帰ったさ。いつもこれの繰り返しだったさ。」実際に戦争中は鳩間島の住民は西表島に疎開させられている。2009（平成21）年7月聞き取り。
6　第二次世界大戦後にマラリアの病原となるアノフェレス蚊が撲滅されるまでマラリア地帯であった。浮田典良 [1974]『八重山諸島における遠距離通耕』地理学評論第47巻第8号日本地理学会 p.512。
7　マラリアの発生場所は、山から流れ出る清らかな湧水や渓流に発生する。水田も山の近くの水の得られるところに開かれている。前掲、浮田 p.512。

209

かったことも要因（新城島や鳩間島には水が十分になく水田づくりができな
かった）と考えられる。要するに水田地域がマラリアの「有病地」であるた
め「無病地」に住んで水田の耕作に通っていた[8]。もう一つの要因としては
人頭税が考えられている。笹森の記述の中に「税法ハ、該嶋ノ如キ所在毫モ
水田ナキ村落と雖トモ、皆文頭税ヲ課スルナレハ」とあるように、人頭税は
15歳から一律に課せられ、水田の有無にかかわらず米を上納しなければな
らなかったので、水田のない村の住民は遠隔地まで耕作に通わなければなら
なかった[9]。

　これについて浮田典良は、「マラリアと通耕とは互いに因となり果となり
つつ人頭税廃止以後も続いてきた」と論じている[10]。

　「通耕」の形態による耕作は、近隣の離島から行われたものであるが、離
島ごとに耕作した場所が異なる。笹森の記述には、新城島からは現在の大原
付近の「大保良田」「作久田」へ米を作りに来ていた。竹富島の居住者は西
表島東岸の小島である由布島に田小屋を作り対岸の西表島の高那地区で耕作
を行っていた。鳩間島からも西表島に通耕していた。鳩間島の住民は上原の
伊武田で耕作を行っていた[11]。

8　耕作に来た際の記録がある。「男は小学校を卒業するとみんな西表の仕事に出たので少年たちも
　皆マラリアにかかった。キニーネ（マラリアの予防薬）もなかなか届かず、脾臓が腫れて青い顔
　して寝ていて、豊年祭の時は巡游するアカマタ・クロマタの神ににらんでもらって病気をなおし
　てもらおうと縁ににじり出るというふうであった。豊年祭が終わるとまたがっくりとなる。短命
　で、男は大抵50歳位で死んでいる。私の家の位牌70歳位で死んだものもいるが大抵女である。
　田小屋では食糧に乏しく、なくなると舟で島に戻らなければならない。海が荒れて帰れない時は、
　僅かに残って住んでいた村人（南風見村）の家に行って米を借りたりした」。植松明石[2009]『新
　城島と西表島のつながり』民族文化研究第10号民族文化研究所。
9　前掲、浮田 p.514。
10　通耕の始まりについては何時から始まったかは正確なことはもちろんわからないとしていて、
　「李朝実録」によれば、波照間島・新城島・黒島では、キビ・アワ・ムギは作るが稲は作れず「稲
　米は所乃島に貿易す」とある（所乃島とは西表島）。すなわち西表島で作られた米を求めたもの
　であり、島民みずからが西表島まで作りに通ったのではなさそうである。おそらく人頭税創設に
　伴うものと想像できるが、これについても確証はない。前掲、浮田 p.516。
11　前掲、浮田 pp517-519　「通耕」については笹森儀助の「南嶋探検」に記述され、1961（昭和
　36）年に大阪市立大学八重山学術調査隊による記述がある。その後、浮田（1974）によってま
　とめられたものが第一に取り上げられている研究である。最新の研究としては藤井（2012）が
　詳述している。

4.2. 特異な歴史を持つ耕作放棄地

　約半世紀前まで続いた耕作の慣習であるが、1960年代後半を境に状況が激変する。浮田は農業センサスの統計が属人統計であることに根拠を求めて、居住地の総農家数と経営耕地面積に着目して、西表島の島外にいる所有者の動向を割り出している[12]。

　竹富町ではこの時代に人口が二分の一に減少する過疎化に見舞われている。高度経済成長時代にありながら、沖縄は米施政下であり、離島地域には経済的恩恵がなかったことが統計などからも推測できる。耕作放棄地の発生要因として、「農村部から都市部への人口流出」が要因であるが、離島地域で起こった現象はこれを証明するものであろう。離島は小さなコミュニティーで、経済的に脆弱であり雇用先も不在の地域である。農業を離れた場合、新たな雇用先への就職あるいは兼業などが不可能な地域である。離島の場合、一旦島外へ流出した人口が再び戻ることは極めて難しい地域である。竹富島や鳩間島が典型で、人口流出によって労働力が激減したため耕作が不能の状況になったと推測できる。

　調査の過程では、竹富町の農地台帳から耕作放棄地について所有者の状況を調べている（表4-2から表4-5）。高那や伊武田は、当時では鳩間島や竹富島から行われていた通耕の実態が明らかであるが、その痕跡としてわずかに鳩間島在住者の住所が散見されるが、実際には竹富町内には、居住者がほとんど存在しない「挙家離村」[13]状態である。登記の移転も一部では相続が行われているが、移転登記がされないものが圧倒的に多く、すでに「引き取り手」のない農地であることが想像される。

　高那から伊武田までは、西表島でも美しい海岸を楽しめる地域である。その海と道路の間に横たわるのが荒廃地と化した農地である。この5年間に行われた耕作放棄された農地の調査では、高那から伊武田までの状況は変わる

---

12 浮田は1964（昭和39）年と1971（昭和46）年センサスの比較を行っている。筆者もこの二つの農業センサスの数値を直接確認している。

13 一家の者すべて、遠方に移住。大辞泉 [1995] 小学館　高度経済成長時代に本土の農山村やその他の離島などでも一定の地域全体から移住してしまう状態で、人為的なものもあるが、多くは都市部への流出と考えられている。

第 4 章　西表島の農業活動と地域経済

表 4-2　高那地区荒廃農地の荒廃解消に関する調査結果

大字	字	地番	枝番	地目	面積(㎡)	2011年現在の状況 荒廃	解消	2012年現在の状況 荒廃	解消	2013年現在の状況 荒廃	解消	2014年現在の状況 荒廃	解消	2015年現在の状況 荒廃	解消	農地所有者居住地	登記の移転
高那	ヨツン	50		田	864	○		○		○		○		○		石垣市	無
		51	1	田	3,564	○		○		○		○		○		竹富町南風見	無
		51	2	田	193	○		○		○		○		○		那覇市	無
		51	5	田	239	○		○		○		○		○		那覇市	無
		52	1	田	54	○		○		○		○		○		沖縄県所有地	無
		52	2	田	116	○		○		○		○		○		沖縄県所有地	無
		53	1	田	96	○		○		○		○		○		沖縄県所有地	無
		54	1	田	948	○		○		○		○		○		埼玉県朝霞市	相続
		54	2	田	56	○		○		○		○		○		沖縄県所有地	無
		55		田	1,431	○		○		○		○		○		東京都府中市	相続
		56		田	2,220	○		○		○		○		○		那覇市	無
		57		田	3,999	○		○		○		○		○		東京都府中市	相続
		58		田	338	○		○		○		○		○		石垣市	無
		58	1	田	277	○		○		○		○		○		石垣市	相続
		58	2	田	336	○		○		○		○		○		沖縄県所有地	無
		60		田	486	○		○		○		○		○		那覇市	無
		62		田	912	○		○		○		○		○		東京都府中市	相続
		62		田	73	○		○		○		○		○		沖縄県所有地	無
		62		田	809	○		○		○		○		○		沖縄県所有地	無
		63	1	田	552	○		○		○		○		○		那覇市	無
		63	4	田	265	○		○		○		○		○		沖縄県所有地	無
		64	1	田	4,663	○		○		○		○		○		沖縄県所有地	無
		65	3	田	4,473	○		○		○		○		○		竹富町南風見	無
		66		田	746	○		○		○		○		○		那覇市	無
		68		田	2,228	○		○		○		○		○		那覇市	無
		70		田	1,249	○		○		○		○		○		竹富町竹富	相続
		71		田	2,233	○		○		○		○		○		東京都府中市	相続
		72		田	5,391	○		○		○		○		○		石垣市	無
		73		田	2,099	○		○		○		○		○		竹富町竹富	相続
		74		田	677	○		○		○		○		○		石垣市	相続
		75		田	1,324	○		○		○		○		○		東京都府中市	相続
		76		田	1,752	○		○		○		○		○		竹富町小浜	無
		77		田	487	○		○		○		○		○		石垣市	相続
		79		田	1,815	○		○		○		○		○		那覇市	無
		80		田	1,257	○		○		○		○		○		竹富町鳩間	無
		81		田	847	○		○		○		○		○		竹富町鳩間	無
		82		田	640	○		○		○		○		○		埼玉県朝霞市	相続
		83		田	584	○		○		○		○		○		石垣市	相続
		87		田	1,796	○		○		○		○		○		竹富町鳩間	無
		88		田	603	○		○		○		○		○		石垣市	相続
		89		田	1,558	○		○		○		○		○		那覇市	相続
		90		田	1,097	○		○		○		○		○		竹富町南風見	無
		91	2	田	1,183	○		○		○		○		○		竹富町南風見	無
		92		田	951	○		○		○		○		○		石垣市	無
		99		田	1,366	○		○		○		○		○		石垣市	無
		101		田	4,718	○		○		○		○		○		石垣市	無
		103		田	2,289	○		○		○		○		○		石垣市	無
		104		田	601	○		○		○		○		○		那覇市	無
		105		田	1,801	○		○		○		○		○		那覇市	無
		106		田	2,201	○		○		○		○		○		那覇市	無
		107		田	1,093	○		○		○		○		○		石垣市	無
		108		田	525	○		○		○		○		○		石垣市	相続
		111		田	1,449	○		○		○		○		○		石垣市	無
		112		田	678	○		○		○		○		○		石垣市	無
		113		田	2,700	○		○		○		○		○		石垣市	無
		117	1	田	844	○		○		○		○		○		東京都豊島区	無
		117	3	田	588	○		○		○		○		○		沖縄県所有地	無
合計面積・筆数				56筆	78,325㎡	56筆		56筆		56筆		56筆		56筆			

出所：竹富町農業委員会所有資料、農地台帳より筆者作成

4.2. 特異な歴史を持つ耕作放棄地

表4-3 伊武田地区荒廃農地の荒廃解消に関する調査結果（1）

荒廃農地確認年月日（2008年10月17日）						2011年現在の状況		2012年現在の状況		2013年現在の状況		2014年現在の状況		2015年現在の状況		農地所有者居住地	登記の移転
大字	字	地番	枝番	地目	面積(㎡)	荒廃	解消	荒廃	解消	荒廃	解消	荒廃	解消	荒廃	解消		
上原	伊武田	1251	1	田	1,012	○		○		○		○		○		石垣市	相続
		1252	1	田	557	○		○		○		○		○		名古屋市	法人所有
		1252	2	田	202	○		○		○		○		○		名古屋市	法人所有
		1252	4	田	35	○		○		○		○		○		沖縄県所有地	無
		1252	5	田	122	○		○		○		○		○		沖縄県所有地	無
		1253		田	567	○		○		○		○		○		石垣市	相続
		1254		田	667	○		○		○		○		○		石垣市	無
		1255	2	田	401	○		○		○		○		○		石垣市	無
		1255	4	田	530	○		○		○		○		○		那覇市	相続
		1256		田	579	○		○		○		○		○		那覇市	相続
		1257	1	田	80	○		○		○		○		○		石垣市	無
		1257	2	田	304	○		○		○		○		○		石垣市	無
		1258		田	772	○		○		○		○		○		石垣市	無
		1259	1	田	735	○		○		○		○		○		石垣市	無
		1260		田	890	○		○		○		○		○		浦添市	無
		1262		田	527	○		○		○		○		○		名古屋市	法人所有
		1263		田	298	○		○		○		○		○		石垣市	無
		1264	1	田	475	○		○		○		○		○		那覇市	住所移転
		1266		田	288	○		○		○		○		○		那覇市	住所移転
		1267		田	307	○		○		○		○		○		宜野湾市	無
		1268		田	267	○		○		○		○		○		石垣市	相続
		1269		田	115	○		○		○		○		○		石垣市	無
		1270		田	509	○		○		○		○		○		石垣市	相続
		1271		田	361	○		○		○		○		○		石垣市	無
		1272		田	182	○		○		○		○		○		那覇市	住所移転
		1273		田	67	○		○		○		○		○		石垣市	相続
		1274		田	74	○		○		○		○		○		石垣市	相続
		1275		田	507	○		○		○		○		○		石垣市	相続
		1276		田	25	○		○		○		○		○		沖縄県所有地	無
		1277		田	124	○		○		○		○		○		大阪府貝塚市	無
		1278		田	500	○		○		○		○		○		石垣市	無
		1279		田	480	○		○		○		○		○		那覇市	無
		1280		田	534	○		○		○		○		○		名護市	無
		1282		田	750	○		○		○		○		○		石垣市	相続
		1284	1	田	215	○		○		○		○		○		石垣市	無
		1285		田	649	○		○		○		○		○		那覇市	無
		1286		田	104	○		○		○		○		○		石垣市	相続
		1288		田	1,092	○		○		○		○		○		那覇市	無
		1289		田	880	○		○		○		○		○		那覇市	相続
		1290		田	183	○		○		○		○		○		石垣市	相続
		1291	1	田	2,392	○		○		○		○		○		石垣市	無
		1294		田	1,224	○		○		○		○		○		石垣市	相続
		1295		田	1,121	○		○		○		○		○		大阪府泉大津市	無
		1296		田	641	○		○		○		○		○		石垣市	無
		1297		田	1,248	○		○		○		○		○		大阪府堺市	無
		1299		田	1,078	○		○		○		○		○		石垣市	無
		1300		田	829	○		○		○		○		○		大阪府貝塚市	無
		1301		田	2,084	○		○		○		○		○		竹富町鳩間	無
		1302		田	3,103	○		○		○		○		○		竹富町鳩間	無
		1305		田	2,019	○		○		○		○		○		竹富町鳩間	無
		1306		田	1,085	○		○		○		○		○		大阪市	相続
		1307		田	2,803	○		○		○		○		○		竹富町鳩間	無
		1308		田	211	○		○		○		○		○		石垣市	無
		1309	2	田	1,556	○		○		○		○		○		那覇市	無
合計面積・筆数		53筆			37,638㎡	53筆		53筆		53筆		53筆		53筆			

出所：竹富町農業委員会所有資料、農地台帳より筆者作成

ことがない。所有者の居住地を見てもほとんどが島外であり、当時の歴史の
ように通って耕作をすることは現代では考えられないだろう。このままの状
況が継続されるものと考えられる。

第 4 章　西表島の農業活動と地域経済

表 4-4　伊武田地区荒廃農地の荒廃解消に関する調査結果（2）

大字	字	地番	枝番	地目	面積(㎡)	2011年現在の状況 荒廃解消の有無		2012年現在の状況 荒廃解消の有無		2013年現在の状況 荒廃解消の有無		2014年現在の状況 荒廃解消の有無		2015年現在の状況 荒廃解消の有無		農地所有者居住地	登記の移転
						荒廃	解消	荒廃	解消	荒廃	解消	荒廃	解消	荒廃	解消		
上原	伊武田	1310		田	1,781	○		○		○		○		○		石垣市	相続
		1313	1	田	2,243	○		○		○		○		○		大阪府泉大津市	無
		1313	2	田	951	○		○		○		○		○		竹富町鳩間	無
		1314	3	田	1,591	○		○		○		○		○		石垣市	無
		1315		田	806	○		○		○		○		○		那覇市	住所移転
		1316	1	田	1,331	○		○		○		○		○		石垣市	無
		1317		田	308	○		○		○		○		○		大阪府泉大津市	無
		1320		田	1,031	○		○		○		○		○		石垣市	無
		1321		田	695	○		○		○		○		○		石垣市	無
		1322		田	1,218	○		○		○		○		○		石垣市	無
		1323		田	332	○		○		○		○		○		石垣市	無
		1324		田	302	○		○		○		○		○		石垣市	無
		1327		田	1,550	○		○		○		○		○		滋賀県大津市	無
		1330		田	3,061	○		○		○		○		○		石垣市	無
		1334		田	678	○		○		○		○		○		那覇市	無
		1336		田	371	○		○		○		○		○		石垣市	相続
		1338		田	177	○		○		○		○		○		竹富町鳩間	無
		1339		田	614	○		○		○		○		○		竹富町間	無
		1340		田	4,183	○		○		○		○		○		那覇市	相続
		1341		田	871	○		○		○		○		○		竹富町鳩間	無
		1342		田	940	○		○		○		○		○		石垣市	無
		1345		田	429	○		○		○		○		○		石垣市	無
		1350		田	560	○		○		○		○		○		石垣市	無
		1352		田	258	○		○		○		○		○		大阪府堺市	無
		1358		田	143	○		○		○		○		○		竹富町鳩間	無
		1362		田	23	○		○		○		○		○		那覇市	無
		1363		田	26	○		○		○		○		○		那覇市	無
		1369		田	190	○		○		○		○		○		石垣市	無
		1370		田	173	○		○		○		○		○		大阪府堺市	無
		1371		田	168	○		○		○		○		○		竹富町鳩間	無
		1376		田	884	○		○		○		○		○		竹富町鳩間	鳩間進協所有地
		1377	1	田	1,011	○		○		○		○		○		那覇市	相続
		1377	2	田	226	○		○		○		○		○		沖縄県所有地	無
		1377	4	田	250	○		○		○		○		○		沖縄県所有地	無
		1378		田	368	○		○		○		○		○		竹富町西表	無
		1379		田	572	○		○		○		○		○		石垣市	相続
		1380		田	642	○		○		○		○		○		竹富町西表	無
		1381		田	1,170	○		○		○		○		○		石垣市	無
		1382		田	950	○		○		○		○		○		石垣市	無
		1383		田	163	○		○		○		○		○		石垣市	無
		1384		田	135	○		○		○		○		○		石垣市	贈与
		1385		田	764	○		○		○		○		○		石垣市	無
		1388		田	699	○		○		○		○		○		石垣市	無
		1391		田	349	○		○		○		○		○		那覇市	無
		1393		田	87	○		○		○		○		○		宜野湾市	無
		1394	1	田	1,042	○		○		○		○		○		那覇市	相続
		1395		田	65	○		○		○		○		○		竹富町鳩間	無
		1396		田	105	○		○		○		○		○		石垣市	無
		1397		田	5,801	○		○		○		○		○		石垣市	相続
		1398		田	770	○		○		○		○		○		石垣市	無
		1399		田	352	○		○		○		○		○		石垣市	無
		1400		田	362	○		○		○		○		○		宜野湾市	無
		1401	1	田	468	○		○		○		○		○		宜野湾市	無
		1401	2	田	158	○		○		○		○		○		宜野湾市	無
合計面積・筆数			53筆		44,397㎡	53筆		53筆		53筆		53筆		53筆			

出所：竹富町農業委員会所有資料、農地台帳より筆者作成

4.2. 特異な歴史を持つ耕作放棄地

表 4-5　伊武田地区荒廃農地の荒廃解消に関する調査結果（3）

大字	字	地番	枝番	地目	面積(㎡)	2011年現在の状況 荒廃	解消	2012年現在の状況 荒廃	解消	2013年現在の状況 荒廃	解消	2014年現在の状況 荒廃	解消	2015年現在の状況 荒廃	解消	農地所有者居住地	登記の移転
上原	伊武田	1402		田	117	○		○		○		○		○		石垣市	相続
		1403		田	117	○		○		○		○		○		竹富町鳩間	無
		1404		田	348	○		○		○		○		○		名護市	無
		1405		田	351	○		○		○		○		○		大阪府貝塚市	無
		1406		田	243	○		○		○		○		○		石垣市	相続
		1407		田	286	○		○		○		○		○		竹富町西表	無
		1408		田	948	○		○		○		○		○		那覇市	無
		1409		田	52	○		○		○		○		○		石垣市	贈与
		1410		田	342	○		○		○		○		○		石垣市	無
		1411		田	513	○		○		○		○		○		那覇市	無
		1412		田	1,076	○		○		○		○		○		竹富町西表	無
		1413		田	592	○		○		○		○		○		竹富町鳩間	無
		1414		田	271	○		○		○		○		○		竹富町鳩間	無
		1415		田	197	○		○		○		○		○		竹富町鳩間	無
		1416		田	185	○		○		○		○		○		石垣市	無
		1417		田	194	○		○		○		○		○		那覇市	住所移転
		1418		田	628	○		○		○		○		○		竹富町鳩間	無
		1419		田	1,991	○		○		○		○		○		石垣市	無
		1420		田	4,992	○		○		○		○		○		石垣市	無
		1420		田	79	○		○		○		○		○		沖縄県所有地	無
		1421		田	1,738	○		○		○		○		○		竹富町鳩間	無
		1422	1	田	2,788	○		○		○		○		○		南城市	相続
		1422	2	田	866	○		○		○		○		○		那覇市	住所移転
		1423		田	621	○		○		○		○		○		石垣市	無
		1425		田	2,639	○		○		○		○		○		竹富町西表	無
		1426		田	2,252	○		○		○		○		○		石垣市	無
		1427		田	644	○		○		○		○		○		竹富町西表	無
		1429		田	1,209	○		○		○		○		○		大阪府貝塚市	無
		1430		田	872	○		○		○		○		○		那覇市	相続
		1431		田	122	○		○		○		○		○		竹富町西表	無
		1432		田	266	○		○		○		○		○		石垣市	無
		1433		田	653	○		○		○		○		○		那覇市	無
		1434		田	855	○		○		○		○		○		那覇市	無
		1435		田	2,503	○		○		○		○		○		石垣市	無
		1436		田	105	○		○		○		○		○		石垣市	売買
		1437		田	2,056	○		○		○		○		○		宜野湾市	無
		1439		田	1,531	○		○		○		○		○		宜野湾市	無
		1440		田	1,814	○		○		○		○		○		今帰仁村	相続
		1441		田	1,598	○		○		○		○		○		石垣市	売買
		1442		田	1,247	○		○		○		○		○		石垣市	無
		1443		田	740	○		○		○		○		○		石垣市	無
		1444		田	1,529	○		○		○		○		○		石垣市	無
		1445		田	1,864	○		○		○		○		○		竹富町鳩間	無
		1446	1	田	5,263	○		○		○		○		○		石垣市	無
		1446	2	田	335	○		○		○		○		○		石垣市	無
		1446	3	田	1,470	○		○		○		○		○		山口県徳山市	無
		1447		田	1,220	○		○		○		○		○		竹富町鳩間	無
		1448		田	2,151	○		○		○		○		○		竹富町鳩間	無
		1449		田	1,357	○		○		○		○		○		竹富町西表	無
合計面積・筆数		154筆			137,865㎡	154筆		154筆		154筆		154筆		154筆			

出所：竹富町農業委員会所有資料、農地台帳より筆者作成

第 4 章　西表島の農業活動と地域経済

4.3.　豊原・大原・大富地区の農業活動

4.3.1.　農業集落の特徴

　この地区は西表島のサトウキビ栽培の中心地域である。作付面積の 90%
以上をサトウキビが占めている [14]。果樹栽培は西部地区に多いが、この地域
でも果樹の生産組合が結成されている [15]。サトウキビは年 2 回、春と夏に植
え付けを行うものと株出し栽培があり、本土の米作と同様に広大な農地を要
する土地利用型の作物である。そのため地区の農家は規模拡大へ向かう農家
が多い。現在サトウキビは機械による刈取りができるが、品質向上のため手
刈りが基本である。そのためサトウキビ栽培は多くの労働力が必要となり、
現在では島外からの季節労働力 [16] で賄っている。共通した問題は、先行きの
後継者問題である。大原地区の聞き取りの結果でも、後継者不足への対応が
必要という回答が多かった。

　専業と兼業の割合（表 4-6）では、農家の経営形態は現在でも半数以上が専
業の形態をとって兼業が少数で、地域での産業としての地位も開拓以来安定
している。しかし、5 年ごとの農業センサスでは農家数の減少が起こり、先
行きは他産業への転換も考えられる。農地の利用は貸借により流動化してい
る。現状では農業から離農や転業が行われた場合、農地は流動化しているた
め、規模拡大を目指している農家に順調に移転が行われているようである。

---

14 2015（平成 27）年の農業センサスの集落カードの数値によれば、西表島東部地域の各農村集
　落で行われている販売目的での作付け農家数と作付面積では、豊原 13 軒、大原 10 軒、大富 16 軒、
　古見 3 軒の農家でサトウキビの作付けが行われていて、面積は豊原 6,305a（63.05ha）大原 7,962a
　（79.6ha）大富 8,055a（80.5ha）古見 940a（9.4ha）という結果である。
15 地元地域の農家 11 軒で西表島東部パイン生産組合が作られている。
16 西表島では季節労働者は各農家が独自に行っていて、季節労働者の日当は手取りで 5,000 円ぐ
　らいということである。豊原地区 O 氏より 2009 年 9 月聞き取りを行い 2016 年にも再度行って
　いる。

216

4.3. 豊原・大原・大富地区の農業活動

表4-6　農業集落別の専・兼業農家数

地区	実施年	総農家数	専業	兼業	第1種兼業	第二種兼業
豊原	2000年	19	11	8	5	3
	2005年	16	8	8	6	5
	2010年	16	10	6	1	5
	2015年	15	8	7	6	6
大原	2000年	23	11	12	5	7
	2005年	18	9	9	6	3
	2010年	9	4	5	2	3
	2015年	13	7	6	3	3
大富	2000年	32	10	22	12	10
	2005年	27	12	15	10	3
	2010年	25	20	5	2	3
	2015年	26	19	7	4	4
古見	2000年	9	5	4	3	1
	2005年	8	6	2	2	-
	2010年	7	4	3	3	x
	2015年	5	3	2	2	-

出所：農業センサスの集落カードを利用して筆者作成。
注(1) 単位は戸。

表4-7　経営耕地面積規模別農家数

地区	実施年	0.3-0.5	0.5-1.0	1.0-1.5	1.5-2.0	2.0-3.0	3.0-5.0	5.0-10.0	10.0-20.0	20.0以上
豊原	2000年	1	3	1	1	1	3	8	1	-
	2005年	-	1	-	1	2	3	8	1	-
	2010年	-	-	2	2	1	2	6	3	-
	2015年	-	-	-	1	2	3	7	2	-
大原	2000年	-	3	6	1	3	4	4	2	-
	2005年	-	2	1	2	1	1	7	2	1
	2010年	-	-	1	-	1	-	4	2	1
	2015年	-	1	-	-	1	3	6	2	-
大富	2000年	2	1	2	2	4	5	15	1	-
	2005年	-	2	-	3	2	8	7	5	-
	2010年	-	2	-	2	4	6	6	5	-
	2015年	-	1	1	2	4	5	7	5	-
古見	2000年	-	1	1	3	1	1	2	-	-
	2005年	-	3	2	1	-	1	-	1	-
	2010年	-	2	1	-	1	2	-	1	-
	2015年	-	-	-	-	-	3	-	1	-

出所：農業センサスより集落カードを利用して筆者が作成。
注(1) 単位は戸と面積がha。
　(2) 大富地区の2015(平成27)の部分には経営耕地無しが1戸ある。

基本的なことは、地区の農家の経営が安定していることが考えられる。

　農業集落ごとの農業従事者の平均年齢を表したものが表4-8である。全国的に農業従事者の平均年齢が65歳以上を超えている現状を考えると西表島東部の農業従事者の平均年齢が若いことが伺われる。また販売金額別の規模

第 4 章　西表島の農業活動と地域経済

表 4-8　2015（平成 27）年農業センサス西表島農家の平均年齢

地区・性別	経営者の平均年齢			農業従事者の平均年齢			基幹的農業従事者		
	男女平均	男性平均	女性平均	男女平均	男性平均	女性平均	男女平均	男性平均	女性平均
豊原	60.1	60.8	51.0	57.3	60.9	50.6	58.5	60.5	49.7
大原	57.1	57.1	-	51.8	52.3	50.8	56.5	55.1	61.5
大富	59.8	59.8	-	57.6	58.4	56.2	60.5	60.0	62.1
古見	67.2	67.2	-	58.2	58.5	57.7	67.2	67.2	-

出所：農業センサスの集落カードを使用して筆者作成
注 (1) 単位は歳
　　(2) 基幹的農業従事者は普段の仕事で農業を「主」とする者 (農林水産省統計部)

表 4-9　2015（平成 27）年農業センサス農産物販売金額規模別農家数

	販売無	50万未満	50～100万	100～200万	200～300万	300～500万	500～700万	700～1,000万	1,000～1,500万	1,500～2,000万	2,000～3,000万
豊原	-	-	-	4	3	6	1	2	-	2	-
大原	1	-	-	1	-	6	4	1	-	-	1
大富	-	1	1	7	2	2	7	2	2	2	-
古見	-	-	-	-	-	2	-	2	-	-	-

出所：農業センサスの集落カードを使用して筆者作成
注 (1) 単位は戸

を表したのが表 4-9 であるが、サトウキビの単作地帯であるが、収益的には助成金もあり経営が安定している。販売金額規模別農家の数値では、半数が 500 万円以上の売り上げを上げていて、農業経営者の所得は安定していることが理解できる [17]。また 2000（平成 12）年からの農業センサスの耕地面積の規模別農家数では、西表島東部地域の農家では耕地面積の拡大を行った農家が増加している。比較的若い農業従事者たちに担われているため当面は安定が続くと考えられるだろう。

　古い集落の古見の現状は、戦後の開拓移住で作られた三つの地区と比較して、地区全体の人口減少が著しい地区であり、地区としての将来的な維持などに関して厳しい状況が生まれることが考えられるだろう。この地区でも約 9ha のサトウキビが作付けされているが、すでに地区に農家が 5 軒という状況であり、その中で専業は 3 軒である。水稲を主力として稲作を専業とする農家が 1 軒あり、黒米 [18] を作っている。農業センサスの度に農家数が減少し

---

17 竹富町の所得については第 3 章表 3-10 を参照。
18 古代米の一種で米の色全体が黒色または黒紫色で、東南アジア地域が原産地と言われているが、日本では沖縄県が起源と言われている。農林水産省、「お米品種」maff.go.jp/j/heya/kodomo_sodan/kome_hinsyu.html（2017/1/10）。

4.3. 豊原・大原・大富地区の農業活動

て、農業の先行きに関しては極めて厳しいのがこの地区の農業であろう。農業経営者の平均年齢も高く、農家の件数は極端に少ないが、一定の耕地面積を所有しているため、万一この中から転業などが出た場合の農地の移転が心配されるところである。

このような状況で地元の農業改革が行われている。古見の集落の隣には高那地区がある。ここは地理的な条件として、大原港から上原港までの中間に位置する地域で、由布島がありその先には石垣島を肉眼で見ることができ、海岸線の近くまで山が迫っていて、牧場と畜産のための採草放牧地が広がっている。この島の畜産は牧草[19]と放牧が半々で賄われている。由布島では農業としてパインアップルの作付けや牛の放牧が行われる一方で、牛車を使った観光が有名である。西表島から由布島までは 400 m の距離で、遠浅で歩いて行くことができ、東部地域で必ず観光客が訪れるスポットになっている。西表島の有名な景勝地の一つである。

景勝地を抱えるこの地域では、農家の中で観光との連携を模索する動きがある。水稲作農家では特産の黒米を港の売店で販売を試みており、由布島の入り口にも売店が設置され地元特産品の販売が行われている。石垣市では特産品として全国的に認知された「地域ブランド商品」として、石垣牛・石垣の塩などがあるが、竹富町でも地域経済の核となる特産品の開発が重要な課題である。また製品化も試行され、色々な素材が十分あるため、これらを使った特産品が待たれるところである[20]。

西表島では西表糖業がサトウキビの全量を引き受けているが、特産品開発のため手作りの黒糖生産に取り組んでいる地区の農家がある。特徴は糖度の高さである。西表島に必要とされるのは、自分の手で起業を目指す企業家の登場である。現在では、本土出身者たちのグループが地域産品に取り組んでいるが、地元の農家にも同様の動きが出始めている。これまでの離島地域は、

---

19 サイレージと呼ばれるもので稲を発酵させたもの。前掲、食糧・農業。農村白書 2008 年「用語解説」。
20 大富地区 T 氏より 2009 年 9 月聞き取り、T 氏はご自分で由布島の近くで外食事業を行っていて、そこでは手づくりの黒糖を販売している。2016 年に再度聞き取りを行った。

219

補助金によって生き続けるというスタイルが定着していたが、新しい発想が生まれている。離島でも情報通信や輸送に関するインフラはすでに完成している。あとは事業展開について全国の企業家たちとの提携にあるだろう。

今後訪れる後継者問題として避けられないのが法人化問題で、地域では事業法人の立ち上げを目指す動きが起こっている。現状では身の丈に合った法人がどのようなものであるか模索中のようだ。法人化はメリットの部分を十分考えられなければならないだろう。法人結成を考える場合、販路の拡大に関心が集中している状態にある[21]。

捉えておかなければならない地区の特徴として、農業生産の安定が地域を安定させ、主力作物のサトウキビ生産が地域を支えていることである。観光客に対しても、需要のある商品として黒糖生産に結びついていることである。

4.3.2. 耕作放棄地が減少した豊原・大原・大富地区

この地域一帯も耕作放棄地に覆われた時代があった。その荒廃した耕作放棄地が復元した点について解明が必要だろう。

表 4-10 は、2008（平成 20）年に耕作放棄地に認定され、それ以降に耕作放棄地から復元された農地である。復元の要因は土地改良にある。南風見仲の土地改良事業では荒廃地になっていた国有地を農業の基盤整備事業で荒廃地から復元した[22]。南風見でも土地改良が行われ、南風見は民有地で荒廃していた耕作放棄地が土地改良で復元され、サトウキビ作に活用されている[23]。農地は公共投資によって、土地改良による農地整備事業が行われる。西表島でも土地改良事業が行われている。西表島は島を東西に分けるが、土地改良事業は主として東部地域で行われている。土地改良事業は、生産効率拡大を目

---

21 前出 O 氏。
22 土地改良が行われた農地は受益農家に完成後に払い下げられている。前出 O 氏。
23 前出 O 氏より聞き取り、O 氏によれば現状では土地改良が進んで豊原から大富までの集落の農地にはほぼ耕作放棄地はないということである。しかし企業が所有している農地が南風見地区にはいまだに相当数存在しているということである。筆者は竹富町で作成した土地改良地図で確認しているが、西表島で平成以降に着工された農地に関する面整備事業の件数は 23 件行われている。

4.3. 豊原・大原・大富地区の農業活動

表4-10 西表島東部地区荒廃農地の解消に関する調査結果

荒廃農地確認年月日（2008年）10月17日							2011年現在の状況		2012年現在の状況		2013年現在の状況		2014年現在の状況		2015年現在の状況	
大字	字	地番	枝番	地目	面積 (m²)		荒廃解消の有無		荒廃解消の有無		荒廃解消の有無		荒廃解消の有無		荒廃解消の有無	
						荒廃	解消	荒廃	解消	荒廃	解消	荒廃	解消	荒廃	解消
南風見仲	ウフマタ	54	24	畑	4,561		○		○		○		○		○
南風見仲	ウフマタ	54	26	畑	3,720		○		○		○		○		○
南風見仲	ウフマタ	57	20	畑	6,170		○		○		○		○		○
南風見仲	ヨコイダ	61		田	845		○		○		○		○		○
南風見仲	ヨコイダ	62		田	1,208		○		○		○		○		○
南風見仲	ヨコイダ	63		田	1,793		○		○		○		○		○
南風見仲	ヨコイダ	64		田	2,169		○		○		○		○		○
南風見仲	ヨコイダ	65		田	4,694		○		○		○		○		○
南風見仲	ヨコイダ	66		田	2,966		○		○		○		○		○
南風見仲	ヨコイダ	67		田	175		○		○		○		○		○
南風見仲	ヨコイダ	68		田	4,499		○		○		○		○		○
南風見仲	ヨコイダ	69		田	2,872		○		○		○		○		○
南風見	作久田	425	1	畑	834		○		○		○		○		○
南風見	作久田	425	2	畑	3,412		○		○		○		○		○
南風見	作久田	426	1	畑	385		○		○		○		○		○
南風見	ムラポカ	187	178	畑	5,726	○		○		○		○		○	
南風見	ムラポカ	187	260	畑	808	○		○		○		○		○	
南風見	ムラポカ	187	261	畑	1,157	○		○		○		○		○	
南風見	アガリ	529		畑	6,238	○		○		○		○		○	
荒廃農地数・面積			19筆		54,232㎡										
荒廃未解消面積			4筆		13,929㎡	4筆		4筆		4筆		4筆		4筆	
合計解消面積			15筆		40,303㎡		15筆		15筆		15筆		15筆		15筆

出所：竹富町農業委員会、農地台帳より筆者作成。

県営農地開発事業が行われた大富地区（2009年9月2日、筆者撮影）

第4章　西表島の農業活動と地域経済

的として行われる。さらに農地の交換分合のため土地改良事業が行われている。

　土地改良の成否は地域の農家の経営状態に関連するものである。土地改良は受益者である農家が事業の推進者で事業に掛かる負担は受益者負担になっている。そのため小さな集落で行われる土地改良は経済的に難しい現実がある。東部地域で土地改良が多く実施される背景は、地区の農家が健全な農業経営を行っていることにある。東部地区では土地改良と合わせて農地の開発事業も行われている。

　土地改良事業は批判も多くある。しかし離島地域の集落機能が生きている地域では、土地改良事業が効果を上げ、西表島東部地域の土地改良事業は成功した事例なのである。

　大富集落は、県営事業で農地開発が行われた地区で、さらに中山間地域直接支払の集落協定が行われた地区である[24]。この協定に先立ち 1987（昭和 62）年、県営農地開発事業「大富地区」として農地造成事業が開始されている。目的は、「国有林野を活用して畑地を造成することにより、農業経営の規模を拡大し、農家所得の向上による安定した農業経営と専業農家の育成を図り、併せて営農飲雑用水等の整備を行い作物の病害虫防除、家畜の飼育、農業機械の洗浄等を可能にした衛生的かつ近代的な農業経営の確立を図る」ことである[25]。造成の合計面積は 57.7ha で、この開発事業には 29 戸が受益農家として参加し、ここに大富地区で造成された広大な農地が誕生している[26]。

　この地区の農家の特徴として、農地に対する需要が非常に高い点である。

---

24 竹富町の直接支払制度の趣旨は、「竹富町は沖縄本島の南西約 450km に位置し、西表島を中心に 9 の有人島、7 の無人島より構成され、主な農産物はサトウキビ、畜産で牛の繁殖である。町では、農業生産条件の不利な遠隔離島地での農業生産活動等を通じ国土及び県土の保全、良好な景観形成等の多面的機能を発揮している。しかしながら、過疎化による農業担い手の高齢化、減少等によって、耕作放棄が増加等することにより国土及び県土の保全等の多面的機能の低下が特に懸念されている。このため、町では、耕作放棄の発生防止、多面的機能の確保を図る観点から農業生産条件の不利を補正する中山間地域直接支払交付金を実施するものとする。」中山間地域直接支払竹富町基本方針。
25 県営農地開発事業「大富地区」概要。
26 この計画に対して自然保護関係者から希少コウモリやイリオモテヤマネコの保護の問題から造成の見直しを求める声が出された。この問題については越智正樹「農地開発を巡る紛争における「問題」解釈の分析」村落社会研究 vol.10 が詳述。

戦後の開拓移住から現在では代替わりが行われている。代替わりした農家では専業と兼業を合わせて現在でも地域で農業が正常に営まれている。地元の農家としても要望が出されている。

地元農家の要望は、経営耕地拡大のために「国有地の貸し出し」と「貸出料金」の引き下げという点にある[27]。新規就農者にとっては経営資源である農地の手当てという問題が有り、すでに農業を営んでいる者にとっても耕地拡大が直接農業経営に影響するため、一日も早く取り組んでほしい課題であることを訴えている。開拓者として入植が行われて以来、これまで度重なる自然災害を経験しながらも農業を継続してきた。行政に要請したい点とは、農業経営の側面からサポートと言うことのようだ。

4.3.3. 地区で計画されたリゾート開発

この地区は開拓移住者の集落で過疎化現象を経験している。沖縄が本土復帰を果たそうとした 1965（昭和 40）年以降、本土の企業グループによる西表島への不動産投資が行われた。不動産バブルが発生から崩壊の局面で、この地域も離農による人口流出が顕著であった。離農者の所有する農地は当時の経済環境で投資対象とされた。企業が所有した農地は、農業利用が目的でないため、農地の荒廃化が始まった。地域一帯が、平坦で広大なため最適な農地であったが、不動産開発にとっても最適地であり、企業によって買収された[28]。

沖縄本島とともに売買の中心になったのが西表島で、東部地域の南風見地区も農地が買収された地域である。本土のホテル関係の開発業者による買収であった。では実際に開発を行おうとした事業者はどのような計画を持っていたのか明らかにしておこう。

---

27 T氏によると、農地開発事業に対して環境保護という観点から強い反対が出され、それによって大幅な計画縮小が行われたといういきさつがあり、農家の側からは計画縮小に異論が出されている。前出 T氏。

28 開拓移住者の中でも、借金を抱えていた者や本土への出稼ぎに行くものが後を絶たず、それらが離農していった。R社も買収を行っていた。前出 O氏。

第 4 章　西表島の農業活動と地域経済

南風見田の浜と言われる白い砂浜が続く景勝地の陸側は企業が所有する耕作放棄地になっている
（2009 年 9 月 2 日、筆者撮影）

　買収が行われたのは本土復帰前後であり、「沖縄国際海洋博覧会」[29] の開催に歩調を合わせるようなものであった。博覧会は失敗に終わり本島では「海洋博不況」[30] が発生している。この影響は離島地域にも現れている。リゾート開発の計画で購入された土地は、経済環境の変化から利用されず、購入した企業が抱えこんだ。

　これが改めて陽の目を見るのが、1987（昭和62）年に政府が総合保養地域整備法[31] を策定して、全国の都道府県でリゾート施設の開発を推進して

---

29 1975（昭和50）年7月20日、沖縄本島北部の本部町で「海 - その望ましい未来」をテーマに開幕された。世界で初めて海洋をテーマにしたこの博覧会は、沖縄が日本に復帰したことを国の内外に示した。県は、県内財界及び一般県民の方から資金を募り、県独自の展示館「沖縄館」を出展し、沖縄の歴史と文化を紹介した。沖縄公文書館資料。
30 沖縄国際海洋博覧会は183日間行われ、沖縄経済の起爆剤として期待されたが、国内の不況やインフレなどがたたって観客は予想を大幅に下回った。琉球新報1975年重大ニュース。
31 1987年に策定された通称リゾート法。リゾート産業の振興と国民経済の均衡的発展を促進するため、多様な余暇活動が楽しめる場を民間事業者の活用に重点をおいて、総合的に整備することを目指し制定された。国土交通省、「地方振興　活力と魅力のある地域づくり」。

4.3. 豊原・大原・大富地区の農業活動

からである。都道府県が策定し国の承認を受けた計画に基づき整備されたリ
ゾート施設は、開発の許可を弾力的に行い税制上の支援、政府系の金融機関
の融資を行うなどの優遇措置が受けられ、開発予定企業や地方自治体にとっ
てメリットであり、ほとんどの都道府県がこの計画に名乗りを上げた。

　沖縄県でも「沖縄トロピカルリゾート構想」[32] が発表され、それを基に竹
富町では 1993（平成 5）年に「竹富町リゾート開発基本構想 - 島々の確実な
リゾート拠点地域形成を目指して」が発表された。西表島でも複数の企業グ
ループが名乗りを上げ、構想計画が発表された。

　西表島では、三つの企業グループ[33] から計画が発表され、用地買収が行わ
れ、東部地域では豊原地区に L リゾートと U ホテルが開発計画に着手した。
竹富町のリゾート開発の理念は以下の 4 点にまとめられている。

(1) 住民の生活向上に資するものであること

(2) 沖縄のなかで固有の役割を受け持ち、日本における沖縄の価値を高め
　　ることに資するものであること

(3) 世界的視野からの評価に耐えうるものであること

(4) 島嶼の開発は島の特性を活かせる許容範囲にとどめること

　豊原地区の開発は L リゾートの「西表島南風見開発計画」[34] と U ホテルの「南
風見田計画概要」[35] である。双方とも用地の買収は本土復帰前に行っていた。

---

32 この計画に基づいて 1997 年に第三セクター方式によって沖縄本島名護市の部瀬名岬に高級リ
　ゾートホテルとして「ザ・ブセナテラス」が作られた。沖縄県、「沖縄県観光振興基本計画」。
33 開発計画を行った Z 開発は宇奈利崎でのホテルを計画していたが、バブルの影響でこの企業自
　体の経営が破たんして事業計画が頓挫してしまった。
34 L リゾートの計画では、宿泊棟 20 棟（100 室）、パブリック棟 1 棟、管理棟 1 棟、プール約
　800m²、テニスコート 4 面、駐車場バス 10 台乗用車 50 台、というものであった。「竹富町リゾー
　ト開発基本構想 - 島々の確実なリゾート拠点地域形成を目指して」1993（平成 5）年。
35 U ホテルの計画では、スポーツリクリエーション施設としてテニスコート 8 面、プール 600
　m²、レジャープール 2,500 m²、多目的広場約 1ha、フィールドアスレチック、遊歩道で宿泊施
　設としてはホテル（150 室）600 名で、交通施設として駐車場 50 台、ヘリポート、販売施設と
　して地域特産物販売センター、その他施設として屋内レストラン 120 m² 屋外レストラン 120
　m² というものであった。前掲、「竹富町リゾート開発基本構想 - 島々の確実なリゾート拠点地域
　形成を目指して」。

計画段階は立派な施設の概要が書かれている。結局、この二つの企業グループの計画は完成されず、写真のように雑草の生い茂る荒廃地というのが現在の状態である[36]。二つの企業グループは、リゾート開発において全国的な企業であり実績のある企業であったが、最終的に計画が破綻している。西表島では地域振興や観光振興の問題として、ホテル建設等の問題が起こっているが、非常に難しい事業者選定という課題が残されただろう。

本来の豊原地区は、季節になると背の高いサトウキビに覆われ、一帯が平らで広々とした場所であった。海辺は南風見の白い砂浜が続いている。この地域でリゾート施設の開発が持ち上がってすでに20年以上が経つが、日本経済の喪失と共に現在まで至っている。

4.3.4. リゾート予定地を農地に復元した地元農家

この地区では本土復帰前後に農地・山林などが買収されている。Lリゾート・Uホテルの他に、R株式会社（以下R社と記す）という住宅関連企業がこの地区の土地を大量に保有している。このR社は那覇市に本社を置く不動産開発会社で、復帰前に西表島で激しい土地投機を行った企業である。豊原地区の土地もかなりの規模で買収している。

伊武田にも広大な土地を所有するR社は、宅地開発を行う企業として西表島に、復帰前から農地や山林・原野など広大な土地を取得している。R社は資料にも残っているが、本土復帰前後の西表島で行われた不動産投資の最大投資企業である。R社も時代の変化とともに土地保有に困難が生じたようである。開発に着手することもなく放棄されていたというのが実態であった。当然、荒廃化した農地は地域に対して影響を与え始めた。そこに「再買収の話」が持ち上がった。

---

36 O氏からの聞き取りでは、本土復帰後にはホテルあるいは住宅建設の話があったそうであるが、具体的な話に至ったものは聞いたことがなかったということである。1980年代後半のリゾートブームに際しては地元に計画提示が行われたが、結局企業側の都合で話が立ち消えになっていったということである。前出O氏。

4.3. 豊原・大原・大富地区の農業活動

なぜO氏たちが再買収に踏み切ったかが焦点である[37]。地区の特徴として、本島の同郷の出身者を中心とした移住地であったことに加えて、サトウキビの一大産地であったことである。サトウキビ栽培は広大な土地面積を必要とする土地利用型農業の典型的な作物である。荒廃地が地域にあり、当然考えられたのが耕作放棄地となった荒廃農地の利用であった。O氏のもとに話がもたらされる。O氏は「集落全員の総意として農地を買い取ろうというのであれば話してみてもよい」のではと言うことになった。再買収の成功を可能とさせた要因は、「地区の農家が専業農家として健在であった」ことをO氏は述べている。1990年代になり再買収が行われる。

O氏を中心に、6名の豊原地区の農家がR社に対して「農地売買」の申し入れをした[38]。R社に対しては「農地として」[39]の買い入れとして申し入れている。ここが農家の知恵であろう。宅地並みの価格の場合、農業の生産性では支払いが不可能となるものである。不動産の付加価値を一切排除しようとした結果が読み取れるのである[40]。その結果O氏らは、介在者を挟まず直接R社と話し合いによって購入まで道筋を付けている[41]。O氏を中心に6名がR社の所有地を買い取り、その農地は現在ではサトウキビ作りに割り当てられている。この時のO氏たち6名の農家による買収で南風見地区の農地が復元された[42]。

この農地買収は、前提として農家に買い取るための資金的裏付けが必要で

---

37 正確に言うとO氏の父親が、当時、農業委員会の委員長をしていた時に持ち上がった話であり、O氏の父親が実行した再買収である。前出O氏。

38 買収の交渉は、O氏をトップとしてR社の東京事務所で行われていて、買収予定の6軒の農家が参加した上で、6か月間続いたということである。前出O氏。

39 O氏の話では当時の農地の価格が10aあたりで40万円前後であったとのことである。再買収もこの価格で押し切ったそうである。前出O氏。

40 R社の当初の主張として売却損を出しての売買には応じられないという対応をとっていたということである。R社が所有する以前に数度転売が行われていたものであった。前出O氏。

41 前出O氏。

42 この買収では南風見5・・番・・の農地が合計で18筆、面積では6.・・haの農地が買収された。地番の詳細は所有者の意向で伏せさせていただく。O氏たちの買収後にも他の農家によって企業から地区の農地の買収が行われている。南風見地区の農地で買収に参加した農家数が7軒で約8haが買収されサトウキビ畑に復元されている。前出O氏。

227

ある。買収した農家の話では「将来への投資」として農地を買い取ったと言うことであった。農地の個別的な買収案件は頻繁にあるが、一度「企業に買収された地域の農地」が、同じ地域の「農家に農地として再度買い取られる」事例は稀な事例ではないだろうか[43]。農地の法制度は農地改革以来の問題が指摘されている。土地所有権の問題から流動化が進まない日本の農地制度の限界と言われているが、自分たちで買い取ることによって難題を簡単に乗り越えている。所有と利用の分離という合理的なシステムもあるが、公的な助成も一切使わずに農家によって成し遂げられた点は非常に評価すべきものと考えられる。

　耕作放棄地の解消は、いかに放棄された農地を流動化させて、耕作者の手に委ねることができるかに掛かっている。企業が所有した場合の弊害に対して、一方の当事者である農家側にも、農地の復元に関して取り得る行動を考えなければならないだろう。

　西表島の海岸沿いは復帰前の土地投機の跡が大量に残っているが、企業側も土地の処分を考えているため、地元の農家からも明確な意思を伝えなければならないだろう。

---

43 最終的に売買がなぜ成功したのかという点であるが、売買の交渉の過程ではかたくなにR社側は農地の売買を拒んできたそうであったが、決算期を前にR社側から売買の交渉に乗ってきたそうである。前出O氏　現状として南風見田の浜辺（O氏によればフケガワと呼ばれる地域）に企業所有地が存在するということであるが定かではないということである。

4.4. 農業法人と企業所有地に見る問題と現状

　戦後の農業制度で新しく登場したのが法人による農業経営である。農業基本法の制定以来、「強い農業」を目指すために導入されたものである。現在では集落を単位とする農業生産法人や株式会社による法人などかなりの数に上っている。過疎化による労働力不足や、後継難解消のための切り札として農業の企業化が考えられている。

　この切り札と言われている企業化がすべてを解決できるのかどうか、その点が試されているのが現在である。日本全国で「多様な担い手」の創出によって、新しい農業を模索しつつあるが、新たな担い手の中心として、企業などの法人によるものであるが、いまだに決め手となるものではない。

　法人化に関する問題が西表島でも発生している。西表島の高那や伊武田に隣接する場所に、企業の所有する広大な農地や山林がある。その一つは、農業生産法人が牧場のために所有していた土地である。二つ目のケースは、不動産関連企業からさらに別の企業に渡って、現在も未利用のままの状態になっているものである。

　本土復帰前後に西表島で起こった事例は企業導入した場合に起こる典型的な例である。この事例から学ぶべき点を検証しなければならない。

4.4.1. 高那地区での農業生産法人の破綻

　耕作放棄地問題が発生して以来、解消のための有力な方法として、企業などによる「法人経営の農業」の導入が検討されている。実際に「株式会社」による農業参入や「農業生産法人」の結成が増加の一途である。しかし法人経営による農業が万全なものではない。制度的には、企業の農業参入を阻んできた農地の取得に関して農地法の改正が行われている。西表島でも法人経営

第 4 章　西表島の農業活動と地域経済

表 4-11　農業生産法人有限会社 W 農園に関する履歴事項

商号	農業生産法人有限会社 W 農園
本店	沖縄県八重山郡竹富町字古見・・・番地 沖縄県八重山郡竹富町字上原・・・番地 1 平成 12 年 7 月 1 日移転
会社設立	昭和 52 年 2 月 21 日
目的	1　牧畜業の経営 2　肉用牛肥育場の経営 3　果樹、園芸の生産 4　上記各号に付帯する一切の事業
資本金の額	金 1500 万円
役員	沖縄県八重山郡竹富町字古見・・・番地 代表取締役　　　　　M
支店	沖縄県石垣市字白保 1・・・番地 22
解散	平成 17 年 12 月 31 日社員総会の決議により解散 平成 18 年 1 月 6 日登記

出所：那覇地方法務局石垣支局所有原本より筆者作成。

による大規模な農業が行われた歴史がある。これが破綻した場合の問題がある。

　美原地区で起こった「農業生産法人の破綻」によって、その処理が終了しないため農地が耕作放棄状態になっている。原因となった法人問題について明らかにしておこう。

　この地で誕生した農業生産法人がある。1977（昭和 52）年に竹富町字古見に設立された農業生産法人有限会社 W 農園（表 4-11）で 1,500 万円の資本金で、設立の目的は畜産をメインとした農業全般になっている。この法人は、高那地区と野原地区にまたがり農地及び採草放牧地を所有している。同農園が所有する総面積は 1.715 km² （171.5ha）で [44]、西表島の耕地面積 5.67 km² （567ha）に対して約 30% あり、いかに広大なものか理解できるだろう。この地区で多大な影響を持っていた農業生産法人であった。残念ながら、創業から 30 年たたない時点で、2005（平成 17）年に経営破綻になった。破綻後、経営権は破綻当時のままになっている。現在では石垣市在住の人物によって管理が行われている。

---

44 竹富町農業委員会調べ。

230

4.4. 農業法人と企業所有地に見る問題と現状

　破綻後のＷ農園に対して、所有農地が法人名義であるため、度々、法人買収の形で農地の買収が試みられている。地元でも事態を憂慮している。現状では石垣市の企業などが買収を検討しているようである[45]。Ｗ農園は農業生産法人のため厳しい規制[46]のもとで存在してきたが、法人の名義変更などをして、経営者や所有者の変更が頻繁に行われ、この法人も2013（平成25）年に名義が登記変更されている。

　2009（平成21）年の農地法改正では、第二条において農地所有者の責務規定が新設されているが、実際には果たされていない。また、この法人の近くに農振法[47]の除外された農地があり、その取得のためにこの法人を買収しようとする動きが表面化している[48]。農業法人を利用した場合、法人の買収によって土地も移転が可能となり、農地買収を行う場合に考えられる手法である。土地の売買は売り手買い手の自由意思で成立するが、農地の特殊性を考えると、それを許すと広く農業参入者を増やそうという制度自体が破綻するだろう。懸念されるのは企業買収によって取得された農地が農業外利用されてしまうことである。

　今日では日本の農業の行く末を教示するものとして全国各地で法人設立が行われている。しかし破綻の事例のように、大方の場合、農業法人の経営は赤字経営が非常に多いことが判明している[49]。そこには隠れた税の投入も行われている。

　企業導入のメリットは「大規模営農に農地を集積すれば農業が劇的によく

---

45 前出Ｔ氏より聞き取り。

46 農業法人は役員の過半数が農家であることの要件や、常時従業者の人数などの要件がある。

47 「農業振興地域の整備に関する法」で、この法律は農業地域を分類していて、この法律に指定されたところは農業地域として開発等から場外されるものである。この法律から除外された場合は様々な転用等が可能となる。農林水産省「農業振興地域制度の概要」に運用制度が記載されている。

48 すでに一部の農地で競売が行われていて連坦化している農地の荒廃は心配されている。前出Ｔ氏。

49 神門善久 [2014]『農地利用の秩序崩壊と農業問題の「東京化」』p.21 土地総合研究 2014年秋号 。
　実際に起こった富山県の農業法人を取り上げて、大規模に集積をしたため破綻後に引き受け手が見つからない事例を取り上げている。

なる」[50] という理論が支配している。現実はどうか、「大規模営農が効率的であるというのは農地利用の無秩序化を招き農業問題の本質にとって目を背けた見当違い」[51] の議論になっている。規模拡大と企業導入とは全く議論の質が違うものであろう。

「多様な担い手」という形で耕作放棄地の解消を目指しているが、企業あるいは農業法人が万全であるような、ある意味では「錯覚」させられる部分も存在するだろう。万全ではなくても「より良き選択」として考えられるのが法人化だろう。同時に法人は破綻も起こることを理解しなければならないだろう。

4.4.2. 伊武田で企業が所有する山林

西表島では本土復帰を挟んだ期間に大量の土地投機が行われた。その弊害として荒廃化した山林が伊武田に存在している。伊武田一帯は「通耕」などの歴史的経過もあり、半世紀に渡って、企業の所有地として未利用状態になっている。上原地域の一番南側の伊武田で所有権移転の繰り返された山林が確認されている。この地区はおよそ半世紀前までは、鳩間島からの通耕によって水田の耕作が行われた地区である[52]。問題の山林の入り口には住宅が建てられている。当時からの状況を追跡して現状についてお伝えする。

---

50 前掲、神門 p.21。
51 前掲、神門 p.21。
52 伊武田の農地（水田）に関しては、当時の歴史的な問題として、地元において紛争が持ち上がっている。鳩間島の農家から耕作している農地に関して「買い上げ問題」が持ち上がっている。この問題が「伊武田地区町有地買戻し問題」と呼ばれるものである。これは竹富町の役場新築に関する予算捻出のために企業に町有地（農地）の売却をしたことに端を発する問題である。通耕によって行われていた伊武田の水田が前述のように企業に売却されたことについて鳩間島の農家が買い戻しを決議して地元紙に抗議文を載せたことによるものである。『竹富町史第6巻鳩間島』竹富町史編集委員会 [2015] これについて、鳩間島では町有地の売却に介在した元町議に対して糾弾を行っている。しかし、この事件に関しては客観的な事柄については様々な憶測を呼ぶものがある。通耕によって水田耕作が成り立っていた鳩間島の農家であるが、本土復帰前後に大きな離農が起こっている。あくまで憶測であるが、1964（昭和39）年の農業センサスから1971（昭和46）年の農業センサスの間に大きな離農が読み取れ、最終的には1980年ごろには鳩間島での農家は「挙家離村」の状態が起きている。「買い上げ問題」は鳩間島の農家自身が伊武田地区の農地の売買に関与したくなかったのではなかったのかという点がある。鳩間島の農家が本心で決議を行っているか憶測を呼ぶのはこの点と考えられている。（当時の関係者である議員のご家族に面接を行って聴取した）。

4.4. 農業法人と企業所有地に見る問題と現状

表 4-12　企業所有地の所有権の移動

所在地	地番	地目	地積	
竹富町字上原伊武田	14・・番・	山林	3,439,218㎡	
所有権移転、原因				
1967 年 2 月 16 日売買	那覇市	K		持分参分の壱
	那覇市	N		持分参分の壱
	那覇市	S		持分参分の壱
1969 年 3 月 5 日売買	那覇市	R 株式会社		S 持分全部移転
1972 年 3 月 25 日売買	那覇市	R 株式会社		N 持分全部移転

所在地	地番	地目	地積	
竹富町字上原伊武田	14・・番・・	山林	662,556㎡	
所有権移転、原因				
1967 年 2 月 16 日売買	那覇市	K		持分参分の壱
	那覇市	N		持分参分の壱
	那覇市	S		持分参分の壱
1969 年 3 月 5 日売買	那覇市	R 株式会社		S 持分全部移転
1972 年 3 月 25 日売買	那覇市	R 株式会社		N 持分全部移転
1977 年 4 月 1 日真正な登記名義の回復	石垣市	H 株式会社		共有者全員持分全部移転
1977 年 7 月 2 日売買	名古屋市	株式会社 O		所有権移転

出所：那覇地方法務局石垣出張所において謄本を取得後筆者作成。

　西表島では本土復帰を目前に控えて、本土の資本によって土地が買い占められている。この地区でも行われ、琉球政府時代であったため本土との制度の違いによって、土地の買収に当たっては個人名が多く使用され、伊武田の山林の買収も最初の売買では個人名によって売買されている[53]。その後、数度の所有権移転が行われている。数回の移転を経て現在も企業が所有している。買収当時より土地に対する投機と地元で噂されていた。

　当時の状況下で、企業がどのように土地を買収し、買収された土地がどのような状況に置かれていたか詳述する。問題の山林は本土復帰以前より売買

───────────────

53 当時は琉球人と非琉球人に分けて土地売買の規制が行われていた。個人名を使用しているのは、
　企業などが名前を隠すために使用したことが考えられている。

第 4 章　西表島の農業活動と地域経済

が行われ、現在も山林が企業によって所有されている。この二筆（竹富町字
上原伊武田 14・・番・・、14・・番・・）の合計面積は 4.101km^2（410.1ha）
である。1967（昭和 42）年に売買が行われ、三名の個人の名前で登記され
た土地が、1969（昭和 44）年には 1 名の個人の持ち分が那覇市の R 社に
売却され所有権移転登記されている。さらに 1972（昭和 47）年に別の個人
の持ち分が所有権移転登記され、次いで 1977（昭和 52）年には一筆が移転
登記されている。R 社から H 株式会社（以下 H 社と記す）という別の企業に
渡っている。この二筆は広大な面積の土地である。R 社という企業は、那覇
市に本社のある不動産関連企業であり、謄本に登場する役員の K 氏は沖縄
県の幹部も務めた方で、いわば行政の中枢に近い企業である。この企業が復
帰前に行った土地買収の件数が沖縄県農業会議の資料に残っている。資料に
よると、農地買収 55 件で面積が 116,126.8m^2（11.6ha）、原野が 65 件で
200,766.0m^2（20.0ha）、山林が 6 件で 54,450.0m^2（5.4ha）、宅地が 6 件
で 2,912.4m^2（0.29ha）、その他が 10 件 4,991.3m^2（0.49ha）で合計では
142 件 379,245.5m^2（37.9ha）である [54]。沖縄県農業会議が作成した一覧に
は、前述した伊武田の山林は含まれないため、恐らく統計に載らない買収も
考えられ、実際の買収件数はこれを遥かに超えると見られている。その後さ
らに買い増しされて、伊武田に残されている広大な未利用地になっている。

　伊武田の 2 筆の土地は転売され、一筆が R 社の所有のままであるが、一筆
は R 社から一旦 H 社に所有権移転登記が行われている。1977（昭和 52）年
に移転された一筆は同年に別の企業に移転登記されている。最後に登場する
のが中部地域の株式会社 O [55] である。H 社 [56] は O 社の子会社で、現地の活
動は H 社の名前で行われていた。O 社・H 社はともに食品関連会社であり

---

54 沖縄県農林水産部『沖縄県農林水産行政史第 1 巻第 2 巻』pp535 ～ 540、20,000m^2 以上の土
　地を買収している企業の実名が公表されている。調査の対象とされた土地は 1972（昭和 47）年
　5 月 15 日から 1974（昭和 49）年の間に農外資本が取得したすべての土地で 1972（昭和 47）
　年 5 月 15 日以前の売買は集計に含まれていない。
55 1945（昭和 20）年に中部地域で創立されたインスタント食品の草分け的な企業。O 社資料。
56 H 社は O 社の子会社として 1965（昭和 40）年に設立され、沖縄県西表島に農場を開いてスター
　トしている。O 社資料。

4.4. 農業法人と企業所有地に見る問題と現状

O 社が伊武田に所有する山林で遠くに海が見える（2009 年 9 月 2 日、筆者撮影）

不動産開発等を中心に行ってきた企業ではない。買収した当時にはグァバーなど果樹栽培が行われていたそうである[57]。

　この企業も 1980（昭和 55）年頃に本土へ引き揚げている。写真は O 社が所有している山林で、二筆の地番内の現在の様子を伝えている。現場は全体が傾斜地で敷地内の道路が県道と繋がっている。この二筆の土地は山林で、地目は土地を買収する場合の目安になるものである。地目が利用方法を決定する大きな要因となるためと考えられる。買収当初より投機目的と言われていたが、当時地元では宅地開発と伝えられていた。現在では企業の保養施設など様々な利用方法が地元では噂されているが、事の真相は明らかではない[58]。誰もが望むのは正常な利用と地元への還元である。現在は荒廃地になってい

---

[57] 実際に O 社では 1973（昭和 48）年にグァバーの缶飲料の販売を始めている。O 社資料。
[58] O 社の幹部が西表島を度々訪れていて、そのつど地元の有力者への意見聴取を行っていて、O 社も最適な利用方法を探っているようである。前出 Y 氏。

る土地について、地元で利用可能性について意見聴取が行われている[59]。

　企業による農地に対する売買の問題は、農業問題の観点から語られてきたことである。企業にとっては土地に対する投資も、短期的な収益の獲得を目指す場合が多いものであろう。そのため買収する土地に対する利用計画は希薄なものである。最終的には投資した資金に対する収益でしかないのが実情である。農地などに対する企業の売買が否定され続けているのはその点と考えられるだろう。

　農地や山林などは地域全体にとって密接に関連するものであり、企業も地域の一員であり、最適な利用方法が図られなければならないだろう。現在の所有企業は食品関連であるため、西表島での生産活動に利用されることを望む者も多い。

4.4.3.　小括 – 地区の展望 - 豊原・大原・大富

　終戦後の混乱した沖縄本島を救うため、本島や周辺離島地域から海を渡ってきたのがこの地区の人々である。開拓移住者によって西表島でサトウキビ栽培が始められている。

　この地区の特徴は近代西表島の特徴を兼ね備えていることだろう。100年ほど前までは過酷な徴税体制が行われ、また自然環境の厳しさから生命を守るために、近隣の離島に住みながら西表島で耕作が行われてきた歴史がある。終戦以降は、本島から開拓者を受け入れた新天地であった。本土復帰を挟んだ時期には、大量の土地投機によって地区の農地が買収されている。買収された農地は、長い間耕作されない耕作放棄地になっていた。通耕などによって耕作放棄地となったものや、土地投機などで人為的に耕作放棄地になったものなど、まさに近代西表島100年の歴史を映し出しているのがこの地区であろう。

---

59 上原地区Ｆ氏より2009年8月聞き取り。
　当時と状況が大きく変わっているため、利用方法などについても慎重な検討が必要ということである。

4.4. 農業法人と企業所有地に見る問題と現状

　この地区の耕作放棄地の現状について明らかにしたい。歴史的に作られた高那や伊武田の耕作放棄地は現状のままである。もう一つは本土復帰を挟んだ時期に買収された農地がそのままの状態で企業によって所有されている。こうした地区の中で、地元農家によって企業が本土復帰前後に買収した農地を再買収して農地として復活させている。企業から再買収したこと自体が異例であり、復活した農地ではサトウキビ栽培が行われている。

　企業による農地の所有や農業参入について、問題点が指摘されるが、この地区では企業化後の問題が大きく問われる事例が発生している。企業による農業参入に関しては、企業化が地域を安定的に支える力となりえない現実を知らしめている。企業による農地所有も、農業生産に使用されるものでなければ、永久に未利用状態になるのである。

　こうした現実に対して、地元の農家が企業から再買収したことは大きな評価を与えることができる事例であろう。

　もう一つは、この地区が著しく耕作放棄地を解消させている原動力として、効率的に土地改良事業を行っている点を挙げなければならない。土地改良事業は、農業分野の公共事業の色彩が強い事業のため、批判されることが多々ある。土地改良事業は前提として、地域の農家の経営状態が健全でなければ土地改良事業を行うことはできない。即ち土地改良事業が成功することは、地域の農家が健全に機能している証拠である。新しく行われた仲間川の河口近くの土地改良事業によって水田が復活している。

　サトウキビ栽培は広大な土地を利用する土地利用型農業の作物であるが、この地区では現在サトウキビ栽培の安定があり規模拡大が図られている。サトウキビ栽培自体、助成による部分が大きいものの、地域を面として守っていく農業としての使命を十分果たすものである。その一環として地区内に眠っていた耕作放棄地も順次復元されているのがこの地区の現在の姿である。

　集落機能を高めて農業再生に繋げようとしているが、現状では地区は専業農家を中心として農村集落として機能している。しかし、過去の人口減少を

第 4 章　西表島の農業活動と地域経済

知る地元農家では、農業センサスが行われる度に農家が減少している現実に
絶えず不安を持っている。以前この地域の大富地区では、「中山間地域直接
支払制度」を活用した集落事業が行われていた。集落機能の維持の観点から
はこの事業の復活も検討されても良いだろう。

　生産効率向上のため土地改良が絶えず繰り返されてきた。これまでは土地
改良事業によって地域の農家が規模拡大に成功してきた。この点は評価する
ことができるだろう。今後は、地区の総農家数が減少しているため、採算性
には十分な配慮が必要となるだろう。むしろ人的資源への投資として地域の
農家や新規に就農を考える人々へのサポートを行う部分にこそ投資が必要と
なるのではないだろうか。

4.5. 中野・住吉地区の農業活動

4.5.1. 耕作放棄地と農村集落の特徴

中野と住吉は、今日の西表島で最も活気にあふれた農村集落である[60]。農業に限らず西表島の中で人口の流動性のあるのがこの地区である。豊富な自然資源に恵まれ島外から多くの観光客が訪れている。この地区も終戦後の開拓移住者によって作られている。この地区の耕作放棄地の状況はどのようになっているのか詳細を検討しよう。

表4-15がこの地区の耕作放棄地の状況である。宇奈利崎は住吉地区に隣接する地域で、現在は公園として整備されているが、1971（昭和46）年に建設が始まった会員制リゾートがオープンした場所である。この地区の耕作放棄地は半島部分の農地が荒廃化していた。現在は地域一帯がパインアップルの生産拠点として農地が整備されている。住吉地区は中央に牧場があり、その周囲の丘に畑が広がり海に向かって傾斜した地形になっている。

現在、地区内の耕作放棄地は、ほとんどが荒廃から解消されてパインアップルが植えられている。2008（平成20）年の時点では、47,915m^2（4.79ha）の耕作放棄地が宇奈利崎周辺で確認されていたが、2015（平成27）年には39,038m^2（3.90ha）が荒廃解消されている。この地区で発生した耕作放棄地の要因は過疎化現象による人口減少によるものである[61]。過去には、地域経済の中心を担っていた缶詰工場が経営不振となり、最終的に1980年代に入って缶詰工場が破綻処理されている。こうした事態が地域にダメージを与

---

60 この地域は上原地域と呼ばれ地区としては船浦・上原・中野・住吉・浦内の地区があるが農業集落として中野と住吉と記す。

61 1973（昭和48）年の統計では上原地区全体の人口が400名以下になっている。現在では1,000名を超えている。

第 4 章　西表島の農業活動と地域経済

表 4-13　農業集落別の専・兼業農家数

地区	実施年	総農家数	専業	兼業	第 1 種兼業	第二種兼業
上原	2000 年	12	3	9	-	9
	2005 年	13	7	6	5	1
	2010 年	9	5	4	1	3
	2015 年	5	4	1	-	1
船浦	2000 年	10	2	8	5	3
	2005 年	7	5	2	1	1
	2010 年	9	4	5	-	5
	2015 年	1	x	x	x	x
中野	2000 年	14	-	14	4	10
	2005 年	12	2	10	5	5
	2010 年	12	4	8	2	6
	2015 年	11	4	7	1	6
住吉	2000 年	15	2	13	5	8
	2005 年	11	4	7	1	6
	2010 年	9	4	5	4	1
	2015 年	2	x	x	x	x

出所：農業センサスの集落カードを利用して筆者作成。
注 (1) 単位は戸。
　(2) 農業センサスは農家の自己申告であるため船浦と住吉は申告無し。

表 4-14　経営耕地面積規模別農家数

地区	実施年	0.3-0.5	0.5-1.0	1.0-1.5	1.5-2.0	2.0-3.0	3.0-5.0	5.0-10.0	10.0-20.0
上原	2000 年	2	1	2	1	3	2	1	-
	2005 年	1	2	3	1	2	1	2	1
	2010 年	1	-	-	2	3	-	2	-
	2015 年	-	1	-	-	-	-	2	2
中野	2000 年	1	6	2	1	-	3	1	-
	2005 年	-	3	1	1	1	5	2	-
	2010 年	-	2	2	2	1	2	3	1
	2015 年	-	-	3	2	1	1	3	1
住吉	2000 年	2	4	1	3	1	2	1	1
	2005 年	1	2	-	1	1	1	4	1
	2010 年	1	1	-	1	-	3	2	1
	2015 年	-	-	-	-	-	-	-	-

出所：農業センサスより集落カードを利用して筆者作成。
注 (1) 単位は戸と面積が ha。
　(2) 船浦と 2015 年の住吉は農業センサスに際して申告がない。

えていた。

　この地区の耕作放棄地の解消についての事情である。開拓当初より同郷の町の出身者で行われたのがこの地区の開拓である[62]。本土復帰を挟んだ時期には、この地区も他地区同様に人口減少が起きていた。およそ 30 年前頃から親戚あるいは知人間で農地の貸借が進み、放棄された農地が復元されるよ

4.5. 中野・住吉地区の農業活動

表4-15 宇奈利埼地区荒廃農地の荒廃解消に関する調査結果

荒廃農地確認年月日（2008年10月17日）						2011年現在の状況		2012年現在の状況		2013年現在の状況		2014年現在の状況		2015年現在の状況		利用権設定の有無
大字	字	地番	枝番	地目	面積㎡	荒廃	解消	荒廃	解消	荒廃	解消	荒廃	解消	荒廃	解消	
上原	宇那利崎	10	17	畑	1,827	○		○		○		○			○	
		10	22	畑	1,920	○		○		○		○			○	
		10	191	畑	4,252	○		○		○		○			○	
		10	192	畑	5,789	○		○		○		○			○	
		10	196	畑	4,003	○		○		○		○			○	
		10	197	畑	1,310	○		○		○		○			○	
		10	215	畑	3,099	○		○		○		○		○		
		10	222	畑	4,000		○		○		○		○		○	使用貸借あり
		10	224	畑	202		○		○		○		○		○	使用貸借あり
		10	227	畑	1,920	○		○		○		○			○	
		10	229	畑	439		○		○		○		○		○	使用貸借あり
		10	230	畑	1,925		○		○		○		○		○	使用貸借あり
		10	255	畑	1,673		○		○		○		○		○	使用貸借あり
		10	256	畑	1,470		○		○		○		○		○	
		10	262	畑	924	○		○		○		○		○		
		10	263	畑	97	○		○		○		○		○		
		10	267	畑	198		○		○		○		○		○	
		10	268	畑	108		○		○		○		○		○	使用貸借あり
		10	270	畑	253		○		○		○		○		○	使用貸借あり
		10	271	畑	511		○		○		○		○		○	使用貸借あり
		10	272	畑	470		○		○		○		○		○	
		10	273	畑	442		○		○		○		○		○	
		10	274	畑	363		○		○		○		○		○	使用貸借あり
		10	286	畑	826	○		○		○		○			○	使用貸借あり
		10	287	畑	1,710	○		○		○		○			○	使用貸借あり
		10	288	畑	2,645	○		○		○		○		○		
		10	294	畑	3,606	○		○		○		○			○	使用貸借あり
		10	295	畑	1,933	○		○		○		○			○	賃借権設定
合計荒廃面積・筆数		4筆			47,915㎡	15筆		15筆		15筆		15筆		4筆		
合計解消面積・筆数		24筆			39,038㎡		13筆		13筆		13筆		13筆		24筆	

出所：竹富町農業委員会、農地台帳より筆者作成。

うになった。また貸借は積極的に取り入れられ、島外に出てしまっている人々に対しても呼びかけて農地の復元が行われている。約30年に渡って、生果実のパインアップルの販売が軌道に乗っているが、カボチャの特産化にも取り組んでいる事情もあり[63]、農地の需要が非常に高い地区になっている。そして農地の流動化の観点として、2015（平成27）年の農業センサスの結果では、この二つの地区では、9軒の農家で農地の借り入れが行われ、その面

---

[62] 1951（昭和26）年に琉球政府から「八重山開拓移民について」が発表され開拓募集が行われ、「移民団の編成は10戸〜30戸毎に市町村に於いて縁故者を以って一団を編成して責任感旺盛なる代表者を選出する」と定められていた。住吉地区に開拓移住した開拓団は自由移民によって行われているが、集落ごとという点では後に琉球政府が行った開拓移住と一致している。

[63] 開拓当時、最初に作られたのがカボチャであった。昨年の実績として西表島の出荷トン数が100トンというものである。中野地区O氏より2016年聞き取り。

第 4 章　西表島の農業活動と地域経済

積の合計は 30.4ha である [64]。経営規模も拡大されていることが農業センサスから裏付けられている。

　果樹栽培として、マンゴー栽培が行われ、地区の専業農家の年間の売上額が 500 万円以上であり、1,000 万円を超える高収益を上げている農家も 4 軒ある [65]。収益を確保しながら、農地の流動化が図られている模範的な地区である。

　現在は売り上げが好調に推移しているが、過去にはこの地区も大きな人口減少があり離農者も出ている。将来的に農家数の減少が考えられその対策が必要となっている。この地区で他地区に先駆けて行われているのが、新規就農者へのアプローチにあるだろう [66]。農業に新しく就農を目指す者にとって最も難しい問題が農地の手当てである。地区では農地の流動化が行われていて、新規就農に対するインフラも準備されている。将来を見据えた取り組みとして評価できるものであろう。

4.5.2.　リゾート施設の痕跡

　西表島は農業を主産業とした人々が暮らす自然豊かな島であるが、高度経済成長時代からのリゾート施設などへの投資が行われた島でもある。第 2 章で述べた A 氏の投資による痕跡が宇奈利崎にある。どのようなものであったかおさらいをしておこう。

　宇奈利崎には戦前は牧場があり、海を一望できる小高い丘であり、対岸に

---

64 耕作放棄が解消された農地の中には 7 筆の農地で使用貸借の設定が行われている。農地台帳にて確認。

65 地元には 3 つの法人化された経営組織がある。竹富町農業委員会資料。

66 農林水産省では「青年等就農計画制度」において（年齢は 18 歳以上 45 歳未満）、地域農業の担い手として育成するために就農段階から農業経営の改善・発展段階まで一貫した支援が重要としている。認定新規就農者に対するメリット措置として以下の措置が取られている。青年等就農資金（無利子融資）・青年就農給付金（経営開発型）・担い手確保経営強化支援事業、経営体育成支援事業（融資主体型）・経営所得安定対策・認定新規就農者への農地集積の促進・農業者年金保険料の国庫補助などである。農林水産省「青年等就農計画制度について」　竹富町で行われている新規就農制度によって町内で 13 名の新規就農者が誕生している（2013 年〜 2014 年）。内訳は西表島 7 名、黒島 4 名、小浜島 1 名、波照間島 1 名というものである。竹富町農林水産課。

4.5. 中野・住吉地区の農業活動

は白い砂浜を見ることができる、西表島でも景観の素晴らしい景勝地である。対岸のトゥドゥマリ浜はウミガメの産卵地として有名である。この宇奈利崎に、沖縄県の本土復帰前後からリゾート施設の建設が行われた。これが「太陽の村」と呼ばれるもので、数棟のロッジと海辺を望む海岸線に、拝所施設が建てられて（写真は 2009 年に撮影し現在は更地）、いずれも 30 数年間強風に晒されながら今も廃墟として存在している。

　宇奈利崎一帯は町有地であるが、A 氏が 1971（昭和 46）年から建設に着手した「太陽の村」と呼ばれるリゾート開発地がある[67]。A 氏は西表島で本土復帰を挟んだ期間、最も地域の開発を手掛けた人物である。本島出身の A 氏は、太陽の村の他、温泉から河川開発まで「手広く開発」を行い、西表島の開発話しには、ほぼすべてに登場した方である。2008（平成 20）年頃にも、宇奈利崎の町有地の利用問題に関して、いまだにホテル等の開発計画を持ち出している。町当局でも利用方法については様々な案が検討される状況にある[68]。

　A 氏の観光施設の建設は、会員制コテージやゴルフ場と拝所の施設であったが、建設当初より先行きが危ぶまれていた。実際に、1980 年代に入って経営破綻している。その後の太陽の村は、本土資本に協力を仰ぐ形で経営権が譲渡されている。一旦廃墟となった太陽の村が動き出したのが 1980 年代後半である。A 氏はすでに経営に対して能力を失っていたため旧太陽の村の施設は譲渡が行われた。A 氏から Z グループへ経営譲渡されている。Z グループは、系列の株式会社 Z 開発（以下 Z 社と記す）が西表リゾート開発計画概要として、宇奈利崎開発計画を発表している。

　計画によれば、太陽の村の施設を取り壊して宿泊施設を建設し、合計人数700 名収容規模のホテル・コンドミニアム・コテージを作り、プール・マリーナ・テニスコートを整備する予定であった[69]。結局、この計画は Z 社自体が

---

67 この町有地は二筆に分かれていて、地目は拝所と雑種地になっていて、面積は 75,454m^2（7.54ha）と 75,748m^2（7.57ha）である。法務局にて謄本より確認。
68 2013（平成 25）年現在は更地になり公園として整備がおこなわれている。2016（平成 28）年には写真のような状況でほぼ公園整備が完成している。
69 1993（平成 5）年、「竹富町リゾート開発基本構想」。

第 4 章　西表島の農業活動と地域経済

拝所として建てられた当時の施設で現在は更地化されている（2009 年 7 月 30 日、筆者撮影）

拝所の跡は一面が芝生に覆われた公園になっている（2016 年 2 月 15 日、筆者撮影）

4.5. 中野・住吉地区の農業活動

太陽の村は文化村として作られたが破綻後は廃墟になっている（2009年7月30日、筆者撮影）

公園整備が終了してコテージ跡には公園の遊具が作られている（2016年2月15日、筆者撮影）

第 4 章　西表島の農業活動と地域経済

バブル経済の崩壊とともに破綻したため実行されずに終わっている。そのため廃墟となった太陽の村の施設が残ったままである。この廃墟の残る町有地であるが、依然としてホテルなどのリゾート関連企業が関心を持っている場所であったが、結局、公園として整備されることになっている。

太陽の村は当初は地元で歓迎された施設である。地元の住吉地区では、1970（昭和 45）年に公民館がＡ氏の観光事業に対して、地域への貢献度が高いことを評価している[70]。地元の人たちがＡ氏に対して評価を与えたのは、当時、地区が危機的な人口減少状態にあったことに対して、リゾート施設に抑止効果を期待したものであろう[71]。雇用の働きかけもあったようである[72]。

Ｚ社の計画はバブルの崩壊とともに消えていった。その後は、宇奈利崎が西表島でも景勝地であり、町有地でもあるため町有地の使用願いが引き続き開発業者から出されているようだ。その中には本土のＱ社というホテル開発企業から 2006（平成 18）年に出されているが、結局受理されるものではなかった。

人口減少が起こり始めた場合、抑止の手法として考えられるのが観光施設の誘致などであるが、施設の誘致だけでは、結局、地域の活性化は幻想となってしまう事例であろう。

---

70 住吉公民館 [1998]「開拓 50 周年記念誌」p.37。
71 住吉地区Ｙ氏より 2009 年聞き取り。
72 前出Ｙ氏。

4.6. 開拓者と農業起業者が変革する中野・住吉地区

　この地区は、気象問題でサトウキビ栽培に適した農地が無いため、開拓当初よりカボチャや甘藷などが栽培されていた。さらにパインアップルが取り入れられた。現在では一部に畜産農家があるが、パインアップルを栽培する果樹の生産農家が多い。パインアップルの作付面積は地域全体のおよそ80%の面積で栽培されている。果樹栽培農家が地域で上層農家を形成している。中心地域は中野・住吉の両地区である。上原地域一帯ではパインアップルを栽培している農家は43軒あるが、従業者を雇用している農家は6軒あり、これらが上層農家（高額所得農家）の中核となっている[73]。

　この地区の主力の農産物はパインアップルとマンゴーの果樹栽培である。流通機構の変革によって日本全国に短期間で配送を行うことが可能となって以降、生果実による果樹の販売が伸びている地区である。もう一つの特徴は新規就農者による農業への取り組みが行われている地区である。

　過去には缶詰原料として全量が地域の工場に収められていたが、現在は100%が生果実として販売されている。これによって大幅な収益改善が図られている。収益改善とともに、地域全体に人口の流動化があり、新たに農業を目指す「新規就農者」の誕生する地域である。なぜ他地域に先駆けて地域に活性化をもたらせることができたのだろうか。

4.6.1. 収益改善に成功した開拓者

　開拓以来の専業農家で、現在2代目のK氏は住吉地区でトップクラスの果樹栽培農家である。地区の中核農家に成長したK氏の農業経営から地区の耕

---

73 竹富町字上原地区K氏より2009年9月聞き取り、2016年に再度聞き取りを行った。

第 4 章　西表島の農業活動と地域経済

作実態について考えて見よう。住吉地区は全体が丘陵地帯で、中央に住吉牧場があり、その周囲にパインアップル畑がある。マンゴーは丘陵（高菱）の中腹に栽培用ハウスが作られている。

　K 氏は中野地区の区長[74]を務め地域活動に携わりながら農業を営んでいる。パインアップル栽培を中心に、耕作面積 4ha の経営を行っている地域で中核的な農家である。現在の経営内容は、パインアップルの栽培は収穫面積が 1.5ha で植え付け面積が 2.3ha[75]、その他にマンゴーのハウス栽培が 0.2ha でマンゴーは自然の気候を利用した加温栽培[76]で行っている。K 氏の栽培方法は化成肥料を使用するものである。これには説明が必要だろう。K 氏は、「島内でも牛糞などを使用した自然の肥料が使用されているが、牛糞の場合だと、飼育の過程で絶えず予防接種が行われている」ことについて、危険性の部分を指摘している。自然の牛糞を使用することが「決して安全」とは考えられないようだ。牛の注射に使用する「薬剤の危険性」の方が重大と考えていることを聞かされた。連鎖の問題があり難しい判断が求められるだろう。農薬は除草剤を年に 1 度だけ使用して、殺菌・殺虫剤は使用していない。「除草剤を可能な限り使用しない」のはパインアップルの糖度を高めるために必要とのことである。パインアップルの無農薬有機栽培は、「可能ならば理想的だと思う」が、実際は難しいのではないかというのが K 氏の見解である。

　パインアップルの販売は順調で、自宅を改築してペンション経営も行って、来客者にパインアップルを販売している。インターネットを使用した販売方法が離島地域では活発（特に住吉地区では導入している農家が多い）になっているが、「今のところインターネットの販売は考えていない」ということだ。家族が経営するペンションが順調であるため「そこで連携する方がよい」

---

74 西表島の島内には地区ごとに公民館が置かれ、公民館長と地区の区長が地域活動の取りまとめ役を担っている。K 氏より聞き取り。
75 パインアップルは 2 年半のサイクルが必要なため、農地を分けてローテーションさせながら栽培される。そのため植え付けと収穫の面積が区別されている。前出 K 氏。
76 加温栽培はハウスなどの施設を利用して気温また地温を暖房機で温める方法。農林水産省用語解説。

4.6. 開拓者と農業起業者が変革する中野・住吉地区

表 4-16　竹富町パインアップル・サトウキビ生産量

	2005 年	2006 年	2007 年	2008 年	2009 年	2010 年	2011 年	2012 年
パイナップル	384	399	436	483	510	710	736	705
サトウキビ	24,600	22,400	21,700	19,237	29,250	28,766	18,015	21,784

出所：沖縄県統計、沖縄県離島統計より筆者作成。
注 (1) 単位はトン。

と考えている。JA（農協）との関係であるが、「西表島には大原に出張所が
あるだけで、これまでも世話になることはなかった」。K氏に伺ったところ、
住吉地区の農家は基本的に開拓以来、農業を独力で行ってきたという思いが
強く働いている[77]。JAの問題は現場に営農指導できる人間が不在であること
だ。栽培の知識は現場の農家がJAの関係者に教えている状態で、必要なこ
とは沖縄県庁農政課の普及所の関係者に指導を仰いでいる状態にある。また、
定期的に本島にある農業試験場まで足を運んでいる。当然、販売に関しても
JAへの依存度は低く、付き合いで生産量の10%程度出荷している。生産と
販売の関係であるが、観光客が順調に伸びていることと独自の販路拡大で、
生産が追いつかない状態が起きている。

　パインアップル生産に成功したのは、K氏をはじめとする地元農家の努力
に負うところが多い。それを辿ると、西表島西部地域のパインアップル生産
は1956（昭和31）年から始まり、1961（昭和36）年10月には竹富町農
協によってパイン工場の稼働が始まった。当時は全量が缶詰の原料として使
用されていた[78]。パイン工場のその後の変遷であるが、1962（昭和37）年
に竹富町農協から西表物産工業[79]へ譲渡された工場が、1971（昭和46）年
に沖縄缶詰に合併され、この年に大型台風による甚大な被害を受け、その上、
労働力不足に見舞われて三つあったラインが一つのラインでの操業を余儀な

77 開拓者として入植した当時では団結して開拓が行われてきた。その後安定期に入ってからは指
　摘されてきたように自然環境の厳しさに対する備え、営農分野といった部分に対する支援の欠如
　が指摘されてきた。
78 缶詰の原料として買い上げられた当時のパイナップルの価格は55円/kg。前出K氏。
79 当時の三井物産の現地法人、前出K氏。

第 4 章　西表島の農業活動と地域経済

くされて、1974（昭和 49）年に沖縄缶詰は経営不振になり、同年竹富町が買収した。関係者の努力もあったが、工場操業は 1983（昭和 58）年で終了した。これまで缶詰原料として使われていたパインアップルが工場閉鎖により新たな販路が必要となった。西表島のパインアップル生産の中核を担っているこの地区では、こうした紆余曲折を経て、生果実でのパインアップル販売によって高収益をあげることが可能となり、今日の隆盛を築くことができている[80]。

　K 氏のところでは、常時従業者が 3 名で、そのなかの 1 人は北海道出身の女性の方で、K 氏のところで 3 年間働いている。この方に尋ねると、「南国の海に対する憧れから西表島にやってきて仕事は何でもよかった」というときに K 氏に巡り合い、それ以来、パイナップル農家の作業をしながら滞在している。K 氏は本土からやって来た人々に対して、移住を可能にするためのアドバイスを与えている。西表島は離島で昔からの慣習が多く、「島外の人間にとっては戸惑う」のが次の点にある。K 氏の言葉をお借りすれば、「沖縄県は助け合いによって、みんなで生きている島であり、個人生活もあるが地域が良くなることが第一」と多くの人が考えている。そのために様々な活動が公民館活動として行われている。都市部で暮らして来た移住者には難しい問題と言えよう。K 氏はさらに続けて、「そこに参加するのは島で生きていく者の義務であり、そこに参加しない者は相手にされない」というのだ。これが島で生きるための最低条件とされている。新規の農業就農を目指す者にとっては、これを果たすことが最低の条件であり、新規参入する場合、農地は賃借で手当てするため、この島の様式を守れるか、ここで本当にやる気があるのかどうか判断される。

　一般的に農地は地域の中で集団的な利用によって維持されている。典型的なものは「共用のため池を総出で掃除をするとか、隣接の農地に迷惑をかけるような無茶な水利用や農法は使用しないとか、自分勝手な農地転用や耕作

---

80 前出 K 氏より聞き取り。

4.6. 開拓者と農業起業者が変革する中野・住吉地区

放棄をしないといった秩序は、明文法による強制ではない。日本の農地利用は農村に細々と残存してきた集落規範（慣行）という法的な枠組みではない」[81] 部分に依拠してきた。日本独特の農村集落での生活習慣は現在でも生き続けている。かつての「集落機能」の効果も生き続けている。西表島では現在も集落機能が健在なのである。就農する場合には最低限の「規範」として必要となるだろう。

K氏は、現在は区長の立場から発言しているが、基本的に移住者を「歓迎」する気持ちが強い。農業で独立を目指したい若者達にはこれからも指導を行いたいと語っている[82]。K氏の考えの根底には、中学から高校時代の過疎化の実体験が今も脳裏に刻まれているようである。毎日、人が減っていく状態は二度と目にしたくないという。

K氏は新しい取り組みとして、マンゴー栽培を中核にする取り組みを行っている。これは「強い農業づくり」という構造改善事業の一環で、島内でマンゴー栽培の団地化が行われていてる。これは法人化で行われるもので、二つの法人が結成されている[83]。

西表島では、機械化が進む一方で作物の差別化のために手作業での労働を必要とする部分が多くなってきている。そのため雇用労働の発生がある。パインアップルに関しても差別化の一環として、苗の植え付けが機械化されてきている中で手作業を導入している農家が多くなっている。住吉地区のある上原地域では年間を通して農家での雇用が発生していて、現場では労働力不足も発生している[84]。

果樹栽培の成功によってこの30年近く地域をリードしてきたのがK氏で

---

81 前掲書、神門義久 [2014]『農地利用の秩序崩壊と農業問題の「東京化」』p.19 土地総合研究 神門は農地問題の特徴を6つに分けていて、全国一律の規制が適用できないことの難しさを指摘している。
82 前出K氏。
83 地元農家によって結成された法人はともに株式会社化されていて「Aマンゴー生産組合（参加農家3軒、面積0.702ha）」と「Bヤマネコマンゴー生産組合（参加農家3軒、面積0.80ha）」2社が生産を行っている。K氏は法人結成に参加し代表を務めている。
84 K氏の話では労働力不足のため西表島では日給制になっている人件費が高騰している。

ある。労働力不足が深刻であることは、K氏の発言からも強く感じられるものである。現在の難局は超えて行くべきものであり、十分可能なことである。

　西表島も代替わりの時期に来ていて、地域の区長や公民館長も若返りつつある。現在、住吉の区長を務めているS氏は親が移住者（開拓者ではない）で、中学まで地元で過ごし、高校から本土の学校に入学して大学卒業後に郷里である西表島に帰島して、家族と共にレストラン経営をしている。島の方々も地域の活性化のためには新しい移住者の必要性を考えている。しかし、定住よりも一時的な観光業等の労働にしか定着しない本土からの移住者には、厳しい目が向けられている[85]。名実ともに地域の一員となることが望まれている。

4.6.2.　西表島で農業起業を果たした本土出身者

　西表島では長期滞在者や移住者の中から農業に新規就農を目指す者が生まれている。まだ少数であるが農業で起業を成功させた者が誕生している。なぜ可能となったのか、その条件とは何か、地域の問題から見てみよう。移住から新規就農・独立を成功させたのがY氏である。

　Y氏（今年で34歳）は東京都江戸川区の出身で、西表島に来島以来、12年を経過している[86]。現在は浦内地区に住宅を作り、家族と2人暮らしの生活をしている。来島した当初は、P館の農園で農業ヘルパーの作業員として職を得て、そこで6年間の修行生活を送った。修行時代にパインアップルの栽培を覚えその後の独立となった。

　修業したP館は、地元ではパインアップルの耕作面積が広大で、P館では3食と住居がつく条件で過ごした。その後、同じ地区のK氏のI農園へ転籍している。I農園は積極的な農業経営を行う農家で年間を通して従業者の雇用があり、パインアップルのシーズンとなる夏場には5、6人の従業者が採

---

85 竹富町字上原、住吉地区S氏より2009年7月聞き取り、S氏は両親が移住者で現在20代である。
86 2009年9月、Y氏本人より聞き取り。Y氏は1997（平成9）年に西表島に来島している。その時に最初に職を得たのがP館での農業ヘルパーであった。本人によれば「大学時代には教員になることを目標としていた」ということであった。2016年に再度聞き取りを行った。

4.6. 開拓者と農業起業者が変革する中野・住吉地区

用され、農閑期の冬場でも複数名の従業者を抱える農園である。またこの農園は、ペンションも経営していて一年中スタッフがいた。Y氏は修業時代を振り返って「非常に不安であったけれどこれだけ離れたところ（西表島）に来ると（農業を）やっていくしかない」という気持ちで毎日暮らしていたようである。

独立以降、6月〜8月のパインアップル[87]のシーズンは朝6時頃から作業を開始し、収穫したパインアップルの梱包作業などが終了するのが夜9時から10時頃となる。実に忙しい毎日である。Y氏の農作業は、最近ではパインアップルも機械植えが可能となり、周囲の農家も機械植えをしているなかで、今でも手植えを励行している。パインアップルの収穫は全て手作業である。収穫が一段落した後は、次のシーズンの植え付けを行うため、同様な時間帯で働き続け、完全に終了するのは9月の終わり頃となる。夫婦2人には休みはない。冬季は地元の建設会社でアルバイトをしている。耕地拡大をした現在は繁忙期には従業者を雇い入れている。除草剤や肥料はJAから購入しているが販売はすべて独自ルートで行っている。これがパインアップル農家として起業を果たしたY氏の農業である[88]。

重要な販売方法であるがY氏は独自に開拓している。インターネットにホームページを開設して、年間を通して宣伝に努めている。効果がかなり上げっていて、収穫したほぼ全量は生果実による直接販売を行っている。現在では地方都市を中心として農産物の販売ではかなり実績を上げることができるツールになっている。さらにこの販売を支えているのが宅配制度である。

宅配制度は1976（昭和51）年にヤマト運輸によって開始されたものである[89]。手軽に全国へ荷物を送ることが可能となった宅配制度は地方都市の産物を販売するためには大きな武器になっている。Y氏の販売も宅配制度に支えられている。

---

87 パインアップルの苗は10aあたり3,500–4,000本の苗を植え付ける。前出Y氏。
88 Y氏より聞き取り。
89 ヤマト運輸「宅急便40年の歩み」http://www.kuronekoyamato.co.jp/ytc/corporate/ad/40th/（2017/1/10）。

第 4 章　西表島の農業活動と地域経済

表 4-17　新規就農にあたっての経営資源の調達

年次	1997 年	2000 年	2002 年	2008 年	2009 年	2010 年	2011 年	2012 年	2013 年
事業形態	ヘルパー (P 館にて)	ヘルパー (P 館にて)	独立			農事法人に 参加	ハウス栽培に 参加		
技能習得	P 館にて	P 館にて		農業試験場			マンゴー栽培 習得	有機栽培へ 挑戦	
農地			50a を借入	50a を借入	20a を借入	60a を借入		30a を購入	
労働力			2 人 家族	2 人 家族	2 人 家族	2 人 家族	2 人 家族	2 人 ヘルパー1 人	2 人 ヘルパー1 人
固定資産						農事法人で ハウス建設		農地購入	
資金対応			自己資金					自己資金 分割払い	
問題点		独立のための 農地の手当て	P 館より 農地借入		パインの単作 収益		差別化への 対応	パインを減し マンゴーへ	パインの 減農薬化

Y 氏より聞き取りの上筆者作成。

　Y 氏は独立に際しての農地の手当ては、修行時代の伝手で全て貸借している。Y 氏は独立時に中野地区の農地を 50a 借り入れてパイン栽培を始めた。農業の独立には農地の手当てが最も難しい作業である。中野地区は日当たりのよい斜面で西表島ではパインアップル栽培の中心地である。その後、借入農地を増やして 2.5ha まで耕地を拡大している、その中には皆星地区にある耕作放棄された荒廃農地も含まれている。現在、別の農地についても借り入れを検討している。

　難しかった農地の手当てについて、Y 氏は修業時代に K 氏と培った人間関係によって可能となったと述べている。Y 氏は修業時代について、「農業のことが何もわからない状態で西表島まで来たけれど、実際の栽培について学ぶことができ、何といっても人間関係が磨かれた」と語っている。今でもこの時のことを「基本」として生活している。

　独立以来、今のところ「順調に来ている」とのことで、経営面積が 2.5ha まで拡大して、2 種類[90] のパインアップルを栽培している。栽培方法は「非常にこだわりを持っていた」Y 氏は、「可能な限り肥料や農薬について工夫

---

90 西表島ではピーチ種とハワイ種が植えつけられている。Y 氏より聞き取り。

4.6. 開拓者と農業起業者が変革する中野・住吉地区

表4-18　沖縄県内モデル地区におけるパインアップルの経営分析

当地区のパイン生産者のリーダーの１人で、経営規模が地域平均より大きい事例として選定した。

（1）土地条件	国頭マージ
（2）作目構成及び規模	パインアップル 300 アール
（3）機械施設整備	軽トラック、動力噴霧器、ミニユンボ
（4）技術体系	
①品種	ピーチ 200 アール　ハワイ 100 アール
②栽植密度	3,300 本 /10a
③セル苗の購入	無
④共同選果施設利用の有無	無
（5）労働力（家事、雇用）	家事 1 名　　雇用 3 名

<table>
<tr><td colspan="2">選目</td><td>金額（円）</td><td colspan="6">算　出　基　礎　（円）</td></tr>
<tr><td rowspan="4">粗収入</td><td>パインアップル</td><td>9,180,000</td><td colspan="6"></td></tr>
<tr><td></td><td></td><td>年次</td><td>22</td><td></td><td></td><td></td></tr>
<tr><td></td><td></td><td>単価</td><td>280</td><td></td><td></td><td></td></tr>
<tr><td>合計</td><td>9,180,000</td><td colspan="6"></td></tr>
<tr><td rowspan="19">経営費</td><td>種苗費</td><td>24,000</td><td colspan="6"></td></tr>
<tr><td>肥料費</td><td>450,000</td><td colspan="6">パイン肥料２号、液肥。尿素、硫安</td></tr>
<tr><td>農薬費</td><td>300,000</td><td colspan="6">・殺虫剤
・殺菌剤</td></tr>
<tr><td>光熱費</td><td></td><td colspan="6">・ガソリン　　　　　　・水道
・軽油　　　　　　　　・電力
・潤滑油
・重油</td></tr>
<tr><td>諸材料費</td><td>430,000</td><td colspan="6">・誘引支柱
・誘引テープ等

・袋詰めテープ等</td></tr>
<tr><td>小農具費</td><td>90,000</td><td colspan="6"></td></tr>
<tr><td>雇用費</td><td>1,060,000</td><td colspan="6"></td></tr>
<tr><td>水利費</td><td>30,000</td><td colspan="6">土地改良費</td></tr>
<tr><td>共済掛金</td><td>430,000</td><td colspan="6"></td></tr>
<tr><td>荷造り包装費</td><td></td><td colspan="6">諸材料費に含む</td></tr>
<tr><td>運賃</td><td>2,500,000</td><td colspan="6">ゆうパック</td></tr>
<tr><td>販売手数料</td><td></td><td colspan="6"></td></tr>
<tr><td>小計</td><td>5,314,000</td><td colspan="6"></td></tr>
<tr><td>減価償却費</td><td>630,000</td><td colspan="6">・建物、構築物
・農機具</td></tr>
<tr><td>修繕費</td><td>380,000</td><td colspan="6"></td></tr>
<tr><td>合計</td><td>6,324,000</td><td colspan="6"></td></tr>
<tr><td colspan="2">農 業 所 得</td><td>2,856,000</td><td colspan="6">（所得率：31.1%）</td></tr>
</table>

出所：2010（平成 22）年度沖縄県革新的技術導入経営体支援事業における産地コンサルタントの作成した資料より筆者作成。

注 (1) 国頭マージは沖縄県本島中北部・石垣島・久米島・伊平屋島・伊是名島・慶良間諸島等に広く分布している赤色〜黄色を呈する。

酸性の粘土土である。　内閣府沖縄総合事務所　農林水産部農村振興課

第 4 章　西表島の農業活動と地域経済

表 4-19　果樹類宅配荷物取扱個数

集計局名	種類	2012 年	2013 年	2014 年	2015 年
八重山郵便局	パインアップル	75,970	-	-	64,960
	マンゴー	15,076	-	-	9,267
西表島郵便局	パインアップル	27,000	26,000	30,000	
	マンゴー				

出所：八重山毎日新聞記事より筆者作成。
注 (1) 八重山地域から発送されている宅配荷物の個数は公表されていない。
　　　 この数値は年度によって各郵便局から発表されたものであり発表されない年度もある。
　　 (2) 単位は「個」で西表島郵便局の分は合計数値になっている。
　　 (3) この数値は年間 (6 月～ 8 月) の個数になっている。

して行う」ものである。そのため近隣農家と栽培方法について肥料や農薬について見解を異にすることが多かった。Y 氏のこだわりの部分は「農業者としての使命感」と述べている。「食の安全性」へのこだわりで減農薬がどこまで可能かにあった。肥料についても、今のところは化成肥料と鶏糞を配合して使用しているが、将来は化成肥料を使用しないで栽培を行うことが Y 氏の目標になっている。現状では研究を重ねながら「無農薬有機栽培の確立」に向けて研究中である。実際、パインアップルの無農薬栽培あるいは自然農法に近い栽培は非常に難しいもののようである。減農薬と土の殺菌剤は使用して、全体の量を抑えることを励行している。新種の栽培も考えていて、島内で導入されていないマンゴー[91] を考えている。Y 氏が一時悩んだ点があったのは「農地が地続きであるため一人の考え方で行うことが難しい」という点であった。近隣農家との調整が農業では必ず問題として現れる。

　Y 氏が戸惑ったのは、農業問題よりも独立に際して、地域活動に「どのように入っていくか」という点であった。6 年間という修業時代があり、自分自身、十分理解していたつもりであっても、実際に経験すると難しいのが地域の慣習であった。沖縄県は独特の助け合いの慣習が今でも残っている。この助け合いを良いものと理解していても戸惑うようである。西表島は小さな島で人口も 2,300 名 (聞き取り当時) ほどで親戚関係が多く「島民同士」が「友

---

91 宮古島などで作られている緑色の「キーツ」という種類。またマンゴー栽培の団地化に関して
　 K 氏と法人を結成している。

256

4.6. 開拓者と農業起業者が変革する中野・住吉地区

人・知人」という関係である。地区には公民館があり、ここで日頃の地区内の問題が話し合われている。区長は持ち回り制であるが、区長は年間の三分の二の日数は公民館の用事を抱えることになる。この公民館活動によって地域で認知されることになる。

来島前、Y氏は日本を代表する都市に居住していた。都市部では「人間関係の希薄化」が問題になっている。Y氏は西表島で農業を決意した時点で、この島で求められている「地域への貢献と濃密な人間関係の中に自分を置くことを決意」[92]している。離島地域にとって共通の問題として、行政組織が隅々まで地域の維持管理をするのは不可能なことである。そのため地域住民が行政組織の一部を代替しなければ日常生活を完結することができないのである。顕著な例として、消防や警察の役割に関して防火から防犯での役割、火災や怪我人発生の場合の処置や行方不明者の捜索まで実に幅広い分野まで行われている。

また年間を通して祭礼行事が行われるためその対応も必要なことである。祭礼行事は、本来、地元住民の手によって行われるものであったが、地域の過疎化と高齢化によって旧住民だけで担うことができない状態にある。主要な祭礼行事は移住者を中心とした若者たちによって維持されている。これが日常行われる公民館での活動の一部になっている。

この幅広い「公民館活動」にどのようにかかわれるかということが「試金石」なのである。離島地域は、経済的には所得の低い地域であるが、その中で自分の仕事を一部犠牲にしても地域活動が優先される場合が多い。しかし、これを超えられなければ農業という広い地域を利用して行う事業には参加することができない。どこまで地域活動に関わってよいのか難しいという。これらの課題を抱えながらY氏は日常の農業生産を行っている。

---

92 Y氏より聞き取り。

4.6.3. 小括−地区の展望−中野・住吉

　西表島で最初の開拓移住が行われた地区である。パイオニアとして多彩な住民や移住者が多いという特徴がこの地区であり、その多彩さについて「合衆国」と命名されている。

　この地区は全体がなだらかな丘陵地帯で、日当たりの良い丘陵を利用した果樹の生産地である。西表島の中では地域全体として人口増加があり、農業においても新規就農が行われている地区である。

　景勝地である宇奈利崎は、一帯がかつてこの地区の耕作放棄地の発生していた地域である。2008（平成20）年の調査では、宇奈利崎地区には耕作放棄地が確認されていたが2011（平成23）年からの調査では、耕作放棄地を減少させている。この地区の特徴は、地区全体で農地の貸借が進んでいる地域である。2015（平成27）年の最新の農業センサスでは、中野と住吉の地区では30.4haの農地について貸借が行われている。経営耕地の規模拡大も農業センサスの状況では順調に行われている。この状況は地区の農家の経営状況の反映である。

　当時（1956年）では、地区の経済を支えていたのが缶詰工場であったが、脆弱な経済状況の下で経営破綻は十分予想できた。この30年について過去を総括した上で、収益性の確保を命題としたことが、この地区の農業経営の進歩だろう。条件的には、インターネットの普及や宅配制度の導入などの面は当然あるが、現地の農家が主体的に果樹栽培に取り組んだ成果である。パインアップルは全量が生果実として販売されている。実際に高額所得の農家が誕生し、地区全体の農家の所得もボトムアップされている。マンゴーは栽培が始まって日が浅いため、成果を見るためにはもう少し日数が必要だろう。

　収益性中心の経営は新規就農においても影響を与えている。地区のパインアップル農家では、規模拡大を果たす農家があり、そうした農家は必ず従業者を抱えている。現地ではヘルパーと呼ばれているが、彼らが新規就農者へ育つケースが非常に多くなっている。新規就農を志す者にとっては、技術を

4.6. 開拓者と農業起業者が変革する中野・住吉地区

習得する期間として、農家での作業が実地研修となり、農家にとっても就農して継続できるかどうか見定める良い期間となっている。

もう一つは、専業経営であった農業から、民宿などを兼業で行う農家が多いのも特徴である。観光客数は毎年前年を上回る状態である。西表島を訪れる観光客は、複数回訪れるリピーターによって支えられ、農家の民宿も非常に活況である。開拓移住以来、何度も紆余曲折を経ながら行われてきた農業であるが、農業経営の安定に加えて兼業化も行われ、親は農業で子弟たちは観光なども合わせて経営が行われている。これがこの地区の農業の強みなのであろう。こうした循環も耕作放棄地の解消に役立っている。

この地区には宇奈利崎という西表島の景勝地がある。しかし、長い間リゾート建設の失敗の跡として廃墟になった施設が放置されていた。現在、宇奈利崎には公園が整備されているが、農業が作り出す景観は美しいものがある。自然資源の活用として最高のものだろう。離島の経済規模は小さなものであるが、この地区は農業を媒介として観光業などへの波及もあり、雇用の創出という点では新たな人材の受け入れ先となることができる地域であろう。

4.7. 祖納・干立地区の農業活動

4.7.1. 耕作放棄地と農村集落の特徴

浦内川を渡った地域が西表島西部の祖納と干立の地区である。西表島の歴史を有する地区である。農業を主産業としてきた地域であるが、この地区には広大な耕作放棄地が発生している。この地区の耕作放棄地の発生の要因と現状について分析しよう。

浦内川を渡り県道の左側に広大な耕作放棄地が広がっている。これが皆星（みなぼし）と呼ばれかつては西表島の水田地帯であった。現在ではおよそ半世紀近い耕作放棄の歴史を有する荒廃地になっている。皆星から先へ行くと、右側に海に突き出るように二か所の地区がサーチと呼ばれる、広大な耕作放棄地になっている。この三つの地区を合わせると合計220筆で面積が201,608m^2（20.1ha）という耕作放棄地が存在している[93]。

皆星の現状は、写真のようにススキとガマの穂が一面を覆いつくし、さらに亜熱帯特有のマングローブによって、ここが水田であったことが分からない状態になっている。稲作にとって有害なイノシシの巣も作られている。この状態はサーチも同様である。干立地区にはすでに農業を行っている者は無く、農業は祖納地区の農家によって営まれている。

皆星の耕作放棄地であるが、わずかに2015（平成27）年の調査結果で荒廃の解消が行われている。解消された農地は、皆星の中でコンディションの良いところで、所有者が独力で整備を行ったもので、農地として回復させたと言うものである[94]。

---

93 耕作放棄地に関する数値は竹富町農業委員会のものを利用している。
94 竹富町西表在住、祖納地区O氏より2009年7月聞き取り、2016年に再度聞き取りを行った。

4.7. 祖納・干立地区の農業活動

皆星地区の耕作放棄地は現在では一部では牛舎や採草地として使われているが耕作放棄が行われてすでに半世紀近く経過する（2009年9月2日、筆者撮影）

浦内川は沖縄県最大の河川で、上流には沖縄県の名滝選に選ばれたマリュウドカンピレーの滝がある（2011年11月21日、筆者撮影）

第 4 章　西表島の農業活動と地域経済

　表4-22から表4-26は皆星と干立の地区で、耕作放棄された農地の実数について、竹富町農業委員会が作成した耕作放棄地の資料から作成したものである。耕作放棄地の発生した要因を考えると、西表島西部地域は、本土の中山間地域で発生した耕作放棄地の発生要因と類似していることが考えられる。

　西部地域の耕作放棄地は発生以来半世紀を経過している。この地域は西表島の米作地帯で地域全体が農業を産業としてきた。現在も西表島を代表する水田地帯があり、一年に二回収穫が行われる白米と黒米の産地である。農業に限らず伝統行事の多い地域としても知られる地域であるが、歴史性のある古い集落であるため、外部からの人の流入という点が欠けている。

　離島の伝統集落の生活習慣では、「地元の中学を終わると親と一緒に農業をやるのがこの地域の一般的な家庭」[95] であり、中学卒業後は「家族労働の一員」[96] として農業に従事するという形態であった。東部地域で行われていた、近郊の離島からの船を使った形態の耕作は、この地区では見られるものではなかったようだ[97]。

　時代の変化によって、「本土復帰が近くなったころからこの辺りもみんな中学を卒業すると高校進学が普通になった」[98] ため、地域から高校進学のため島外へ若者の流出が始まった。労働力としていた「家族が欠ける」[99] ことによって耕作に支障がでたことが考えられることである。米作の専業であったため収益を上げることが難しかったのがこの地域である。こうした連鎖によって、離農者が相次ぎ最終的に皆星とサーチ地区は耕作するものが不在の状態となった。西表島全体が本土復帰を挟んだ10年間に、人口減少が起こっ

---

95 祖納在住 H 氏より 2009 年 7 月に聞き取り、H 氏は育った家庭が農家であり、H 氏自身、中学を卒業後は家族とともに農業を行っていた。現在では西表の運輸関係の企業で雇用され従事している。
96 当時では機械が導入されていなかったことがあり人手を要していたということである。前出 H 氏。
97 白浜に流れ込んでいる仲良川流域一帯には半世紀前までは水田があったということである。この水田まで祖納地区周辺から耕作に出かけていたということである。当時では 20 軒くらいが通っていたということである。前出 H 氏。
98 教育のインフラが欠如していたことを H 氏は述べている。
99 当時は家族単位の労働形態がこの地区では一般的であった。前出 H 氏。

4.7. 祖納・干立地区の農業活動

表 4-20 農業集落別の専・兼業農家数

地区	実施年	総農家数	専業	兼業	第 1 種兼業	第二種兼業
祖納	2000 年	13	8	5	3	2
	2005 年	13	5	8	4	4
	2010 年	10	6	4	1	3
	2015 年	8	5	3	1	2

出所：農業センサスの集落カードを利用して筆者作成。
注 (1) 単位は戸。
  (2) 干立集落は祖納に合算している。

表 4-21 経営耕地面積規模別農家数

地区	実施年	0.3-0.5	0.5-1.0	1.0-1.5	1.5-2.0	2.0-3.0	3.0-5.0	5.0-10.0	10.0-20.0
祖納	2000 年	1	4	2	2	3	1	-	-
	2005 年	3	4	1	1	2	2	-	-
	2010 年	1	3	1	1	2	1	1	-
	2015 年	-	3	1	1	2	-	1	-

出所：農業センサスより集落カードを利用して筆者が作成。
注 (1) 単位は戸と面積が ha。
  (2) 干立地区に居住する農家はない。

ているが、この地区でも過疎化は無縁でなく、出稼ぎなどで集落から人口流出が起こっている。しばらくの間は、残った高齢者らによってかろうじて耕作が行われていた[100]。1990（平成 2）年前後を境にして耕作するものが不在の状況となったようである。

　農地のコンディションも考えなければならないだろう。皆星とサーチは、浦内川の河口や海に接した場所であるため、海水が流入する問題を抱えていた。高度経済成長の時代は、様々な農機具の導入が行われるようになった。しかしこの地区では、水田の状況が悪く機械の導入を行うことができず、手作業が継続されていたそうである[101]。最終的に人の空洞化によって完全に耕作放棄されたものである。

　表 4-22 から表 4-26 に記載された登記の移動によれば、一部では相続などによって登記の移転が行われているが、半世紀近い歴史の中で、ほとんどの農地で登記の移転がなされていない。すでに所有者は亡くなられているこ

---

100 前出 H 氏。
101 本土では谷地田と呼ばれるもので地下水などが湧いている場所の農地で機械の導入が難しい農地である。

第4章 西表島の農業活動と地域経済

表4-22 皆星地区荒廃農地の荒廃解消に関する調査結果

大字	字	地番	枝番	地目	面積(㎡)	2011年 荒廃	解消	2012年 荒廃	解消	2013年 荒廃	解消	2014年 荒廃	解消	2015年 荒廃	解消	農地所有者居住地	登記の移転
西表	皆星	1405		田	7,308	○		○		○		○		○		竹富町西表	無
		1406		田	1,405	○		○		○		○		○		竹富町西表	無
		1407		田	1,337	○		○		○		○		○		石垣市	相続
		1408		田	1,236	○		○		○		○		○		竹富町西表	無
		1409		田	1,204	○		○		○		○		○		石垣市	相続
		1410		原野	1,586	○		○		○		○		○		名護市	無
		1411		田	1,050	○		○		○		○		○		石垣市	相続
		1412		田	1,837	○		○		○		○		○		名護市	無
		1413		田	1,457	○		○		○		○		○		名護市	無
		1414		田	3,044	○		○		○		○		○		島尻郡南風原	相続
		1415		田	2,328	○		○		○		○		○		竹富町西表	無
		1416		田	1,103	○		○		○		○		○		竹富町西表	無
		1417		田	296	○		○		○		○		○		竹富町西表	無
		1418		原野	522	○		○		○		○		○		石垣市	無
		1419		田	643	○		○		○		○		○		名護市	無
		1420	1	田	356	○		○		○		○		○		石垣市	無
		1420	2	田	1,243	○		○		○		○		○		名護市	無
		1421		田	1,193	○		○		○		○		○		竹富町西表	無
		1422		田	2,371	○		○		○		○		○		竹富町西表	無
		1423		田	1,037	○		○		○		○		○		竹富町西表	無
		1424		田	330	○		○		○		○		○		石垣市	無
		1425	2	田	258	○		○		○		○		○		竹富町上原	売買
		1426		田	1,062	○		○		○		○		○		那覇市	無
		1427		田	1,358	○		○		○		○		○		石垣市	無
		1428		田	1,426	○		○		○		○		○		竹富町上原	無
		1429		田	1,157	○		○		○		○		○		石垣市	無
		1430		原野	1,873	○		○		○		○		○		竹富町上原	無
		1431		原野	4,762	○		○		○		○		○		竹富町西表	贈与
		1432		原野	1,356	○		○		○		○			○	竹富町西表	贈与
		1433		田	1,191	○		○		○		○		○		石垣市	無
		1434		田	1,686	○		○		○		○		○		石垣市	無
		1435	1	田	2,064	○		○		○		○		○		竹富町西表	無
		1435	2	田	3,509	○		○		○		○		○		竹富町西表	無
		1436		原野	390	○		○		○		○			○	竹富町西表	無
		1437		田	4,154	○		○		○		○			○	竹富町西表	無
		1439		田	1,134	○		○		○		○		○		竹富町西表	相続
		1440	1	田	180	○		○		○		○		○		島尻郡南風原	無
		1440	2	田	441	○		○		○		○		○		島尻郡南風原	無
		1441		田	162	○		○		○		○		○		石垣市	無
		1442		田	1,559	○		○		○		○		○		石垣市	無
		1443		田	1,686	○		○		○		○		○		石垣市	無
		1444	1	田	935	○		○		○		○		○		竹富町祖納	売買
		1445	1	田	643	○		○		○		○		○		竹富町西表	無
		1446	1	田	2,223	○		○		○		○		○		沖縄市	無
		1449	1	原野	2,643	○		○		○		○		○		竹富町西表	無
		1459		田	3,613	○		○		○		○			○	竹富町西表	無
		1462	1	田	49	○		○		○		○		○		石垣市	無
		1462	2	田	493	○		○		○		○		○		石垣市	無
合計荒廃面積・筆数			47筆		74,893㎡	47筆		47筆		47筆		47筆		43筆			
合計解消面積・筆数			4筆		9,513㎡										4筆		

出所：竹富町農業委員会、農地台帳より筆者作成

4.7. 祖納・干立地区の農業活動

表 4-23　干立地区荒廃農地の荒廃解消に関する調査結果 (1)

荒廃農地確認年月日 (2008年10月17日)						2011年現在の状況		2012年現在の状況		2013年現在の状況		2014年現在の状況		2015年現在の状況		農地所有者居住地	登記の移転
大字	字	地番	枝番	地目	面積(㎡)	荒廃解消の有無		荒廃解消の有無		荒廃解消の有無		荒廃解消の有無		荒廃解消の有無			
						荒廃	解消	荒廃	解消	荒廃	解消	荒廃	解消	荒廃	解消		
西表	干立	1058	1	畑	170	○		○		○		○		○		竹富町上原	無
		1058	2	畑	321	○		○		○		○		○		石垣市	無
		1058	3	畑	298	○		○		○		○		○		竹富町上原	無
		1059		田	660	○		○		○		○		○		竹富町西表	無
		1060		田	542	○		○		○		○		○		福岡県赤井村	無
		1061		田	314	○		○		○		○		○		竹富町西表	無
		1062		田	1,164	○		○		○		○		○		竹富町西表	無
		1063		田	608	○		○		○		○		○		竹富町西表	無
		1064		田	730	○		○		○		○		○		竹富町西表	無
		1065		田	148	○		○		○		○		○		石垣市	無
		1066		田	187	○		○		○		○		○		石垣市	無
		1067		田	295	○		○		○		○		○		石垣市	無
		1068		田	887	○		○		○		○		○		石垣市	無
		1073		田	918	○		○		○		○		○		竹富町西表	無
		1075		田	497	○		○		○		○		○		竹富町西表	無
		1076		田	259	○		○		○		○		○		竹富町西表	無
		1077		田	888	○		○		○		○		○		竹富町西表	無
		1078		田	350	○		○		○		○		○		竹富町西表	無
		1086		田	814	○		○		○		○		○		竹富町西表	無
		1087		田	446	○		○		○		○		○		沖縄市	無
		1088		田	966	○		○		○		○		○		竹富町西表	無
		1089		田	255	○		○		○		○		○		那覇市	相続
		1090		田	354	○		○		○		○		○		竹富町西表	無
		1091		田	504	○		○		○		○		○		竹富町西表	無
		1092		田	206	○		○		○		○		○		竹富町干立	無
		1093		田	456	○		○		○		○		○		竹富町西表	無
		1099		畑	799	○		○		○		○		○		石垣市	無
		1100		畑	323	○		○		○		○		○		石垣市	無
		1102		畑	474	○		○		○		○		○		石垣市	無
		1105		畑	597	○		○		○		○		○		竹富町西表	無
		1115		畑	419	○		○		○		○		○		豊見城市	相続
		1116		畑	518	○		○		○		○		○		石垣市	贈与
		1118		畑	549	○		○		○		○		○		竹富町干立	無
		1120		畑	298	○		○		○		○		○		竹富町干立	無
		1121		畑	433	○		○		○		○		○		石垣市	無
		1122		畑	689	○		○		○		○		○		石垣市	無
		1123		畑	448	○		○		○		○		○		豊見城市	相続
		1125		畑	510	○		○		○		○		○		竹富町西表	無
		1126		畑	438	○		○		○		○		○		那覇市	相続
		1127		畑	556	○		○		○		○		○		石垣市	無
		1128		畑	219	○		○		○		○		○		那覇市	相続
		1129		畑	218	○		○		○		○		○		豊見城市	相続
		1130		畑	681	○		○		○		○		○		石垣市	無
		1131		畑	440	○		○		○		○		○		石垣市	贈与
		1132		畑	484	○		○		○		○		○		石垣市	無
		1133		畑	455	○		○		○		○		○		竹富町西表	無
		1134		畑	738	○		○		○		○		○		竹富町西表	相続
		1136		畑	322	○		○		○		○		○		豊見城市	相続
		1137		畑	214	○		○		○		○		○		豊見城市	相続
		1138		畑	433	○		○		○		○		○		竹富町西表	無
		1139		畑	612	○		○		○		○		○		竹富町西表	相続
		1140		畑	245	○		○		○		○		○		竹富町西表	無
		1141		畑	239	○		○		○		○		○		竹富町西表	無
		1142		田	267	○		○		○		○		○		竹富町西表	無
合計面積・筆数			53筆		25,855㎡	53筆		53筆		53筆		53筆		53筆			

出所：竹富町農業委員会、農地台帳より筆者作成

第 4 章　西表島の農業活動と地域経済

表 4-24　干立地区荒廃農地の荒廃解消に関する調査結果（2）

| 荒廃農地確認年月日（2008 年 10 月 17 日） | | | | | | 2011 年現在の状況 | | 2012 年現在の状況 | | 2013 年現在の状況 | | 2014 年現在の状況 | | 2015 年現在の状況 | | 農地所有者居住地 | 登記の移転 |
| 大字 | 字 | 地番 | 枝番 | 地目 | 面積(㎡) | 荒廃解消の有無 | | 荒廃解消の有無 | | 荒廃解消の有無 | | 荒廃解消の有無 | | 荒廃解消の有無 | | | |
						荒廃	解消	荒廃	解消	荒廃	解消	荒廃	解消	荒廃	解消		
西表	干立	1143		畑	203	○		○		○		○		○		竹富町西表	無
		1144		畑	120	○		○		○		○		○		石垣市	無
		1145		畑	1,092	○		○		○		○		○		中頭郡	相続
		1146		畑	905	○		○		○		○		○		竹富町西表	無
		1147		田	138	○		○		○		○		○		竹富町西表	無
		1148		田	123	○		○		○		○		○		石垣市	無
		1149		田	232	○		○		○		○		○		石垣市	無
		1150		田	155	○		○		○		○		○		石垣市	無
		1151		畑	132	○		○		○		○		○		竹富町西表	無
		1152		畑	522	○		○		○		○		○		竹富町西表	無
		1154		畑	1,472	○		○		○		○		○		竹富町西表	無
		1165		畑	577	○		○		○		○		○		竹富町西表	無
		1183		田	370	○		○		○		○		○		竹富町西表	無
		1184		田	663	○		○		○		○		○		竹富町西表	無
		1185		田	302	○		○		○		○		○		竹富町西表	無
		1187		田	3,217	○		○		○		○		○		竹富町西表	無
		1188		田	420	○		○		○		○		○		竹富町西表	無
		1189		田	182	○		○		○		○		○		竹富町西表	無
		1190		田	429	○		○		○		○		○		竹富町西表	無
		1191		田	413	○		○		○		○		○		竹富町西表	無
		1192		田	960	○		○		○		○		○		竹富町西表	無
		1193		田	1,218	○		○		○		○		○		竹富町西表	無
		1194		田	2,089	○		○		○		○		○		那覇市	無
		1195		田	163	○		○		○		○		○		石垣市	無
		1196		田	351	○		○		○		○		○		竹富町西表	無
		1197		田	221	○		○		○		○		○		竹富町西表	無
		1198		田	345	○		○		○		○		○		竹富町西表	無
		1200		田	269	○		○		○		○		○		竹富町西表	無
		1201		田	143	○		○		○		○		○		竹富町西表	無
		1202		田	200	○		○		○		○		○		竹富町西表	無
		1203		田	289	○		○		○		○		○		竹富町西表	無
		1204		田	111	○		○		○		○		○		竹富町西表	無
		1216	1	田	187	○		○		○		○		○		那覇市	無
		1216	2	田	213	○		○		○		○		○		那覇市	相続
		1217		田	95	○		○		○		○		○		竹富町西表	無
		1218	1	田	215	○		○		○		○		○		竹富町西表	無
		1218	2	田	216	○		○		○		○		○		竹富町西表	無
		1219		田	279	○		○		○		○		○		竹富町西表	無
		1220		田	205	○		○		○		○		○		竹富町西表	無
		1222		田	444	○		○		○		○		○		中頭郡	相続
		1224	1	田	2,963	○		○		○		○		○		石垣市	無
		1224	2	田	1,080	○		○		○		○		○		石垣市	無
		1226		田	1,049	○		○		○		○		○		石垣市	無
		1227		田	740	○		○		○		○		○		石垣市	無
		1228		田	1,985	○		○		○		○		○		中頭郡	相続
		1230		田	1,155	○		○		○		○		○		中頭郡	相続
		1231		田	739	○		○		○		○		○		中頭郡	相続
		1232		田	497	○		○		○		○		○		中頭郡	相続
		1234		田	274	○		○		○		○		○		石垣市	無
		1235		田	2,922	○		○		○		○		○		竹富町上原	無
		1236		田	103	○		○		○		○		○		石垣市	無
		1237		田	679	○		○		○		○		○		石垣市	無
		1238		田	1,057	○		○		○		○		○		石垣市	無
		1241		田	115	○		○		○		○		○		石垣市	無
合計面積・筆数			53 筆		35,238㎡	53 筆		53 筆		53 筆		53 筆		53 筆			

出所：竹富町農業委員会、農地台帳より筆者作成

4.7.　祖納・干立地区の農業活動

表 4-25　干立地区荒廃農地の荒廃解消に関する調査結果（3）

大字	字	地番	枝番	地目	面積(㎡)	荒廃	解消	荒廃	解消	荒廃	解消	荒廃	解消	荒廃	解消	農地所有者居住地	登記の移転
						2011年現在の状況 荒廃解消の有無		2012年現在の状況 荒廃解消の有無		2013年現在の状況 荒廃解消の有無		2014年現在の状況 荒廃解消の有無		2015年現在の状況 荒廃解消の有無			
西表	干立	1242		田	383	○		○		○		○		○		石垣市	無
		1243		田	1,122	○		○		○		○		○		竹富町西表	無
		1244		田	979	○		○		○		○		○		竹富町西表	無
		1245		田	1,329	○		○		○		○		○		石垣市	無
		1248		田	2,305	○		○		○		○		○		那覇市	相続
		1249		田	976	○		○		○		○		○		豊見城市	相続
		1250		田	1,193	○		○		○		○		○		竹富町西表	無
		1251		田	1,265	○		○		○		○		○		竹富町西表	無
		1252		田	889	○		○		○		○		○		豊見城市	相続
		1256		田	595	○		○		○		○		○		石垣市	無
		1258		田	675	○		○		○		○		○		豊見城市	無
		1264		田	1,039	○		○		○		○		○		那覇市	相続
		1268		田	1,589	○		○		○		○		○		中頭郡	相続
		1271		田	762	○		○		○		○		○		豊見城市	無
		1273		田	1,328	○		○		○		○		○		豊見城市	無
		1274		田	3,662	○		○		○		○		○		石垣市	無
		1281		田	564	○		○		○		○		○		豊見城市	無
		1282		田	1,712	○		○		○		○		○		静岡県沼津市	無
		1284		田	458	○		○		○		○		○		中頭郡	相続
		1285		田	148	○		○		○		○		○		豊見城市	相続
		1286		田	422	○		○		○		○		○		中頭郡	相続
		1287		田	632	○		○		○		○		○		竹富町西表	無
		1288		田	543	○		○		○		○		○		石垣市	贈与
		1289		田	431	○		○		○		○		○		竹富町西表	無
		1291		田	3,037	○		○		○		○		○		石垣市	無
		1292		田	3,073	○		○		○		○		○		竹富町西表	無
		1295		田	1,195	○		○		○		○		○		石垣市	無
		1297		田	907	○		○		○		○		○		石垣市	無
		1298		田	604	○		○		○		○		○		石垣市	無
		1299		田	2,702	○		○		○		○		○		竹富町西表	無
		1300		田	524	○		○		○		○		○		石垣市	無
		1303		田	575	○		○		○		○		○		那覇市	無
		1304		田	869	○		○		○		○		○		竹富町西表	無
		1305		田	615	○		○		○		○		○		石垣市	無
		1306		田	1,220	○		○		○		○		○		石垣市	無
		1307		田	3,112	○		○		○		○		○		竹富町西表	無
		1309		田	989	○		○		○		○		○		石垣市	無
		1310		田	323	○		○		○		○		○		静岡県沼津市	無
		1312		田	249	○		○		○		○		○		竹富町西表	無
		1315		田	983	○		○		○		○		○		石垣市	相続
		1317		田	554	○		○		○		○		○		石垣市	無
		1318		田	807	○		○		○		○		○		竹富町西表	無
		1319		田	167	○		○		○		○		○		石垣市	無
		1320		田	493	○		○		○		○		○		石垣市	無
		1321		田	888	○		○		○		○		○		中頭郡	相続
		1322		田	1,082	○		○		○		○		○		石垣市	無
		1323		田	1,325	○		○		○		○		○		石垣市	無
		1326		田	767	○		○		○		○		○		石垣市	無
		1328		田	633	○		○		○		○		○		石垣市	無
		1329		田	1,381	○		○		○		○		○		石垣市	無
		1332		田	624	○		○		○		○		○		石垣市	無
		1333		田	1,509	○		○		○		○		○		静岡県沼津市	無
		1335		田	204	○		○		○		○		○		石垣市	無
		1337		田	307	○		○		○		○		○		石垣市	無
合計面積・筆数			53筆		56,719㎡	53筆		53筆		53筆		53筆		53筆			

出所：竹富町農業委員会、農地台帳より筆者作成

第 4 章　西表島の農業活動と地域経済

表 4-26　干立地区荒廃農地の荒廃解消に関する調査結果（4）

荒廃農地確認年月日（2008年10月17日）						2011年現在の状況		2012年現在の状況		2013年現在の状況		2014年現在の状況		2015年現在の状況		農地所有者居住地	登記の移転
						荒廃解消の有無		荒廃解消の有無		荒廃解消の有無		荒廃解消の有無		荒廃解消の有無			
大字	字	地番	枝番	地目	面積(㎡)	荒廃	解消	荒廃	解消	荒廃	解消	荒廃	解消	荒廃	解消		
西表	干立	1338		田	481	○		○		○		○		○		石垣市	無
		1339		田	738	○		○		○		○		○		石垣市	無
		1340		田	383	○		○		○		○		○		石垣市	無
		1341		田	72	○		○		○		○		○		竹富町西表	無
		1342		田	54	○		○		○		○		○		静岡県沼津市	無
		1343		田	257	○		○		○		○		○		沖縄市	無
		1344		田	468	○		○		○		○		○		竹富町西表	無
		1345		田	339	○		○		○		○		○		静岡県沼津市	無
		1346		田	475	○		○		○		○		○		沖縄市	無
		1347		田	691	○		○		○		○		○		竹富町西表	無
		1348		田	514	○		○		○		○		○		石垣市	無
		1349		田	769	○		○		○		○		○		竹富町西表	相続
		1351		田	858	○		○		○		○		○		石垣市	無
		1352		田	1,811	○		○		○		○		○		竹富町上原	無
		1355		田	993	○		○		○		○		○		石垣市	無
合計面積・筆数		173筆			126,715㎡	173筆		173筆		173筆		173筆		173筆			

出所：竹富町農業委員会、農地台帳より筆者作成

とが考えられる。皆星とサーチの農地の所有者は、島内に約三割の方が居住されているが、いずれもかなりの高齢者である[102]。所有者の大半が島内から外部に流出している状況である。居住者が近隣に不在の場合は法的な問題が発生した場合は時間を要することになる。こうした条件によってこの地区の耕作放棄地は出来上がっている。耕作放棄地の解消という問題に関しては極めて難しいと考えられるのがこの地区であろう。

　統計による地域農業の状況である。2000（平成 12）年の農業センサスでは、地域の総農家数は 13 軒というものであるが、2015（平成 27）年の農業センサスでは、総農家数が 8 軒になっている。その内容は、専業農家が 5 軒であり、農業経営者の面から見て、地域の農業が極めて脆弱化していることが考えられる。農業従事者の平均年齢は祖納地区の平均年齢は 58.8 歳である[103]。西表島では、高収益の農業を志向する農家が既に多く誕生しているが、この地区は他地区と様子が異なっているようである。最新の農業センサスでは、販売金額別の農家数では、500 万円から 1,000 万円までの農家に 1 軒が該当している。他地区と比較して農業経営について、今後の発展に関して難しいと考えざるを得ない状況にあるのがこの地区だろう。

102 前出 H 氏。
103 2015（平成 27）年の農業センサスの集落カードより判明しているものである。

4.7. 祖納・干立地区の農業活動

　農地流動化の状況であるが、離農者の農地は現状では貸借によって耕作者へ引き継がれて統計上で約6.5haが借入農地になっている。皆星に関しては、地元の農家が土地改良の要請をしているが、現実として行われる可能性は非常に低いものである[104]。西部地域でも土地改良が実施されてきたが、この地域での水田は限られたものになっている。

　西表島の西部地域では農業を行うための環境としては非常に厳しい状況の中に置かれている。農業のみならず、伝統集落として地域の人口減少の問題と併せて、考えなければならないだろう。

4.7.2.　伝統地区での取り組み

　祖納と干立の地区は祭礼行事の豊富な地域である。人口動態では、外部からの人口の流入に乏しい地域であり、西表島でも人口減少の激しい地区である。東部の大原港を中心とした地域や、上原港近隣の中野や住吉地区では、人口の流動化など新たな動きが見られているが、伝統地区の動きは鈍いものである。こうした地区が、再び活性化を取り戻すための地道な取り組みや、移住者たちの営みが行われている。

　干立はすでに地区内に農業を営む者が不在で、干立地区の水田はすべてが耕作放棄地になっている。地区の居住者が自給用に米をわずかに栽培している程度である。二つの地区はともに歴史ある伝統集落であるが、内部を見ると異なった点が存在する。祖納地区は中世には西表島の行政の中心が置かれていて、地区全体が石垣に囲まれた佇まいで、何代にも渡って居住し続けてきた人々の地区である。干立も古い地区であるが、祖納と比較すると、過疎化による人口減少が起こった後に、外部からの人口流入が起こった地区である。

　伝統行事では7月の豊年祭と10月の節祭が一大イベントになっている。現在、祖納では農業への取り組みが行われているが干立は観光業が中心となっている。地域に人々を呼び戻すためには経済の再建が必須である。現状

---

104 祖納在住。前出O氏。

では、干立などには若い夫婦の増加で、学区内の西表小学校の児童数が5年前に比べると増加している。毎年夏には地区の青年会による砂浜でのコンサートが開催され、このコンサートは地区の活性化運動をする者や、本土で音楽活動をする者など多彩な顔ぶれで行われている。沖縄県の若者は、音楽を志す者が多く、西表島にも音楽家としてデビューしている者が3名いる。干立地区の出身で音楽家のY氏[105]も全国活動を行い、NGOの活動家であり地元の若者と移住者との協働の活動を行っている。干立地区の現状は、移住者と地元住民の協働なくしては成り立たない地区になっている。

祖納では農家数が減少している中で、新しい取り組みとして、農業に観光の要素を取り込み活性化に挑む活動が行われている。鍵を握る祖納地区のO氏の農業経営から農業を通した活性化への検討を行いたい。また、移住者の多い干立地区では、どのような生活実態が存在するのか非常に興味深いものである。

4.7.3. 「米店」を開設した米作農家の取り組み

祖納地区のO氏は、18歳で本土の電気関係の企業に就職したが、郷里の西表島に帰り専業農家を継いでいる。祖納地区の米作りを行う専業農家では、最大規模の作付けをしている農家である。米の他には養鶏も行っている。

O氏の経営するO農園の規模を明らかにしよう。耕作農地であるが、自己所有は水田が約8haでその他に借入[106]と作業受託が約6haという規模で、それぞれの水田に米作りを行っている[107]。作業はすべて機械化されていて、トラクター・コンバイン・田植機・乾燥機などすべて揃っている。

作付けは「ひとめぼれ」と西表島特産の「黒米」を作っている。米は年に2回それぞれ作付けている。沖縄ならではの対策として、台風被害を避けるため、植え付けは複数回に分けて苗の植え付けを行っている[108]。種類ごと

---

105 「南ぬ風人まーちゃん」の名で活動を行っている　URLは www.painukaji.com/marchan/
　　(2017/1/10)。
106 西表島では高齢化した地域では農地の貸し出しが多く、西表島の10a当たりの農地借入料金
　　は8,000円~10,000円/年。前出O氏。
107 前出O氏。2009（平成21）年に聞き取りの際の数値。

4.7. 祖納・干立地区の農業活動

の反当りの収量であるが本土の米作りと比べるとかなり低く、「ひとめぼれ」は反当り 300kg 〜 350kg で「黒米」は 200kg ぐらいである。養鶏は 200 羽を飼育している。現在では事務所に「米屋」の看板を掲げている。

O 氏が耕作している地域は「美田良」と呼ばれる祖納地区の農地が中心である[109]。祖納地区は高齢化が著しい地域で、農家に若年労働力は残っていない状態にあり、そのため上層農家である O 氏のところに農地が集中している。地域の状況としてやむを得ないことなのであるが、この状態は将来的には改善しなければならないだろう。現在、O 農園では常時従業者が 3 名の体制である。この 3 名はすべて本土からの移住者で、20 代が 2 人と 30 代が 1 人の構成で、住居は白浜地区にアパートを借りて住んでいる。O 氏は積極的に本土からの若者を受け入れて、経営拡大を考えている[110]。

農業の後継難は西表島だけの問題ではない。O 氏は本土からの移住者たちを入れるための整備として、耕作条件を整えようとしている。美田良地区は土地改良を終えているが、長いあいだ耕作放棄地になっている地区での土地改良も考えている[111]。O 氏は「雇用機会の少ない島内であっても安定した就業先を提供したい」と考えている。それを実現するために、「農業における観光化も考えなければならない」というのが O 氏の考えである。自然環境の特性があり、素材の利用として川流域の耕作放棄地での可能性を考えている。これまで自然保護との兼ね合いで農業の問題が指摘されてきた。しかし農家はむしろ農業をすることで自然保護に貢献してきたという意識がある。西表島の将来を展望した時、出稼ぎや過疎化で人口減少が起こる事態は絶対避け

---

108 沖縄では台風被害との戦いがあり、本来では問題となるような分散錯圃の小さな農地にすることによって、過去には自然災害に対するリスクの分散の役目を果たしていた。前出 O 氏。

109 美田良地区では 1980 年から 1988 年にかけて土地改良が行われている。前出 O 氏。

110 O 氏はインフラとして自宅を改装して従業員用のスペースも所有している。

111 農山漁村活性化プロジェクト交付金での土地改良計画が考えられている。皆星地区での土地改良事業は、区画整理、用排水路、道路等を総合的に整備し、農地を機械の効率的な運行と合理的な水管理を行いうる生産性の高い条件に整備することにより営農労力の節約及び農家所得の安定向上と農業経営の安定を図ることを目的としている。受益面積は 20ha を予定して、参加戸数は 14 戸で工期は平成 22 年度から 27 年度を予定している。竹富町農林水産課。

第 4 章　西表島の農業活動と地域経済

O 農園の事務所で店舗として改装されていて現在は宿泊施設も併設されている
（2015 年 5 月 9 日、筆者撮影）

美田良地区の水田で 8 月の二期目の田植（2009 年 7 月 30 日、筆者撮影）

なければならない。それは地域の経済的な活性化なくしては解決できない、共通の課題として認識されているのである。

O氏の積極的な農業経営が表れているのが、地域全体の活性化があって農業も成り立つと言うものである。それが外国人を受け入れるボランティア導入の契機となっている。O氏にとっても大きな転換点となったのがボランティアの導入であるが、最終的に常時従業者の雇用形態から、大きく舵を切ってボランティアによる農業への転換が行われている。

4.7.4. 祖納地区で行われるボランティアの導入

O氏が取り入れているもう一つの特徴は、農業による地域活性化の一環として、継続的にボランティアの導入を行っている点である。農業ボランティアを世界的に送り出している「WWOOF」(ウーフ) との提携である[112]。O氏がボランティアを導入するきっかけは伝統的な集落に生まれながら高齢化が著しい現状に対して、農業にとらわれず地域に活気を取り戻すための手段として、世界中に展開しているボランティアの存在に気づき導入を思い立った。なぜボランティアの導入に踏み切ったのかという点である。

O氏は常時従業者の雇用からボランティアの導入に転換しているが、ボランティア導入は東日本大震災との関係があった。2011 (平成23) 年3月に起こった東日本大震災は、日本全体に大きな傷跡と様々な転換が行われる契機となった。東日本大震災は津波被害によって多くの死者・行方不明者を出しているが、それに加えて福島の原子力発電所での事故によって放射能汚染の発生が起こり、当時の西表島には普段の年よりも多い外国人の来訪があっ

---

112 WWOOF は 1971 (昭和46) 年にイギリスで誕生後、オーストラリア・ニュージーランドに発展している。現在は 50 か国以上に事務局が設置されていて、日本では 1994 (平成6) 年に誕生している。2002 (平成14) 年 WWOOF ジャパンとして本格的に活動が開始されている。WWOOF のシステムは、運営する WWOOF がボランティアを送り出し、受け入れる側の農家がホストとしてボランティアに対して「食事と宿泊」を提供するものである。受け入れる農家はボランティアの労働力を利用すると言うものである。ボランティアであるため金銭のやり取りも一切なく無償の労働交換の形態である。WWOOF ジャパン「WWOOF について」。

第 4 章　西表島の農業活動と地域経済

た。その際、農家を訪れた外国人から、「しばらく滞在させて欲しい」とい
う申し入れがあった。そこで調べていくうちに「WWOOF」にたどり着いた[113]。
O 氏が正式にボランティアの導入を始めたのが今から 4 年前の 2013（平成
25）年からである。

　WWOOF の誕生は[114]、農産物の安全に配慮することを前提としている。
無農薬・有機栽培のため、受け入れる側の農家では、作物の栽培も人間と環
境に考慮した農法が行われている。そのため農薬を使用する方法よりも手間
や人手を要する場合が多い。受け入れ先は農家に限らず持続可能な生き方に
取り組む民宿やレストランなどにも広がっている。

　受け入れ側のホスト[115]となる O 氏は、米作りでは差別化の一環として、
主力を「ひとめぼれ」におきながら「黒米」の特産化を目指している。また
最近ではエコツアーの実践として子供に田植えの体験などもさせている。そ
うした事情もあり、O 氏の考え方が「有機農業」という WWOOF のシステ
ムとマッチしたものと言えよう。

　ボランティアとして旅行をする世界中の人々にとって、すでに既存のガイ
ドブックが紹介した旅行では飽き足らなくなっているのが現状であろう[116]。

---

113 前出 O 氏。
114　始まった当初は、「Working Weekends On Organic Farms」を表したものである。意味は「有
　　機農場での週末作業」というものであり、週末に農家に行って手伝うことから始まっている。こ
　　れが大衆的な広がりを持つようになり、週末だけではなく働ける場所として、「Willing Working
　　On Organic Farms」（有機農場で働きたい人々）に転換している。さらに現在では「World
　　Wide Opportunities on Organic Farms として、「世界に広がる有機農場での機会」へと発展し
　　ている。一応の仕組みは、ボランティア参加者は会社員・主婦・医師や就農又は田舎暮らしを考
　　えている人々が中心になっている。1 日の 6 時間で 1 日の休日が与えられて滞在期間中は三食の
　　食事が用意されている 2、3 日から長期滞在まで様々ということである。前掲、「WWOOF につ
　　いて」。
115 受け入れ先は北海道から沖縄まで点在していて、専業農家だけでなく兼業しながら民宿の経営
　　を行っている農家など様々な形態があり、完全無農薬の栽培の苦労話や減農薬に取り組む農家な
　　ど参加者はホスト側から学ぶことができるというものである。前掲、「WWOOF について」。
116 ボランティアには庭の草むしり、パン焼きや家具作りなどを手伝ってもらっている。訪問者の
　　多くは 20 歳前後の若者で、1 週間から 2 週間の滞在をする。単なる観光ではつまらなくなり、
　　暮らしながら日本の生活を体験して日本について知りたいという若者が多い。ここのホストは
　　60 代後半であり、「外国人を受け入れることが楽しみ」になっている。朝日新聞、2015（平成
　　27）年 9 月 7 日。

4.7. 祖納・干立地区の農業活動

まさにそうした人々のニーズが西表島で満たされているのである。Ｏ氏は今後もボランティアの継続的な導入を考えているようである。

　農業を媒介にしながら観光と結びついている典型的な例だろう。西表島での農業を考えるならば、将来的に理想とするケースであろう。

　同様な例は外国ではすでに実践されてきた。イスラエルで行われている「キブツ」[117] を取り上げて見よう。イスラエルの独特の農村形態「キブツ」（ヘブライ語の集団を意味する）は世界中でボランティアの募集をして農業労働力に導入している。キブツからは食事と居住スペースと少額のお小遣いが提供される。ボランティアは労働力を提供し、キブツ側はボランティアであるため経費が節約できる利点がある。世界中から集まる若者には未知の世界を体験できるチャンスが与えられる。イスラエルにとっては農業と観光の両方を振興できるものであり、経済振興の役割を図る象徴的なものになっている[118]。

　導入から４年を経過していて月間３名ぐらいのボランティアがＯ氏のもとを訪れている。西表島自体がすでに産業構造の転換の中にあり、地区ごとの差があっても観光等を排除したところでは、生活全般が成立しえない。Ｏ氏は祖納においては数少ない専業農家であり、ある意味では地区全体の農業の将来が託されているといっても過言ではない。年中行事として行われる祭礼も移住してきた若者たちが主力を担う今日である。まさに地域に住む居住者が一丸となって地域での活動や日常を支えていると言えるだろう。

　現在、年間の延べ人数では 40 名前後のボランティアがＯ氏の農業経営に

---

117 キブツは設立過程から非常に政治的な色彩の強いもので、社会主義的な色彩に彩られた組織形態を有している。歴史的にはイスラエル建国前後より入植のための集団的な形式のものであり、生活全般が集団生活によって行われ、農業をベースとしながら生活の維持を図ってきたものである。所有に関しても集団的所有が取り入れられている。イスラエルの全人口のわずか3%に過ぎないキブツの構成員によって農業生産の 40% が生み出されている。イスラエル国内には 270 ほどのキブツが存在している。日本イスラエル学生会議　http://jisc.org/?page_id=5（2017/1/10）。

118 キブツにおいても転換点があり、1980 年代初頭にイスラエルの国内経済の混乱期に、キブツ内において農業から工業への比重が増加した際に労働力不足が起こり、雇用労働力を導入しなければならなくなった。そこで導入されたのが海外からのボランティアとして働きにやってきた外国の若者たちであった。日本イスラエル学生会議、http://jisg.org/?page_id=5（2017/1/10）。

第 4 章　西表島の農業活動と地域経済

導入されている。雇用労働からボランティアへの切り替えが現在では軌道に乗っている。農業経営に限らず地域自体に賑わいを取り戻す作業の一環として非常に貴重な行動である。

4.7.5.　伝統集落での移住者の雇用

　人口減少した今日では、祭礼などは移住者である地区の若者たちの手が必要となっている[119]。移住してきた若者たちも、生活のため地域での就職を目指している。伝統ある古い集落の産業は農業であったが、干立では移住者が観光業を立ち上げるケースも目立っている。家族と共に干立に移住したＮ氏とＳ氏の事例から地区の雇用実態について考えよう。

　Ｎ氏は埼玉県出身で西表島に居住して 10 年が経過している。西表島に来るきっかけは、当時では漠然と農業に対する「憧れ」があって、サトウキビ刈りに参加したところから始まっている。海外でもファームステイの経験をしている。西表島では東部地域のサトウキビ農家で従業者として住み込みで働くことから始まった。Ｎ氏は家族 5 名の生活で農家ではない。農業を志向しつつも専業としての農家になることは今のところ考えていないようだ。Ｎ氏が農業に関連して取り組んでいるのが「養蜂」である。現在、住んでいる住宅の隣に養蜂箱を置いている。販売方法は「口コミ」に頼って始めていた

---

119 夏の豊年祭、お盆のアンガマ（アンガー）、10 月の節祭（シチ）などがある。節祭とは節替わりにおこなわれる祭り。収穫感謝と来る年の豊作を祈願する南島の正月儀礼。八重山では年中行事の一つで、節替わりの儀礼をいう。旧暦 7、8 月中の己亥の日に行い、年帰し、年の折目として、家の内外を洗い清め、年縄を張って三日間遊ぶ、とある。近年は 8、9 月の己亥の日を選んでいる。シチはかつての大晦日から正月にかけての儀礼である。同じような記録は「島中旧式」（八重山島諸記帳）にもあり、「・・・芝を結若水を取浴申候也」とあるように、芝結い、若水を浴びる習俗にも触れている。星霜をへて生活様式などの変化により、多くの儀礼が整理・統合され、かなり変質化していくなかで、シチ儀礼もほとんどの村で姿を消した。このようななかで今なお大きく年中行事に位置づけされているところは、西表島祖納・干立と石垣島の川平である。・・・祖納・干立両部落では三日間おこない、第一日目は年の夜で家屋内外の清掃をし、テリハカニクサなどを柱や家財道具に巻きつける。また海浜から砂利を採ってきて家の内から外へと播いて祓いをする。また早々に夕べのごちそうを食べ、新年を迎える準備をする。第二日目は正日といい、未明に若水を汲み、定められた浜へ集い、旗頭を立て、船漕ぎ、棒技、獅子舞、ミリィク（弥勒神）の行列、アンガー踊—（節アンガマ）などをして過ごす。第三日目は村の井戸へ感謝儀礼と諸芸能のやり納めの日である。沖縄大百科事典、中巻 p.307。

4.7. 祖納・干立地区の農業活動

地区の青年が運営する体験型交流施設イルンティフタデムラ（2015年5月9日、筆者撮影）

が竹富町の商工会が行うイベントなどでも販売をするようになった。

　N氏の生活を支えているのが「観光ガイド業」である。一人で営業しているため、一日一組限定というもので近隣の河川などへの案内を行っている。観光業は独立しやすいためN氏のように観光業で起業する者が増えている。N氏の場合、掛け持ちとして現金収入を得るため自然保護のレンジャー[120]や地元の施設[121]の委員などに携わって生活している。

　N氏はすでに土地を購入して住居の建設をしている。子供が高校へ進学する時が問題となる。離島の教育インフラに関する問題であるが、西表島も高校入学を迎えると一旦島外に下宿しなければならない。この経済的負担が離島住民にとっては非常に大きいものである。N氏は子供の教育について「都

---

[120] 環境省が作った施設でイリオモテヤマネコやその他怪我をした生物の保護にあたっている。
[121] 「イルンティフタデムラ」という竹富町が作ったロッジで、運営を指定管理者として干立公民館の地区青年たちに委託している施設。体験滞在交流型施設で干立の地区村民がガイドをする。竹富町には同様な施設として、白浜地区に海人会館があり、ここでも地区の青年たちが主体になって民宿や観光案内を行っている。竹富町 https://www.town.taketomi.lg.jp/（2017/1/10）。

第4章　西表島の農業活動と地域経済

会で育つことが良いのか島で育つのが良いのかわからないが島の生活は今しかできない」から貴重な体験として感じてもらえればと考えている。「子供が大人になったとき自分で選択」して住むところや職業を決めてくれればよいと言うものだ。N氏は最終的に子供たちが「親元を離れてくれる」ことを願っている[122]。

　S氏は西表島に来島して8年を経過している。出身は神奈川県で、長男が2歳のときに西表島に来ている。家族は奥さんと3人の子供たちである。西表島に来るきっかけは、S氏の両親が干立を訪れて地区の景観を気に入って、家を建てたことから始まっている。そのため農業を始めることが目的ではなかった。正式な農家ではないが、自給のために米作りをしている。農地は地区で15aの田を借り入れている。S氏は機械を使用していて、60aぐらいまでなら広げることが可能と考えている。

　S氏も農業を行いつつ専業の農家を目指しているものではない。生活のための現金収入は島内の建設会社で社員として働いて得ている。現在の年収は島の平均所得には及ばないとのことである。八重山地域共通の問題として、雇用と所得の問題があり、彼もこの問題に直面している。S氏も「今後のことを考えるとやはり不安」を持っている。現金収入がなければ日々の生活は送れない。西表島では一番雇用を得やすいのがサービス業で、次いで建設関係とそのあとに農業が来るようである[123]。

　実際の生活を考えると非常に厳しい現実にぶつかることになる。島全体として農業や観光業では雇用が生まれだしている。しかし内情は、日常生活で満足できるものか判断は難しいだろう。ここでの生活を望むなら質的な充実を努力目標として持たなければならないだろう。「節祭」として名高い伝統行事が行われるのは干立と祖納の二つの集落である。この行事に参加できる

---

122 2009（平成21）年9月にN氏より聞き取り。
123 2009（平成21）年9月にS氏より聞き取り。
124 西表島の「節祭」は国の重要無形文化財の登録を受けている。竹富町 https://www.town.taketomi.lg.jp/ （2017/1/10）。

278

のは地区に居住している者だけである。この行事は「伝統文化」として高い評価があり、「貴重な観光資源」[124] という側面もある。日常生活とともに、祭礼の前後は一旦仕事を中断しなければならず、移住者もこれを理解しなければならない。

歴史のある地区であり、日常生活の中に地域活動を根付かさなければならない点が、移住者にとっては難点かもしれない。

4.7.6. 小括–地区の展望–祖納・干立

この二つの地区は、伝統行事で必要とされる稲わらの産地である。従来から地域の農業は稲作が中心である。伝統的な地域は人口減少の著しい地域である。農業にとっては総農家数が減少している。米作主体であるが、地域の水田地帯は広大な耕作放棄地になっている。これがこの地域の出発点であろう。

この地域の耕作放棄地の発生要因は、本土の中山間地域に類似したものが考えられる。本土と同様に、高度経済成長を経る中で地域の暮らしが変貌し、子弟の教育問題などによって起こった問題である。これに高齢化と後継者の不在といった要素が重なり合って、地域内には西表島でも代表的な耕作放棄地が生まれている。

祖納地区には西表島では一番整備された水田地帯があり、特産として「黒米」の栽培が行われている。専業農家であっても後継者不在という問題が有り、今後の農業経営に関しては厳しいものがあるのがこの地区であろう。西表島では新規就農者が誕生する地区がある一方で、「米作」であるため新規就農が難しい地区である。地区には耕作放棄地が多数存在するが、耕作条件の悪い地区であるため、土地改良も検討されているが、採算性との兼ね合いで事業実施に踏み切れていない。

この地区を展望する場合Ｏ氏の存在を抜きにしては考えられない。Ｏ氏自身が50代であり、後継者があるため地区全体をけん引している状態である。経営に対しても革新性を追求している。注目すべき点は、多様な担い手の一環として様々な分野への提携を模索していることである。

第 4 章　西表島の農業活動と地域経済

　外国人ボランティアの導入は注目すべき点である。地区の特徴を考えると、伝統的であるがゆえに他地区よりも遅れてしまった点があるだろう。農業を産業としてきた地区であるが、すでに観光化を避けて通ることはできない現実を直視しなければならない。地区の中でも観光業に就業する者や起業する者もいる状況である。干立には島外からの移住者が生まれている。

　Ｏ氏の積極的な農業経営は、地区全体をけん引するもので、地区にあるホテルの宿泊者を対象とした、子供に対する「体験田植」なども取り入れられている。これまでと異なっているのは、島外から訪れる人々との接点を増やすことに挑戦していることである。ボランティアの受け入れは戦略として有効と考えられるものであろう。「黒米」の特産化へのハードルは高いのではないだろうか。西表島という名前にはブランド価値が認められるが、特産化する場合、内容やネーミングなど乗り越えなければならないハードルはいくつも存在している。

　今後を展望する場合、やはり情報発信に取り組むことが重要になるだろう。しかし目先を変えて、ボランティアとして訪れる人々を通して情報発信を試みることを検討してよいだろう。農業の問題として語るよりも地区全体の方向性として移住者の獲得から定住を促進させる展開が求められるのである。流動的な人口を増加させることは将来的に価値ある行動である。Ｏ氏及び関係者の努力を支えてゆくことが地域としても必要となるだろう。

終章

離島の農業の展望

終章　離島の農業の展望

1　離島の耕作放棄地発生の構造

　耕作放棄地の発生は、日本の戦後の農業政策の整備過程における問題の中から生まれたものである。耕作放棄地の発生がなぜ危険であるのか、それは農業という産業が持つ特殊性にあるだろう。農業は地域において、広大な農地を使用して営まれるものであり、農業の問題のみならず様々な分野で地域全体に影響を及ぼすものなのである。

　本土における耕作放棄地発生の構造は、雇用の面で脆弱性が著しいため、若年労働力が都市部の人材として吸収され、農村地域では労働力の高齢化に拍車がかかり、さらに離農などによって農地の荒廃が始まり、やがて耕作が放棄されるに至っている。日本の農業の弱点は、農業経営の脆弱性であり、農地改革当時より始まる問題である。1990年代に入り、中山間地域などでは農家の高齢化が一段と加速し、そこに後継者不在の状況が重なり農業センサスが行われるごとに耕作放棄地が増加する今日の状況が生まれている。

　離島地域が中山間地域と異なるのは、経済状況の変化や過疎化が起こった場合、挙家離村（集団離村）によって地域全体が一挙に崩壊してしまうことである。離島は他地域と遮断された地理的な問題が有り、一旦崩壊した地域を再建することは不可能に近いものと考えられる。したがって、離島地域での耕作放棄地発生の問題は、地域全体が脆弱化して最終的に消滅（無人島化）を招きかねない危険なシグナルなのである。

　沖縄は戦後日本の中で特殊な環境に置かれていた。本土とは異なった制度や政治体制のもとで施策が行われ、農業に関しては、日本の戦後改革において最も劇的変化を与えた農地改革が行われなかった。沖縄の離島地域で大量に発生した耕作放棄地は、本土の耕作放棄地と共通した部分も存在するが、離島ならではの原因も存在している。離島地域は、本土の中山間地域ととも

に耕作条件の不利地域であり、耕作放棄地の主要な発生地域である。

　調査対象とした西表島は、歴史性を有する島である反面、終戦後の開拓移住によって作られた島である。この島の耕作放棄地は、歴史的に形成された、近隣の島々から通って耕作が行われ、近隣の耕作者が不在になって最終的に地域一帯が耕作放棄地になった地域がある。他方、伝統集落では、生活習慣の変化によって、農村集落では普通に行われてきた家族労働の形態が崩壊する過程で、離農者が発生して最終的に耕作放棄されてきた。

　はじめに西表島の耕作放棄地を確認しよう。西表島には東西に広大な耕作放棄地が存在している。高那・伊武田では、近隣からの船を使った「通耕」が行われ、半世紀前に耕作されていた水田は、すべて耕作放棄地となっている。農地の所有者はほとんどの場合、西表島の島内に居住する者はいない。1960年代に八重山の離島地域では極端な人口減少が起こり、竹富町の人口も半減した。当時この地区へ耕作に通っていた地区（主として竹富島・鳩間島）から大量の人口流出で耕作放棄されている。

　西表島最古の集落である祖納・干立でも耕作放棄が発生している。伝統集落であったため人口減少が起こり始めた後も1980年代には、耕作は継続されていたようであるが、農地のコンデイションが悪い上に、最終的には後継者不在の状況から耕作放棄されている。産業構造の変化に地域が対応できなかったことが原因である。

　東西の広大な耕作放棄地の要因は、農業の不振と構造変化であるが、東部地域や上原周辺は別の要因によって耕作放棄が発生している。本土復帰前には農地取得に関する規制のない沖縄では、将来的な投資を名目に企業が農地を取得する例が多く見受けられた。八重山地域が最も顕著な例として集中的な土地投機の対象地となった。結果は利用されることのない耕作放棄地になった。また農業法人が経営破綻してそのまま放置された例もある。

　耕作放棄地は全国的に増加の一途だが、西表島では減少傾向にある。その理由として、土地改良事業の導入により耕作放棄地を復元し、個々の農家がそれに呼応し、水田の復元とサトウキビの増産体制を維持していることであ

る。もう一つは、パインアップルを中心とした果樹の栽培農家による収益を
上げる農業への取り組みが成功していることだろう。農家は収益性に優れた
農業に取り組み、それにより、生産拡大に向かい新しい農地を求めるまで成
長している。

　西表島は農業を産業としてきた島であるが時代とともにその役割は低下し
ている。低下しながらも、地域を維持する役割をこなしているのが西表島の
農家である。これまで特に東部地域では、土地改良事業が効果を上げてきた。
しかし総農家数が減少する中で、今後も規模拡大が継承されるかは未知数で
ある。

　西表島では、現在でも広大な耕作放棄地を抱えながら、地元住民たちによっ
て耕作放棄地の減少を達成している。

　沖縄を例として日本全体を考えた場合、離島の耕作放棄地の問題は注目し
続けなければならないのである。歴史的に撤退が行われて無人の島と化して
きた多数の離島の存在がある。本書では農地の問題から離島の構造問題に焦
点を当ててきた。離島では、一部の農地の問題としてのみならず、耕作放棄
は離島という地域に生きる者全てにとっての問題となるのである。人の空洞
化から土地の空洞化を招き、地域全体が空洞化して人の住まない無人島は生
まれて来るのである。離島の耕作放棄地問題は農業問題に限らず、地域問題
としての構造を抱える問題である。

2 耕作放棄地解消への取り組み

　耕作放棄地問題を考える時、解消のためにすべきことは農地の流動化を促進させることである。現在、農政当局が行っている農地流動化による農地の集積の促進は、全面的に耕作放棄地問題解消を目的として展開が行われている。それによって一日も早く、農地を必要としている農業者のところへ、集積されなければならないのである。

　終戦後の農地改革に端を発する問題として、農地流動化の阻害要因として土地（農地）の所有制度の構造問題が取り上げられている。この問題は非常に日本社会にとって、根深いものと認識しなければならないだろう。この時、制度化されているのが、農地の所有を行う者として最適者に位置づけられたのが農家なのである。

　自作農主義の確立によって、日本には経営的には小規模であるが、自分の農地を所有する自作農が誕生している。高度経済成長時代には兼業化が進み、農業生産の現場において若年労働力の減少や農業に対する後継者不在の状況から、多数の離農者が生まれている。当時より日本の農家は農業経営に対して規模拡大化への課題を抱えていた。しかし、制度確立以降の問題として、農地の所有が極端に固定化されていたことである。本来、規模拡大を志向する農家に農地が集積（経営規模拡大）されていたのならば、おそらく今日の耕作放棄地問題の発生は起こらなかっただろう。

　耕作放棄地発生の端緒は、中山間地域や離島など耕作条件の不利地域から発生しているが、現在では全国に拡大している。耕作放棄地の解消策として考えられるのが、農地の利用集積を図るための「所有と利用の分離」によって利用者に優先して農地の集積を行うものである。農業を志向する様々な層の人々に対して農業という産業の門戸を開こうとするものである。

285

終章　離島の農業の展望

　しかし、依然として農地の集積には難問が立ちはだかっている。

　その一つには、いまだに土地資産としての保有の観点から離れられない。この問題は、1960年代と1980年代のそれぞれの後半に、過剰流動性によるバブルの発生によって起こった土地の高騰によるものである。土地（農地）が持つ本来の収益を超える地価が作られて全国を席巻する事態が発生した。都市部や近郊に限らず、農地も宅地と連動する形で高騰し、生産現場では兼業である小規模農家が温存されて、継続して農地の保有が行われている。バブル発生の時期には、全国の中山間地域や離島の土地が投資対象として、企業による集中的な売買対象とされた時代もある。離島地域もこの問題とは無縁ではない。

　もう一つの課題は、農地所有を制度の面から考えなければならない課題が残されている。耕作放棄地の主要な発生現場は中山間地域や離島などである。現状を見るならば、離島地域では地域全体で住民の高齢化が著しく、農山村では高齢者のみが取り残されている地域も存在している。高齢者問題から「限界集落」と呼ばれる問題が日々深刻になっているのが今日である。

　このような地域も、過去には耕作が正常に営まれてきたが、多くの中山間地域や離島では、耕作放棄が長期に及び、「農地所有」という観点からも取り残され、所有制度の崩壊も見られている。実際に西表島などで典型的な事態として、本来の土地所有者がはるか以前に島から去ってしまい、土地問題の話し合いについて、所有者が不明であるため難しい現実に直面している。このような点から、土地所有制度の中で集団的所有についての議論がある。一時的に農地などについて所有権を棚上げにすること、所有形態を共有・合有・総有などの集団的所有形態の導入を行うことなどである。全国的に、所有者不明の土地などの問題が議論されている今日では、一定有効な方法と考えられている。

　土地の所有権などを考える時に忘れてはならないことは、現在の日本が置かれている耕作放棄地問題の危機的状況に対して、対症療法的な解決を図ることでは、問題解決が難しいと認識しなければならないのである。農地の流

286

動化から集積を目指すための法的制度は繰り返し行われている。集団的土地所有の制度化を求める声があるが、法制化が問題の根本的解決にならないのは、これまでの制度改革においても明らかである。ここで考えなければならないのは、地域住民が集団的所有の形態を受け入れるのかという点である。制度は地域で受け入れられて機能を発揮するものである。制度設計は選択肢のある弾力的な制度として地域住民に複数の選択肢を提示できなければならない。集団的所有権が地域で受け入れられる可能性は極めて低いものであろう。

　耕作放棄地の解消に向けて、「所有と利用の分離」の徹底化を図ることによって農地の流動化に向けた施策も導入されているが、成果はいまだに解消とは程遠いものである。

　今回の西表島での調査では注目すべき点が見受けられた。流動化を行うことが難しい農地の耕作放棄地問題を、農家自身が農業経営の健全化を目指す中から農地拡大を志向して、企業が所有していた農地の買収が行われている。一方には農地の所有者が存在している訳であり、どうしたら地域の農家、あるいは地域住民と将来への利用方法を考えられるかという観点から、双方が一致できる点を見出す努力が行われている。そのような当事者間の努力があって農家と企業間の農地売買が可能となった事実を発展させなければならない。

　離島地域には他に無い集落機能が受け継がれている。自律的に耕作放棄地問題の解決へ向かおうとする作用が受け継がれているのである。これを生かし続けるためには、離島地域が自主的に生きて行くための産業構造の確立を目指すための支援策である。西表島では物流のイノベーション（宅配制度の誕生、インターネットの普及）などに支えられながら、自主的な努力によって収益確保から地域経済の活性化を成し遂げてきた。離島地域は中山間地域同様、耕作条件においては大きなハンデを負わされている地域である。それにもかかわらず、地域の農業者の努力によってハンデを乗り越えているのである。

終章　離島の農業の展望

　離島地域は耕作放棄地に地域が埋め尽くされる状況にある。解決へ向かう
ための最後のチャンスである。試みとして必要なものは制度作りではなく、
地域の生活に根差した改革をすることが課題なのである。

3 行政が取り組むべき課題

　耕作放棄地の場合、集積等に関する話し合いのテーブルに着くまでの時間的な問題点が、指摘されている。これは所有者が不明である場合、あるいは登記が正常になされていない場合などが多々あり、そのため情報等の不明瞭な点に関する問題が発生している。

　離島では挙家離村状態にある地域が多いが、調査を行った西表島の状況からも、耕作放棄されている農地の登記が、半世紀近く経過しながら移転が一切されていない農地が非常に多く存在していた。集落の歴史的状況が異なっているが、戦後に開拓が行われている地域では、耕作放棄された農地が復元されている例を目にすることができるが、古い集落では一旦耕作放棄されたものは、そのままの状況が継続されている。農地の登記情報から、すでに所有者が亡くなりながら相続等の登記がなされていないことが考えられる。

　農地制度の改革から70年ほど経過し、時代の変化によって制度の劣化が起こり、土地の情報制度も改められなければならない。離島地域の問題を考えるならば、小さい地域であるがゆえに現状ならば、所有者まで何とか辿り着く状況であり、問題解決の好機と認識すべき時に来ているだろう。行政でも農地情報のデータベース化の作業が行われているが、行政がすべきこととして、データベース化された資料を基に、地域の農業の構想を策定して地域住民とともに早急に戦略を立てるべきである。

　農林水産省も耕作放棄地解消の施策を実施している。耕作放棄地の解消のために担い手への農地の集積の促進策として、「農地中間管理機構」（農地集積バンク）[1]が作られている。これは今後10年間を目標として、「担い手の

1「農地中間管理事業の推進に関する法律」（法律第百一号）2013（平成25）年に立法化された。
　2014（平成26）年から事業がスタートしている。

終章　離島の農業の展望

農地利用が全農地の8割を占める農業構造の実現」をするために、農地の出し手と受け手に対して、法整備・予算措置・現場での話し合いをセットで推進するための機構として設立されている。この機構は国の制度であるが業務の一部は市町村が現場で担っている。農地中間管理機構は次の点の達成を目的としている。「地域内の分散し錯綜した農地利用を整理し、担い手ごとに集約化する必要がある場合、農地中間管理機構が借り受け」「担い手がまとまりのある形で農地を利用できるよう配慮して貸付」「農地中間管理機構は当該農地について農地としての管理」をするなどである[2]。農地の貸借に対してはこのような制度設計が行われ、少しずつではあるが実績をあげている。耕作放棄地に限らず農業の現場は農家が熟知しているが、集積させるための制度的なノウハウは、行政が持っているのである。事業が開始されて3年度が経過しているが、全国の実績として農地中間管理機構が取りまとめた担い手への集積は、14.2万ha（2014年から2016年までの3年間の累積転貸面積）[3]である。

　事業が開始された2014（平成26）年度の終了後に聞き取り調査が行われている。一番指摘された問題が、「現地でのコーディネートを行うことができる担当者が十分ではない」と言うものである。この指摘には、「農地集積や集約に向けた話し合いのベースとなるべき資料、地図等の情報がシステム化されていない」という問題があった。これでは軌道に乗せることは難しいだろう[4]。長い年月の間に荒廃した農地は、地境や面積等の確認作業などは一刻も早く行わなければならない。さらに作成されたデータを十分生かすとのできる人材の問題である。恐らく離島の最大の弱点は人材である。長期的には現場で育成しなければならないが、時間的猶予のない耕作放棄地の解消に対しては、外部からも人材を投入しなければならないだろう。

　そして行政が担わなければならない重要な点は農地の保全政策である。農

---

2 農林水産省「農地中管理機構の概要」2017（平成29）年。
3 農林水産省「平成28年度の担い手への農地集積の状況」2017（平成29）年。
4 農林水産省「農地中間管理機構を軌道に乗せるための方策について」2015（平成27）年。

地が食料生産の現場を担う、国家的な戦略の最前線に立っている事実から、農地に対する最低限の規制を怠ることはできないのである。改めて規制について必要であることを沖縄の経験から学ばなければならないだろう。沖縄では 27 年間の二重の基準の下で施策が行われてきたが、総括しなければならない問題が有る。

　農地の規制制度が、本土では耕作放棄地発生の要因と指摘されている。戦後に作られた農地制度では所有を耕作者に限定して所有に関する厳しい規制が構築されている。農地の集積が課題とされる現在では、その制度の硬直性が問題視されている。これに対して、沖縄では農地の保全に関する制度が不在であったために発生した問題が、異常な土地投機として農地の売買が行われていた。本土でも 1960 年代後半には山間地などの土地が買収されているが、最後の生命線として農地などは保護されてきた。農地の集積のため施策が行われているが、農地は農業生産のためのものであることを再確認しなければならない。これまで企業に対して、農業の門戸が閉ざされてきたが、多様な担い手の一員として現在では認知されている。この状況を考えるならば、農地の農業外利用は厳しく監督されなければならない。農地の保全制度が構築されなければ農地の農業外利用の発生を抑えることは難しいのである。沖縄の歴史を十分教訓としなければならないのはそのためである。

　離島などの小さな地域では、住民が地域の主体として大きな力を発揮するだろう。それを側面から力強く支えていくのが行政の役割である。行政も自らの役割を十分理解する必要がある。

4 農業の担い手の構築

　現在、人口減少が大きな問題になっているが、離島などの過疎地域は、担い手不足から農地が耕作放棄をせざるを得ない状況に陥っている。日本全体が少子高齢化の局面にあるが、農業の現場における高齢化は最も顕著で、基幹的従業者の平均年齢は 65 歳を超えていて、後継者の不在も重なり合う状況にある。農業従事者の減少に対し、農林水産省では多様な担い手育成が急務ということで、「青年等育成資金」[5] を提供するなどして新規就農者の増加を推進している。この制度はすでに実施から 20 年近くが経過していて予算等に関しては実績のあるものである。

　西表島では、新規就農者が各地区に 1 名ずつ育っている。竹富町全体でも農業を行っている島ではそれぞれ新規就農者が生まれている。離島の農業では最も重要な部分であるのが現場の従事者である。離島の農業の現場は労働力不足が深刻な状況にある。打開策が様々な試みによって行われているが、決め手となるものを見出すことはできていない。農林水産省の新規就農者対策も離島地域で十分機能している状況にはなっていないだろう。

　西表島ではサトウキビと果樹栽培が収益の柱となっているが、これは沖縄の他地区でも同様の構造である。サトウキビの収穫であるが、毎年 12 月から翌年の 3 月頃までが収穫時期で、この期間には大量の人員を必要とするものである。竹富町内では一か所の離島では、いまだに昔からの慣習として結い（ユイマール）による収穫が行われている。これは例外的なものであるが、一般的には各農家で臨時の要員確保に追われている。果樹栽培地域の上原・中野・住吉などでは、果樹栽培が収益源となって新規の農地開拓なども行わ

5 農林水産省「青年等の就農促進のための資金の貸付け等に関する特別措置法」1995（平成 7）年。

れているが、5月から9月までがパインアップルやマンゴーの収穫時期を迎える。この時期になると各農家では農業ヘルパーの形で人員確保が行われる。年間を通しての雇用も発生している。ところが現状では、サトウキビの収穫の作業員も果樹栽培のヘルパーも人員不足が深刻になっている。全国的な労働力不足の日本にあって離島も例外ではない。

　この状態が放置されると過去に起こった事例が再び起こり得る事態である。本土復帰を挟んだ時代に大きな人口減少から過疎化が一気に進む状況を離島地域は経験している。ほとんどの離島では人口が二分の一になる状況であった。この時の状況は、自然環境の変化や台風などへの備えが不十分で、八重山などの離島地域では島民が裸の状態で立たされていたようなものであった。当時の農業の生産性は低いもので、農業では暮らしを支えて行くだけの賃金を得られず、生活の崩壊に直面させられた住民は島を後にして島外へ転出した。これが本土復帰を挟んだ10年近く沖縄の離島で繰り返された出来事である。

　半世紀前と決定的に異なる点は、農家が経済力をつけて農業において収益を確保できるようになったことである。しかし人員不足が放置されて農業経営に影響を及ぼす事態が生まれてしまうようなことがあれば、たちどころに地域経済の崩壊を招きかねないだろう。そのために離島地域を挙げて担い手対策に取り組まなければならないのである。

　これまで離島地域の経済は、農林水産業などによって支えられていたが、離島地域では就業者数などからすでに中心の座は観光業などのサービス業に移っている。西表島では就業者の半数以上が第三次産業の従事者である。実際に居住人口が2,000名をわずかに超える西表島に年間40万人以上の観光客を中心とする来訪者がある。それぞれの目的は異なるものであろうが、着実に流動性のある人口が西表島には増加している。来訪者の中から観光業に就く者、あるいは農業において新規に就農を目指す者などが誕生している。かつて毎日のように人口が減少したのとは反対に、多くの人々が西表島に対する興味を持ちながら訪れるようになり、これが地域の定住人口の増加に弾

終章　離島の農業の展望

みをつけている。

　そこで注目すべきものとして、ボランティアを本格的に導入しながら米作づくりを行う農家が出現していることである。イギリスで誕生したボランティア組織を通じて導入が行われている。過去には従業者を雇用していた農家がすべてボランティアに切り替えている。世界的にはボランティアの農業現場への導入は行われている。農業の現場では、不足する労働力の補充のために、かなり以前より取られてきた手法である。西表島でボランティア導入を行っている農家では年間延べ人数が40名ほどであるが、従業者を雇用していた時代よりも効率的になったことを述べている。ボランティアの導入は現在のところ個人農家が単独で行っていることであるが、地域全体の取り組みとして考えることもできるだろう。ボランティアの導入が行われているのは西表島の最も歴史ある伝統集落の農家で取り組まれている。本来、最もボランティアとは遠いところに位置していた地域である。

　西表島の農業を果樹とともに支えているのがサトウキビである。現場では機械化も図られているが、品質管理の問題から未だに収穫時に大量の人員を必要とするものである。収穫時期の人員確保が農家の課題となっている。これも担い手対策として解決が図られなければならない課題である。沖縄全域では、かつてはサトウキビの収穫は集落共同の作業として行われていた。集落機能の低下とともに消えてしまった慣習である。考えなければならないのは、農家人口が減少している状態にあって不足する担い手をどのように確保してゆくべきか、長期的な展望が必要となっていることである。多様な担い手の創出が目標として掲げられているが、その一つとして地域全体で協働労働の仕組みを作ることも必要であろう。地域の製糖工場が中心となって組織化することは大いに可能である。地元農家でもインフラとして製糖工場に宿泊施設の常設が申し入れられている。

　ボランティアを含めた新たな担い手の創出を目指している現在、受け入れのためのインフラ整備は重要となるだろう。設備面では宿泊施設などであるが、法人としての制度を拡張していくことも一つの手段である。本土の中山

間地域などでは、農業集落全体で農業生産法人を作り地域ブランド等の産出も行われている。それぞれの地域事情にあった法人化が望まれるところであろう。しかし、万一の場合のセーフティーネットを構築しておく必要があるだろう。農業法人の破綻も全国各地で起こっている。

担い手対策が重要であることは耕作放棄地の解消対策と共通のものである。これまでは公共投資として公共事業に依存する部分が多かったのが離島地域である。今後は明らかに、新規就農などを目指す人的資源や、担い手になり得るボランティアの養成などへの投資が有効となるだろう。

5 地域資源としての農地の保全への提言

　沖縄県内の離島地域では第三次産業の成長が著しい。この傾向は増々進んでゆくものと考えられるだろう。地域の主産業であった農林水産業の比率は小さくなるだろう。変わることが無いのは、農業が地域全体で広大な農地の上で展開される産業という事実である。

　現在、西表島が世界遺産に登録されることが現実味を帯びてきている。西表島では世界自然遺産の登録後、間違いなく来訪者数の増加が予想されている。世界遺産については、メリットとデメリットの双方が存在することが、世界各地の事例としても明らかである。メリットは明らかに地域経済に対する恩恵である。増加する来訪者による様々な消費活動が地域経済に作用することである。デメリットは来訪者が持ち込むごみ処理などの費用負担に伴う外部性の問題が発生することである。このメリットの部分を生かすことによって、西表島の将来は大きく飛躍することができるだろう。

　離島を訪れる来訪者のニーズは年々変化している。その中で重要な点として、沖縄での景観が変化している現在、離島ならではの景観が注目を集めていることである。沖縄本島は本土復帰後、南部へ行くと冬から春先までサトウキビの収穫とサトウキビを積んだトラックが走り回る光景を見ることができたが、今では南部地域は住宅地として開発が行われ、サトウキビ畑が大幅に減少している。沖縄本島では、当たり前に見ることができたパインアップル栽培も本島では、名護や東村など北部の一部でしか見ることができなくなっている。本島で大きく変わってきているのが農地の上で繰り広げられている景観である。

　農業が生み出す景観は、人間が作り出した二次的な景観であるが、自然の中にある景観として評価されている。最も有名な農業景観は全国の中山間地

5 地域資源としての農地の保全への提言

域にある「棚田景観」である。これを保護するために、棚田を有する自治体では職員が先頭になって保全活動が行われている。西表島の農業景観について考えて見よう。

東部地域一帯は、サトウキビが春先には高さ２メートルにまで成長し、広大な農地一面を緑で覆い、本島では見ることができない景観がある。収穫の季節にはサトウキビを満載にしたトラックが行き交うものである。中野から住吉は、西表島の最も有名な景勝地である宇奈利崎の隣接地であり、地域全体が小高い丘の上一面にパインアップル畑があり、初めてパインアップルを目にする観光客には驚嘆に値するものである。傾斜地から遠方を眺めると青い海が延々と続く景観が広がっている。祖納には石垣に囲まれた住宅の近くにきれいに整備された水田が広がっている。稲穂が実る頃になると黒米の色が鮮やかになる。地域ごとの違いはあってもそれぞれが特徴ある景観を持っている。全国各地の離島ならではの景観は、こうした小さな地域ごとに異なったものの存在がある。

見慣れているとつい忘れてしまうのがこうした農業景観であろう。農業は一面では、化学肥料や農薬使用の問題が有り、自然への負荷の問題を抱えている。こうした問題は解決可能なものであろう。実際に西表島でも多くの農家が減農薬に取り組んでいて、栽培方法に関しても工夫が凝らされていている。農地の開発に関して、これまで批判にさらされてきたのが西表島の農家であるが、農業が産業として営まれている景観が、そのまま自然景観として人々を楽しませている現実を直視すべきであろう。

即ち、農業という地域で広大な農地を使用して成り立っている産業が作り出す景観が、地域への貢献をしていることを自覚すべきであろう。荒れ果てた耕作放棄地では景観としての価値が毀損されるのである。これまで農地は収益を高めることに重点が置かれ、収益性の高いパインアップルとサトウキビが地域農業に貢献を果たして来た。これからは農業の多面的機能として、農地が生み出す景観が地域に恩恵を与えてくれるものと認識する必要がある。それにより流動する来訪者ではなく定住する人口の増加も考えられるの

終章　離島の農業の展望

地区全体がパインアップル畑になっている中野・住吉（2015年3月5日、筆者撮影）

東部地区のサトウキビ畑（2015年3月5日、筆者撮影）

である。

　耕作放棄地の解消は担い手対策である。また地域全体の価値を向上させるためにも重要なのである。地域住民、行政機関などももう一度、農業景観に関して新たな認識を持つ必要があるだろう。農地を守ってゆくことは地域の総合的な課題を達成しなければならないことである。全国的にもアグリパーク構想や農業公園が各地域に作られている。離島地域で実践を行うためにも地域資源として農地の保全措置を考えなければならないだろう。

6 離島の農業の展望

　耕作放棄地の発生は、農業政策の結果として生み出されてきたものであるが、今日の課題として、未来に向けて解消策に取り組まなければならない。日本の農業が衰退する産業になるか、新たな発展を遂げることができるのか、まさにその分岐点に立たされているのが現在の状況である。

　離島地域は人口減少の著しい地域であり、日本の近未来像をすでに体現している地域であろう。離島地域の人口に関しては、増加に向けての展望は厳しいものがある。産業構造の変化によって一時的に人口が増加することがあっても長期的には難しいだろう。その状況で耕作放棄地対策が行われるのである。離島での耕作放棄地対策は、自治体ごとに一定の取り組みが行われているが、自治体だけでは限界がある。これに対処するためには、地域の農業者や地域住民に頼らざるを得ないだろう。そのためには担い手対策の一層の充実無くして展望を切り開くことは不可能である。

　離島は耕作条件の不利な地域であるが、西表島では耕作放棄地の減少を実現している。その条件は、これまでは土地改良などの公共投資に頼る部分が大きなものであった。これから離島地域が行わなければならないのは人的資源の効果的な投入である。当然、人的資源の開発無くして投入することは不可能である。そのために、人材への助成対策が十分に行われなければならないのである。手法は多様なものが考えられなければならないだろう。

　離島地域では労働力不足が問題となっているが、あらゆる機会を利用して地域内に流動性のある人口を作り出さなければならないだろう。それを可能にするには、地域内の資源として活用できるものと農業を連携させるべきであろう。観光業との連携はもちろん考えられることであるが、観光業にとっても農業によって維持されている地域景観が、観光業にとってプラスの作用

を与えていることをすべての地域住民が認識すべきである。

　西表島という、限られた地域からの検証であるが、離島の農業の展望は、こうした耕作放棄地の解消と同時に果たされるものであろう。離島地域は規模の小さいものであるが、こうした地域で実践されてきた耕作放棄地解消の取り組みから、地域農業の展望を見ることができるのである。日本の農業にとって普遍的に求められているのは、問題解決に対する農業の担い手であり、実践家たちが諸問題の解決へ向かうことだろう。農業という産業から離島地域について検証を行ってきたが、産業の枠を超えて広大な地域で行われる農業は、地域政策の中心の課題なのである。その点に農業が持つ普遍性があり、日本という国家にとっての最重要課題なのである。

　耕作放棄地がなぜ離島に発生してしまったのか、なぜ西表島では耕作放棄地が減少したのか、離島地域の問題に対してさらに検証が必要となるのである。これから離島地域で行われる実践によって新たな展望が開かれるだろう。耕作放棄地から発生した問題が、条件不利地政策の整備の過程で普遍的に全国の課題解決につながるものであろう。

添付資料

ドロシー C. グッドウィン調査団報告書

GENERAL HEADQAUARTERS

SUPRE.E COMANDER FOA THE ALLIED POTERS

Natural Resources Section

NR 313 (20 Sep 49) A   HGS/MBW/JLC/DCG/hi

MEMORANSDUM FOR: Record   20September 1949

SUBIECT: Ryukyu Islands: Land Tenure Practices and Problems

Prepared by Dorothy C. Goodwin

Scientific Consultant

Agriculture Division

ドロシー C. グッドウィン調査団報告書

Summary

1. Ryukyuan land tenure prior to world war II was generally speaking characterized by more or less equal distribution of land holdings, low incidence of tenancy, tenancy condition which were not oppressive except in the Northern Ryukyus, and a relatively high degree of local democracy in rural areas except in the Northern Ryukyus. Critical disturbances have been created in land tenure patterns by the shock of the recent war and the postwar readjustment. Notable factors include a sharp postwar rise in population resulting from repatriation and restrictions on emigration and a sharp drop in cultivated area resulting from military requisition of cultivated land and related causes. The disturbances are especially acute in the central portion of Okinawa, but exist to some extent throughout the islands. Tenancy is increasing throughout, with the possible exception of Yaeyama. In Okinawa it has substantially more than doubled. Tenancy conditions are worsening. Farm holdings are being subdivided to meet the present emergency. In some areas they are now far below the size required for even minimum subsistence. Large scale American relief has become a vital and continuing necessity. A self-respecting people has been reduced to virtual beggary by circumstances largely beyond its control.

2. To date only emergency measures, limited to the most critical aspects of this situation, have been instituted. No positive steps have been taken to prevent further deterioration or to lay the groundwork for eventual solution of the problem on a permanently tenable basis. The report which follows was prepared as one of the initial steps required to fill this need. The conclusions and recommendations developed in it were arrived at on the basis of three weeks' field investigation by the undersigned, a staff member of the Agricultural Division, Natural Resources Section, who has served for the past 15 months as advisor to officials of the Japanese Ministry of Agriculture and Forestry in implementing the Japanese Land Reform Program. The report incorporates a proposed for gradual implementation as the situation permits. The techniques proposed were derives primarily from the Ryukyus. An effort was made to relate them as closely as possible to the practice, needs of the situation and the concepts and desires of Ryukyuans themselves.

3. In evaluating the proposed solution the shortness of the field investigation, and the inadequacy and inconsistencies of statistics and source material should be borne in

303

添付資料

mind. All factual date are subject to verification, and recommendations may be subject to modification in some details in the light of improved data all implementing plans should be thoroughly discussed with responsible Okinawan officials and private citizens prior to formal adoption.

The Problem

1. Ryukyuan land tenure problem as they exist today stem essentially from postwar disruption of the mechanism by which a balance was previously maintained between population and land resources. Population pressures have been acute throughout the Ryukyus except in Yaeyama for many years, but between the two World Wars actual population growth was prevented, in spite of heavy natural increase, by systematic emigration. Since the war, repatriation and natural increase have brought about a 21 percent population gain. At the same time the cultivated land area has shown an overall net decrease of about 10 percent. In Okinawa Shima the decrease has been 24 percent, primarily from military requisition and directly subsidiary causes such as the need to provide housing land for persons displaced from military areas. Former cultivators of military areas and repatriates have been crowded onto the remaining 76 percent of cultivated land. Density of population throughout the Ryukyus has increased from an overall level of 9.5 persons per cho (3.9 per acre) of cultivated land in 1940 to 12.9 persons (5.3 persons). In Okinawa the increase has been from 11.1 persons to 18.1 (4.5 persons to 7.4 persons). Military employment, which now cares for about 41,000 persons, has had the effect of absorbing the equivalent of about 1.3 persons per cho (0.5 per acre) in terms of employment if not in terms of food production. The net effective increase in density, however, is still about 5.7 persons per cho (2.3 per acre) over the prewar average. Farm holdings, which throughout the Ryukyus except in Yaeyama have been for many years large enough to provide only subsistence at a marginal level, are now on the average considerably below the minimum size required to support the average far family. Most holdings today are approximately 4 tan (1 acre), as compared with abo 6 tan (1.5 acres) before the war and more than 8 tan (2 acres) in Japan.

2. In the absence of adequate alternative employment, the burden of the population increase has fallen largely on agriculture, and is reflected in important charges in land tenure patterns and condition. Before the war the hardships accompanying overpopulation were somewhat mitigated by the fact that they were widely shared. The land tenure system, except in the Northern Ryukyus where the Japanese pattern prevailed, tended to guarantee a relatively fair and equitable distribution of cultivation

304

rights and the proceeds thereof among those dependent on the land. There was no large permanently disadvantage tenant class, such as that existing in Japan before land reform, on which a disproportionate share of the burdens of a marginal economy fell. Landless farmers now form a major class. In all areas tenancy is increasing, the bargaining position of tenants, never strong, is declining, and the conditions of tenancy are worsening. In Okinawa, which represents a special problem, it is believed that tenancy has increased from about 18.7 percent of farmers (including as tenants those who rented at least one-half of the land the cultivated) to 47 percent or more. The chief cause of this increase has been force assignment of land outside of military installations to repatriates and persons dispossessed from military installations. In as much as these assignments of land were not voluntary on the part of the owners, the cultivation rights of assignees do not have legal standing in the eyes of the owners. When present restrictions are lift all of these new tenants are threatened with summary eviction or intolerable tenancy conditions, unless preventive measures are taken.

3. In Okinawa, pressure on the land is further increased by two factors: instability of present military boundaries, and restrictions on use of land within one mile of military housing or billeting areas for 100 or more members of the Occupation Forces.

   a. Present military installations and roads cover about 8,481 cho of formerly cultivated land, or about 20 percent of the prewar total cultivated area. Present boundaries are subject to constant change with changing definitions of military need. Until they can be fixed or at least rendered relatively stable, Okinawan cultivators are faced with the constant threat of dispossession. About one-fourth of all cultivators have been dispossession at least once, and some have been moved two or three times. Present dispossession procedures do not provide for any notice or any compensation for the cost of moving or for crops or other property destroyed pursuant to requisition. The effects of such a situation on care of the land in threatened areas, and on the will of Okinawa farmers to maximize production need no emphasis.

   b. The one-mile zone restrictions (Appendix G) categorically prohibit any construction or alteration (including repairs) on any Okinawa dwelling or other building located within one mile of the outermost boundary of any military installation housing 100 or more Occupation personnel. Violators are subject to \10,000 fine or a year`s imprisonment or both. Military installations are mostly concentrated in the Nakagami District, the middle zone of the island, but are not necessarily contiguous, thus requiring restricted zones completely surrounding them. In this area, which formerly contained some of the best agricultural land on the island, possibly as much as two-thirds of all cultivated land is covered by restrictions, and in some places the restricted zone stretches

添付資料

from the east coast to the west coast. As houses are rendered uninhabitable through typhoon damage and general disrepair, persons presently living in these zones are forced to move. While agricultural use of the land is still permitted, effectiveness of agricultural operations is greatly reduced by the distances which cultivate must travel from their new homes beyond the zone limits to their land. In addition, a growing amount of cultivated land outside of the zone must be diverted to residential purposes to provide housing for persons displaced from the restricted areas. Accessible uncultivable land suitable for housing is already overcrowded in many places. Any increase in cultivated land brought about by restoration of war damaged land or by reclamation may well be matched by decrease in cultivated land area and production attendant on these restrictions.

4.   In summary, Ryukyuan land tenure problems arise out of a population situation which is continually worsening and for which there is no immediate solution. A proposal to solve the problems which does not recognize the population factor and not work within the framework set by it, would be conceived in a vacuum. This does not mean that nothing can or should be done until the population question can be solved. A great deal can be done to mitigate the present hardships, to prevent further deterioration of the present land tenure condition, and to establish the principles by which movement towards eventual easing or the situation can be started in the right direction. Detailed recommendations on solution of the population issue are beyond the scope of this paper. It is suggested, however, that study be riven to the possibility of American subsidy of large-scale emigration to areas willing to receive Ryukyuans, as one of the most promising approaches. Prewar experience with emigration of Ryukyuans (Appendix B, par 15) suggests that once nuclei of emigrants can be established overseas on a reasonable economic basis, these nuclei will support continuing emigration. An initial American-subsidized movement of perhaps 250,000 persons, or enough to reduce the population to about 90 percent of the prewar level, probably would be sufficient to meet the immediate problem and to make continuing emigration self-sufficient.

5.   The program proposed below constitutions an effort to solve the problem in terms that will make sense in the Ryukyuan situation to Ryukyuans. The mechanisms suggested have been built wherever possible on Ryukyuan concepts and values that are significant to Ryukyuans even where such concepts are not fully in harmony with standard American practice. Ryukyuan concepts have been discarded only when they appeared to be in direct conflict with American policy as developed in Japan and/or as applied to the Ryukyus in existing command instructions (see page 2). Literal application of American

306

ドロシー C. グッドウィン調査団報告書

practice on an overall basis has not been attempted in Japan. It is believed that it would fail in the Ryukyus. Okinawa is not Kansas. Property law developed to meet land and title problems in Kansas cannot be made to work in Okinawa.

6. An additional administrative problem in Okinawa, of present, but not of future significance, exists with respect to recognition of title and ownership right land records and in many cases boundary marks and other means of property identification were destroyed in the course of the fighting in Okinawa. Exercise of the normal prerogatives of ownership has been suspended pending recompilation of land registers. This work is meanly finished, and it is believed will provide an adequate basis for delineating boundaries.

Conclusion

It is recommended that immediate solution of the above outlined problems be classed as a matter of military necessity and given high priority. The undersigned encountered evidences of disaffection among Okinawans towards American Military Government policy amounting to open hostility. The grievances are real. While they arose initially out of the combat situation, American conscience cannot evade a considerable measure of responsibility for their prolonged perpetuation. The remedies for some of them are at hand, and Okinawans recognize it. Failure to correct them is already costing us in national prestige. In the absence of correction, propaganda and public information programs in support of American democratic principles are not only useless but positively harmful since they cannot counter the charge of hypocrisy. The dangers attendant on disloyalty among native populations in this theatre need no emphasis. We cannot buy the loyalty of Okinawan with relief, or argue them into it with talk. If we want their loyalty we must earn it with effective solution of the problems we ourselves have created.

DOROTHY C. GOODWIN

Scientific Consultant

Agriculture Division

添付資料

プロフィール

ドロシー C. グッドウィン (Dorothy Cheney Goodwin　September2,1914 ～ June10,2007)

　教育者、政治家で学問分野と公共サービスに大きな業績を残している。チャールズグッドウィンとルースとの間に、コネチカット州ハートフォードで 1914 年 9 月 2 日に生まれる。1937 年にスミスカレッジで社会学の学士号を取得後、インド事務局 (1937 年～ 1939 年) と農業経済局 (1939 年～ 1942 年) に勤務。転職し、第二次世界大戦中はインドにおいて戦時経済局に勤務した。グッドウィンは帰国後、国務省への入省を申請したが、共産主義者の嫌疑をかけられて入省を拒否された。最終的にグッドウィンは共産主義者の嫌疑を晴らすために長い期間をかけたが入省の資格を得ることはできなかった。戦後には、日本の土地改革の問題に関するアメリカ政府の農業経済学者として日本の占領に参加した (1947 年～ 1951 年)。グッドウィンは政府職員を辞職後、コネチカット大学大学院で農業経済学の博士号を取得 (1957 年)、その後グッドウィンは大学で教授と助教授として 22 年間にわたる学術的キャリアを開始した。その間、彼女は特に州税の教育への支出の問題を重視すべきであることを発表した。1974 年、グッドウィンはコネチカット州連邦総会で第 54 地区代表 (マンスフィールド) として選出され、州政府スタッフに復帰した。1984 年にコネチカット州の立法府を辞職したが、ウィリアムオニール州知事からコネチカット州教育委員会に任命され 1990 年まで務めた (この間教育委員長を歴任)。2007 年 6 月コネチカット州の自宅で亡くなり 92 歳の生涯を終える。

出所：本文は国立国会図書館所蔵マイクロ資料、プロフィールは University of Connecticut　Archives & Special Collections

添付資料

琉球政府立法第百十号

　立法院の議決した非琉球人による土地恒久的権利の取得を規制する立法に署名し、ここに公表する。

　　　1965 年 9 月 10 日

　　　　　　　　　　　　　　　　　　　　　　　　　　　　行政主席　　松岡政保

立法第百十号

琉球政府立法院は、ここに次のとおり定める。

　　　非琉球人による土地の恒久的権利の取得を規制する立法

　（目的）

第一条　この立法は日本が琉球に対する主権を完全に回復するまで日本の国土を保全し、あわせて琉球の健全な経済関係の促進及び経済の安定を期するため、非琉球人による土地の恒久的権利の取得を規制することを目的とする。

　（定義）

第二条　この立法において「土地の恒久的権利」とは、所有権、地上権及び永小作権をいい、「非琉球人」とは、次の各号の一に該当するものをいう。

　一　琉球住民以外の個人又は琉球列島永住者（一九五四年琉球列島米国民政府指令第 5 号に規定するところによる。）以外の個人

　二　法人であって資本の半額以上又は議決権の過半数が前号に規定する個人に属するもの又は、琉球の法令に基づいて設立された法人以外の法人に属するもの

　三　琉球の法令以外の法令に基づいて設立された法人又はこれに準ずる団体

　四　琉球政府以外の政府

2　この立法において「琉球住民等」とは、前項第一号に該当する者以外の個人又は前項第二号から第四号までの一に該当するもの以外の法人若しくはこれに準ずる団体をいう。

　（許可）

第三条　非琉球人が琉球の土地の恒久的権利を取得しようとするときは、行政主席の許可を受けなければならない。

2　非琉球人による土地の恒久的権利の取得は、前項の規定に基づく許可がなければ、効力が生じない。

　（琉球住民等をして土地の恒久的権利を取得させた場合）

第四条 非琉球人は、自己の計算において琉球住民等をして、土地の恒久的権利を取得させてはならない。

（確認義務）

第五条 第三条の規定に該当する土地の恒久的権利の取得を目的とする契約の当事者である琉球住民等又は非琉球人は、相手方である非琉球人が行政主席の許可を受けていることを確認しなければ、その土地の恒久的権利を取得させてはならない。

（許可の基準等）

第六条 行政主席は、第三条の規定による許可をする場合には、土地の恒久的権利を取得する目的が琉球経済に最良の利益をもたらし、かつ、恒久的権利でなければその目的が達せられない場合に限り、許可するものとする。

2 行政主席は、第三条の許可をしようとするときは、あらかじめ非琉球人土地取得審議会の意見を聞かなければならない。

（審議会の設置及び権限）

第七条 政府に非琉球人土地取得審議会（以下「審議会」という。）を置く。

2 審議会は、行政主席の諮問に応じ、非琉球人による土地の恒久的権利の取得に関する事項を調査審議し、答申しなければならない。

3 審議会は、前項に規定するもののほか、重要事項に関し、行政主席に建議することができる。

（組織）

第八条 審議会は、委員七人を持って組織する。

2 審議会の委員は、関係行政機関の職員三人及び学識経験のある者四人とし、行政主席が任命する。

3 委員は非常勤とする。

（委員の任期）

第九条 委員の任期は二年とする。ただし、補欠の委員の任期は前任者の残任期間とする。

2 委員は再任することができる。

（会長）

第十条 審議会に委員の互選による会長一人を置く。

2 会長は会務を総理する。

3 会長は事故があるときは、あらかじめ会長の指名する者がその職務を代理する。

（庶務）

第十一条 審議会の庶務は、法務局において行なう。

（報告義務）

第十二条 非琉球人は、第三条の規定による許可に基づいて土地の恒久的権利を取得したときは、すみやかに行政主席に報告しなければならない。

（罰則）

第十三条 次の各号の一に該当する者は、二年以下の懲役又は五百ドル以下の罰金に処する。

一 第三条第一項の規定に違反した者

二 第四条の規定に違反して琉球住民等をして、土地の恒久的権利取得させた者

琉球政府立法第百十号

　三　第五条の規定に違反して行政主席の許可を受けていること確認しなかった者

第十四条　第十二条の規定に違反した者は、十ドル以下の過料に処する。

第十五条　法人（第二条に規定する団体を含む。以下本項においても同じ。）　の代表者又は法人若しくは人の代理人、使用人その他の従業者が、その法人又は人の業務又は土地に関して、第十三条の違反行為をしたときは、行為者を罰するほか、その法人又は人に対しても同条の罰金刑を科する。

2　第二条に規定する団体を処罰する場合においては、その代表者又は管理人がその訴訟行為につき、その団体を代表するほか、法人を被告とする場合の刑事訴訟に関する立法を準用する。

　（施行規則）

第十六条　この立法の施行に関し、必要な事項は、規定で定める。

　附　　則

1　この立法は公布の日から施行する。

2　この立法の施行の日前に非琉球人又は琉球住民等から土地の恒久的権利を取得した非琉球人は、この立法施行の日から三十日以内に、当該土地の恒久的権利の取得に関し登記の申請をしなければならない。

3　前項の規定に違反して登記の申請をしない場合には、当該土地の恒久的権利の取得は、取得の時に遡って効力を失う。ただし、善意の第三者の権利を害することはない。

参考文献一覧

青木辰治 [2004]『グリーンツーリズム実践の社会学』丸善株式会社

青山吉隆・中川　大・松中亮治 [2003]『都市アメニティの経済学 - 環境の価値を測る』学芸出版社

秋道智彌 [2010]『コモンズの地球史、グローバル化時代の共有論に向けて』岩波書店

阿曽千一 [2007]『冬期間の収入源確保も考え山間地域に株式会社を立ち上げる』自然と人間を結ぶ No38

新井桂子 [1998]『日本における農業・農村の動向と地理学の対応』お茶の水地理 pp65-74 お茶の水女子大学

安藤光義 [2007]『「担い手枯渇地域」か「担い手展開地域」か、集落営農それぞれの運営のありかた』自然と人間を結ぶ No38 農文協

安藤光義 [2009]『企業参入でも容易ではない農地需要拡大』AFC フォーラム

石井啓雄・来間泰男 [1976]『沖縄の農業・土地問題』財団法人農政調査委員会

磯辺俊彦 [1985]『日本農業の土地問題　土地経済学の構成』東京大学出版会

E.E. ワード , 小倉武一訳 [1997]『農地改革とは何であったのか？　連合国の対日政策と立法過程』財団法人食料・農業政策研究センター

伊藤碩男 [1983]『西表島　森と生きものたちの詩』日本観光文化研究所編　そしえて

植松明石 [2009]『新城島と西表島のつながり - 人頭税・遠距離通耕・マラリア・西表島移住・沖縄戦・パナリに帰る・米民政府によるマラリア撲滅・再移住』民族文化研究第 10 号　民族文化研究所

浮田典良 [1974]『八重山諸島における遠距離通耕』地理学評論第 47 巻第 8 号日本地理学会

内田真人 [2002]『現代沖縄経済論 - 復帰 30 年を迎えた沖縄への提言』沖縄タイムス社

大石嘉一郎 [1975]『農地改革の歴史的意義』東京大学社会科学研究所編 戦後改革 6 農地改革 東京大学出版会

遠藤和子 [2008]『中山間地域の農地保全計画論』農林統計協会

大内　力 [1967]『農業経済論』筑摩書房

大内　力 [1975]『農地改革後の農業の発展』東京大学社会科学研究所編 戦後改革 6 農地改革 東京大学出版会

大城喜信 [1997]『沖縄の農業』琉球新報社

大城喜信 [2014]『沖縄農業の復活』榕樹書林

大野　晃 [2008]『限界集落と地域再生』信濃毎日新聞社

岡田知弘 [2007]『内部循環型経済の確立』自然と人間を結ぶ No184 農村文化運動

農文協

岡庭一雄 [2007]『農業・農村を活かした地域づくり - 地域行政はどう考えているか？』農業と経済 vol73 No6　昭和堂

沖縄県軍用地等地主会連合会 [1985]『土地連のあゆみ　創立三十年史　資料編』『土地連のあゆみ　創立三十年史　通史編』『土地連のあゆみ　創立三十年史　新聞資料編』

沖縄県農林水産部 [1992]『沖縄県農林水産行政史 1,2』農林統計協会

沖縄県農林水産部 [1989]『沖縄県農林水産行政史第 3 巻』農林統計協会

沖縄県 [1986]『沖縄県史料　戦後 1 沖縄諮詢会記録』沖縄県沖縄史料編集所

沖縄県企画部 [2009]『離島関係資料』沖縄県企画部 地域・離島課

沖縄県農林水産部 [1994]『米国統治下の沖縄農地制度資料』沖縄農地制度資料集成編集委員会

沖縄県農林水産部 [1995]『米国統治下の沖縄農地制度資料第 2 巻』沖縄農地制度資料集成編集委員会

沖縄県農林水産部 [1996]『米国統治下の沖縄農地制度資料第 3 巻』沖縄農地制度資料集成編集委員会

沖縄県農林水産部 [1997]『戦前期の沖縄農地制度資料』沖縄農地制度資料集成編集委員会

沖縄県農林水産部 [1998]『復帰後の沖縄農地制度資料』沖縄農地制度資料集成編集委員会

農政調査会 [1996]『新農地制度資料、追巻、沖縄の復帰に伴う農地制度等』農地制度資料編纂委員会

沖縄大百科事典刊行事務局 [1983]『沖縄大百科事典』沖縄タイムス社

小倉武一 [1965]『日本の農政』岩波書店

小田切徳美 [1994]『日本農業の中山間地帯問題』農林統計協会

小田切徳美・安藤光義・橋口卓也 [2006]『中山間地域の共生農業システム　崩壊と再生のフロンティア』農林統計協会

小田切徳美 [2008]『日本の農業 -2005 年農業センサス分析』農林統計協会

小田切徳美 [2014]『農山村は消滅しない』岩波新書　岩波書店

梶井　功 [2011]『[農] を論ず　日本農業の再生を求めて』農林統計協会

柏　雅之 [2002]『条件不利地域再生の論理と政策』農林統計協会

嘉田良平 [2001]『農業・農村の多面的機能とその政策適用について』農林水産政策研究所、1851 回定例研究会

桂　明宏 [2008]『一般企業の農業参入は成功するか』農業と経済 vol74 No1 昭和堂

金子　勝 [2007]『食から立て直す旅 - 大地発の地域再生』岩波書店

神山安雄 [2000]『現代資本主義と農業問題』経済誌林・法政大学経済学会

神山安雄 [2006]『あなたにもできる農業起業のしくみ』日本実業出版社

神山安雄 [2009]『「農政改革」下の農業・農村』農林統計出版

郭　洋春・戸崎　純・横山正樹 [2004]『脱「開発」へのサブシステンス論』法律文化社

参考文献一覧

嘉陽安春 [1986]『沖縄民政府　一つの時代の軌跡』久米書房

九州森林管理局 [2008]『2007 年度 - 西表島における人と森林との歴史に関する調査報告書』社団法人日本森林技術協会

九鬼康彰 [2009]『視点を変え、地域に応じた活用を』AFC フォーラム

工藤昭彦 [1993]『現代日本農業の根本問題』批評社

工藤昭彦 [2009]『資本主義と農業 - 世界恐慌・ファシズム体制・農業問題』批評社

栗山浩一 [1997]『公共事業と環境の評価　CVM ガイドブック』築地書館

栗山浩一 [1999]『環境評価ワークショップ　評価手法の現状』築地書館

黒川和美・奥野正寛・多賀谷一照・横山　彰・三野　徹 [1995]『農業大革命　農業が甦る・日本が変わる』PHP 研究所

黒川和美 [2007]『農業・農村に民間事業者の創意工夫を導入する試みと成功の条件』農業と経済 vol73 No6　昭和堂

神門義久 [2014]『農地利用の秩序崩壊と農業問題の「東京化」』2014 年秋号　一般財団法人土地総合研究所

駒宮博男 [2007]『地域をデザインする　フラードームの窓から見た持続可能な社会』新評論

財団法人日本離島センター [2015]『離島統計年報』

佐野眞一 [2011]『されど彼らが人生　新忘れられた日本人』毎日新聞社

志喜屋孝信先生遺徳顕彰事業期成会 [1983]『師父　志喜屋孝信』

清水徹朗 [2007]『日本の農地制度と農地政策 - その形成過程と改革の方向』農林金融

首都圏コープ事業連合 [2002]『有機農業大国キューバの風』緑風出版

小学館編 [2000]『日本歴史大事典、第 1 〜第 4』小学館

ジェフリー・ヒール [2005]『はじめての環境経済学』東洋経済新報社

ジョセフ・E・スティグリッツ [2003]『公共経済学　上下』東洋経済新報社

生源寺眞一 [1998]『現代農業政策の経済分析』東京大学出版会

生源寺眞一 [2006]『現代日本の農政改革』東京大学出版会

生源寺眞一 [2013]『農業と人間　食と農の未来を考える』岩波書店

清野誠喜・梅沢昌太郎 [2009]『パッケージド・アグロフード・マーケティング　生産・販売履歴にみる安全・環境・ブランド化』白桃書房

関谷俊作 [1981]『日本の農地制度』農業振興地域調査会

関谷俊作 [1993]『農地制度概説』農林水産省構造改善局

高田隆治 [2007]『農業を中心に広がるまちづくりの輪』農業と経済 vol73 No6 昭和堂

高橋明広 [2007]『地域における多数の農家の参加により地域資源を活かすことが可能な組織化を』自然と人間を結ぶ No38 農文協

高橋　公 [2007]『団塊世代は農業・農村をどう考えるか - 経験と社会的影響、農業・農村への関心』農業と経済 vol73 No6　昭和堂

田代洋一 [1988]『日本に農業はいらないか』大月書店

田代洋一 [1993]『農地政策と地域』日本経済評論社

314

参考文献一覧

田代洋一 [2003]『農政「改革」の構図』筑波書房

田代洋一 [2008]『担い手にとっての農業問題 - 面的集約と農地転用』農業と経済
vol74 No1　昭和堂

田代洋一 [2009]『農地耕作者主義を放棄して農地を守れるか』農業と経済 vol.75
No.4 昭和堂

竹富町 [1993]『竹富町リゾート開発基本構想 - 島々の確実なリゾート拠点地域形成
を目指して』竹富町役場

暉峻衆三 [1981]『日本農業史　資本主義の展開と農業問題』有斐閣選書

暉峻衆三 [2003]『日本の農業 150 年　1850 ～ 2000 年』有斐閣ブックス

高橋明広 [2007]『地域における多数の農家の参加により地域資源を活かすことが可
能な組織化を』自然と人間を結ぶ No38 農文協

日本経済新聞社 [2007]『地方崩壊　再生の道はあるか』日本経済新聞社

内閣府 [2009]『沖縄県経済の概況』沖縄総合事務局

成田寿道 [2007]『環境と農業からはじまるまちづくり』農業と経済 vol73 No6　昭
和堂

農林水産省世界農林業センサス、農林業センサス報告書、累年統計、集落カード、
沖縄編 [1964][1971][1975][1980][1985][1990][1995][2000][2005][2010][2015]

農林水産省 [2008]『新しい農地政策のポイント（食料確保に向けた農地の有効利用
について）』

農林水産省 [2009]『農地制度の見直しの概要』

農林水産省 [2009]『農地法等の一部を改正する法律（概要）』

農林水産省 [2008]『食料・農業・農村白書 - 地域経済を担う、魅力ある産業を目指して』

南風原英育 [2012]『マラリア撲滅への挑戦者たち』南山舎

橋詰　登・千葉　修 [2003]『日本農業の構造変化と展開方向、2000 年センサスに
よる農業・農村構造の分析』農山漁村文化協会

橋詰　登 [2005]『中山間地域の活性化要件 - 農業・農村活性化の統計分析』農林統
計協会

蓮見音彦 [1990]『苦悩する農村 - 国の政策と農村社会の変容』有信堂

速水佑次郎・神門善久 [2002]『農業経済論』岩波書店

原田純孝 [1997]『農政改革 50 周年記念の集い記念講演集“農地改革と農地法の現
在”』農地改革 50 周年記念の集い実行委員会

原田純孝 [2001]『新「農業基本法」の課題と農地制度の展開方向に関する日仏の比
較研究』平成 10 年度～平成 11 年度科学研究費補助金（基盤研究（C）(2)）研
究成果報告書

原田純孝 [2008]『今日の農政改革と農地制度の再設計 - 新しい農地利用調整システ
ムの構築に向けて -』平成 18 年度～平成 19 年度科学研究費補助金（基盤研究（C））
研究成果報告書

原田純孝 [2008]『農地制度はどこに向かうのか - 「所有から利用へ」の意味を問う』
農業と経済 vol74 No1　昭和堂

原田　津 [1983]『むらの原理・都市の原理』泰流社

315

参考文献一覧

林　直樹・齋藤　晋編 [2010]『撤退の農村計画　過疎地域からはじまる戦略的再編』学芸出版社

丸杉孝之助 [1994]『沖縄離島物語　西表島に住んで』古今書院

三浦　扶 [2007]『「法人化集落営農」にみる組織運営の課題を克服する改善方策』自然と人間を結ぶ No38

三木　健 [1986]『西表炭坑写真集』ニライ社

三木　健 [2010]『「八重山合衆国」の系譜』南山舎

宮原幸則 [1981]『戦後農政と農業法』農林統計協会

盛田清秀 [2008]『食関連企業による農業参入の実態と展望 - 企業による農業参入のインパクト』農業と経済 vol74 No1　昭和堂

盛田清秀・梅本　雅・安藤義光・内山智裕 [2014]『農業経営の規模と企業形態　農業経営における基本問題』日本農業経営学会編　農林統計出版

八重山支庁 [2009]『八重山要覧　平成 20 年度版』沖縄県八重山支庁

矢口芳生 [1999]『中山間地域振興の在り方を問う』農林統計協会

柚木茂夫 [2008]『秩序ある農地利用に向けた農地政策見直しへの期待』農業と経済 vol74 No1　昭和堂

山口三十四 [2002]『新しい農業経済論』有斐閣

山下祐介 [2012]『過疎集落の真実　過疎の村は消えるか？』ちくま新書　筑摩書房

ヨーカ・ウォーラーハンター [2000]「VALUING ECOSYSTEMS-A KEY PREREQUISITE FOR THE SUSTAINABLE MANAGEMENT OF NATURAL RESOURCES」OECD

吉田忠彦 [2005]『地域と NPO のマネジメント』晃洋書房

琉球大学 [2008]『2007 年度イリオモテヤマネコ生息状況等総合調査(第 4 次)報告書』国立大学法人琉球大学　環境省委託調査

琉球政府文教局 [1978]『琉球資料第 7 集経済編 2』

琉球政府文教局 [1978]『琉球資料第 8 集経済編』

琉球大学農学部丸杉考之助 [1978]『西表島開発方向調査』熱帯農学研究施設

湧上聾人編 [1969]『沖縄救済論集』琉球資料復刻頒布会 (改造之沖縄社 1929 年発行、1969 年復刻)

渡辺洋三 [1975]『農地改革と戦後農地法』東京大学社会科学研究所編　戦後改革 6 農地改革 東京大学出版会

ワトキンス文書刊行委員会 [1994]『PAPER OF JAMES T. WATKINS　沖縄戦後初期占領資料　(7)　(17)　(38)　(39)　(47)』緑林堂書店

参考URL・関係機関

農林水産省 www.maff.go.jp/（2016/12/25）
石垣市 www.city.ishigaki.okinawa.jp/（2017/1/10）
沖縄県 www.pref.okinawa.jp/（2017/1/10）
竹富町 www.taketomi-islands.jp/（2017/1/10）
八重山支庁 www.3.pref.okinawa.jp/site/view/cateview.jsp（2017/1/10）
八重山日報社 www.yaeyamanippo-news.com（2017/1/10）
八重山毎日新聞 www.y-mainichi.co.jp（2017/1/10）
石垣島地方気象台
西表野生生物保護センター
沖縄県八重山支庁八重山農林水産振興センター
竹富町農業委員会
那覇地方法務局石垣支局
林野庁九州森林管理局西表森林環境保全ふれあいセンター

おわりに

　博士論文に取りかかって以来、約5年の歳月が過ぎた。このたび「沖縄の離島の耕作放棄地に関する研究」として博士の学位をいただくこととなった。本書は博士論文に修正加筆して完成させたものである。本書は現場での聞き取りを中心としたものであり、徹底して現場を第一にすることによって完成することができたものである。そのために、多くの方々に支えられながら今日まで完成を目指してきた。特に耕作放棄地の舞台として選定した西表島の方々には本当にお世話になった。また竹富町役場の方々にも最大限のご協力をいただいた。改めてここに感謝を申し上げる次第である。

　西表島には20代のころから通い始め、現在でも春夏秋冬に合わせて訪問している。一時、大幅な人口減少から農業の現場では生産が停滞して、農地も荒廃が始まっていた。しかし現在では、少数ではあるが着実に移住を図って、農業に新規就農を果たす若者が誕生している。これからもこうした人々とともに、地域おこしのための努力を重ねて参りたいと考えている。

　さて本書であるが、試行錯誤を繰り返しながら、また幾度も暗礁に乗り上げながら完成したものである。途中で諦めて完成を放棄することを考えた時期もあった。このようなレベルであった私を、叱咤激励しながら、ついに完成へと導いてくれた方が、法政大学大学院公共政策研究科の武藤博己教授である。武藤教授は指導教授であるが、それ以前に法政大学の先輩である。本書の完成を、先輩とともに迎えられたことが後輩である私にとって大きな誇りである。改めて先輩のご恩に感謝を申し上げる次第である。本当にありがとうございました。

　そして専門分野に関しては、國學院大學経済学部の神山安雄先生と東京大学農学部の山路永司先生より、それぞれ農業経済学と農業土木の分野からア

おわりに

ドバイスを受けながら調査を行った

　また当然、出かけることが多くなるため家族にも大きな迷惑をかけている。家内の典子には感謝する次第であるが、本書の完成の成果の一つに家内のことを挙げることができる。家内は私以上に好奇心旺盛であり、私が耕作放棄地問題に取り掛かった当初より、この問題に興味を持ち幾度となく調査の現場にも同行している。

　もし、これからお世話になった方々のご恩に報いることができるとしたら、耕作放棄地の問題や地方自治体の問題について、関心を持って共に考え行動する人々を、日本全国に一人でも多く作ることと考えている。

　これからもこうした研究に、生涯をかけて続けていく所存であることを皆さんにお伝えしてお礼の言葉とする。

【著者紹介】

齋藤　正己（さいとう・まさみ）

1959 年千葉県生まれ
2009 年法政大学大学院経済学研究科経済学専攻修士課程修了（修士 / 経済学）
2017 年法政大学大学院公共政策研究科公共政策学専攻博士課程修了（博士 / 公共政策学）
2018 年法政大学大学院公共政策研究科兼任講師就任、研究分野「農業・観光・地域政策」

著書・論文
「沖縄県竹富町における来訪者の意識調査 – 環境税導入に関する研究」（2011 年、法政大学地域研究センター、『地域イノベーション』第 4 号）、「美しい町国立、もう一つの景観 – 都市農業」『国立景観訴訟』（2012 年、共著、公人の友社）、「世界遺産と総有 – 石見の実験」『現代総有論序説』（2014 年、共著、ブックエンド）、「美しさを伝える世界遺産 – 持続可能な発展」（2014 年、法政大学『法学志林』第 112 巻第 1 号）、「沖縄の離島の耕作放棄地に関する研究」（2017 年法政大学大学院博士学位取得論文）

離島は寶島
沖縄の離島の耕作放棄地研究

2018 年 10 月 25 日　初版発行

著　者	齋藤　正己	
発行人	武内　英晴	
発行所	公人の友社	
	〒 112-0002　東京都文京区小石川 5-26-8	
	電話 03-3811-5701　FAX03-3811-5795	
	E メール　info@koujinnotomo.com	
	http://koujinnotomo.com/	
印刷所	倉敷印刷株式会社	
装　画	齋藤　典子	
装　幀	有賀　強	